孔煜 著

房地产市场与区域经济协调发展

以西部地区为例

COORDINATED DEVELOPMENT OF
REAL ESTATE MARKET AND REGIONAL ECONOMY

a case of western China

社会科学文献出版社
SOCIAL SCIENCES ACADEMIC PRESS (CHINA)

目录

第一章 绪论 / 1
第一节 研究的问题和背景 / 1
第二节 研究目的和意义 / 4
第三节 研究思路与方法 / 6
第四节 研究内容与特色 / 7

第二章 理论基础及文献综述 / 10
第一节 相关概念界定 / 10
第二节 相关基础理论 / 18
第三节 房地产市场与经济发展的相关文献综述 / 28

第三章 西部地区房地产市场与区域经济发展现状 / 54
第一节 西部地区房地产市场的发展历程 / 54
第二节 西部地区房地产市场的供给现状 / 60
第三节 西部地区房地产市场的需求现状 / 73
第四节 西部地区房地产市场的价格情况 / 78
第五节 西部地区经济发展状况 / 80
第六节 本章小结 / 86

第四章　西部地区房地产投资与区域经济发展协调的实证分析 / 88
　　第一节　房地产投资与区域经济相互影响的机制分析 / 88
　　第二节　西部地区房地产投资状态评价 / 90
　　第三节　西部地区房地产投资与区域经济协调发展的指标评判 / 100
　　第四节　西部地区房地产投资与区域经济增长关系的实证研究 / 111
　　第五节　本章小结 / 120

第五章　西部地区房地产价格与区域经济发展协调的实证分析 / 122
　　第一节　西部地区房价收入比的讨论 / 122
　　第二节　西部地区房价波动与经济增长关系的实证分析 / 136
　　第三节　本章小结 / 141

第六章　西部地区房地产结构与区域经济发展协调的实证分析 / 142
　　第一节　西部地区的房地产市场结构状况 / 142
　　第二节　西部地区房地产结构与区域经济发展的实证分析 / 163
　　第三节　本章小结 / 177

第七章　西部地区房地产市场与区域经济发展失调的原因分析 / 179
　　第一节　西部地区房地产投资与区域经济发展失调的原因分析 / 179
　　第二节　西部地区近年来房地产价格上涨的原因分析 / 189
　　第三节　西部地区房地产结构与区域经济发展失调的原因分析 / 197

第八章　促进西部地区房地产市场与区域经济协调发展的政策建议 / 205
　　第一节　保持房地产投资适度增长 / 205
　　第二节　优化房地产市场结构 / 207
　　第三节　保持适度房价收入比 / 211

参考文献 / 222

后　　记 / 236

第一章

绪论

第一节 研究的问题和背景

1998年7月，国务院发布了《关于进一步深化城镇住房制度改革加快住房建设的通知》，提出从1998年下半年开始全国停止住房实物分配，逐步实行住房分配货币化。自此，我国房地产市场化工作启动。住房作为商品进入市场，居民需要通过购买或租赁等方式才能拥有或使用住房。2003年，国务院发布《关于促进房地产市场持续健康发展的通知》，首次明确将把房地产业作为国民经济的支柱产业来发展。伴随福利房、单位房的取消，人民收入水平的提高，居民改善性住房需求意愿的增强，以及城市化进程的加快，加之房地产业对钢铁、水泥、建材、家具、家电等多个行业较大的带动作用，房地产业在国民经济中的地位和作用日益凸显，房地产业的支柱产业效应不可低估，已成为我国经济增长的主要推动力之一。但是，在房地产业迅猛发展的同时，房地产市场也呈现一系列问题，如各大城市房价过快上涨、商品房供需结构不合理、房地产投资开发规模与当地经济不匹配等。在部分区域，房地产市场的过度发展对国民经济和区域经济产生了不容忽视的负面作用，如高房价推高了人工成本、土地成本和资源价格，居民的购房负担加重，贫富差距日益拉大，金融风险被扩大等。由此，房地产市场的持续、健康、稳定发展问题开始受到越来越多的关注。

为确保房地产市场能够持续、健康、稳定地发展，中央政府运用了行政手段、经济手段和法律手段，在房地产市场的不同发展阶段相继出台了一系列宏观调控政策措施。如 2003～2007 年蓬勃发展阶段的控制政策，2008 年复苏阶段的鼓励政策，2009～2013 年过热阶段的控制政策，2014～2016 年低迷阶段的鼓励政策等。① 具体而言，在 2003～2007 年房地产市场蓬勃发展阶段，出台了三个方面的控制政策。一是严格控制房地产信贷和严格控制土地供给，旨在提高开发商项目的自有资金比例和规范土地出让市场；二是打击供给环节和消费环节的炒作行为，提高房地产投资成本和降低房地产投资收益，以抑制房地产价格的上涨；三是处理房地产市场热点地区的区域性矛盾和房地产市场的结构性矛盾，以全面综合治理房地产市场。2008 年美国次贷危机席卷全球，我国房地产市场也受此影响而陷入低谷，房地产交易量与房地产价格同时下跌。其中，北京、上海等一线城市的房地产成交数量下跌三成左右，房地产价格下跌两成左右。为应对美国次贷危机带来的经济衰退，中国人民银行下调按揭贷款利率、财政部与国家税务总局降低住房交易税。"降率免税"组合拳的打出，为楼市打了一针强心剂。同时，我国政府实行积极的财政政策与适度宽松的货币政策，采取了一系列政策措施，下调银行贷款利率，同时放松信贷额度，2009 年 1～6 月信贷额度增加 7.37 亿元，几乎是 2008 年的 1.5 倍，部分城市房地产市场开始"回暖"，成交量逐步回升，房地产价格也进一步回归理性，直至 2010 年 4 月，国内各大城市开始出现房价急剧上涨现象。在此期间，为抑制房价继续上涨，《国务院办公厅关于促进房地产市场平稳健康发展的通知》("国十一条")、《国务院办公厅关于促进房地产市场平稳健康发展的通知》("国十九条")、《国务院关于坚决遏制部分城市房价过快上涨的通知》("新国十条")，以及国务院常务会议制定的"新国四条""新国八条""新国五条"等一系列调控政策相继出台。地方政府被要求要切实承担起促进房地产市场平稳健康发展的责任，对于房价出现过快上涨势头的省区市，对其相关负责人要进行问责；强化差别化住房信贷政策，二套房贷的首付款比例在房款总价的 60% 以上，贷款利率是基准利率的 1.1 倍以上。"限购令"也从北京向 49 个地级以上城市推行。在紧缩的宏观调控政策影响下，我国房价的上涨势头得到明显遏制。但是，2012 年下半年以后，各地房地

---

① 贾生华、李航：《房地产调控政策真的有效吗？——调控政策对预期与房价关系的调节效应研究》，《华东经济管理》2013 年第 11 期。

产市场开始回暖，房价又出现了加速上涨的趋势。随后，中央政府明确要求完善稳定房价工作责任制，加强对所辖城市的督查、考核和问责工作，并加快建立和完善引导房地产市场健康发展的长效机制，促进房地产市场持续、平稳、健康发展。2014 年 6 月以后，房地产市场出现了下降迹象，许多地方政府在限购政策上有所松动，中国人民银行和银监会《关于进一步做好住房金融服务工作的通知》（"央四条"）与降息等刺激性政策也相继出台，楼市在年底出现"翘尾行情"。2015 年全国整体楼市在政策不断利好的刺激下，温和回暖，并于 2016 年迎来本轮周期的高点，全年成交规模创历史新高，城市分化态势延续。2016 年 12 月，中央经济工作会议明确了 2017 年中国楼市的发展方向，定位"房子是用来住的，不是用来炒的"，强调要促进房地产市场平稳健康发展。在限售、限购、限贷、收紧"土拍"、优化供应结构等宏观调控措施的叠加影响下，调控效果逐步显现，房地产市场整体成交量逐渐回落。

在一系列房地产宏观调控政策实施以后，我国房地产市场呈现了某些新的阶段性特征和趋势。一是房地产价格的分化日趋明显，一线和二线城市的房价在旺盛的需求支撑下，房价出现了大幅上涨，并且房地产市场表现出四种明显的不均衡现象：不均衡的需求、不均衡的供应、不均衡的价格涨幅和不均衡的库存。二是我国区域房地产市场格局逐渐发生变化。以 2011 年第一季度为例，全国东、中、西部地区房地产开发投资的增长速度分别为 32.7%、36% 和 37.7%，西部地区房地产开发投资的增长幅度高于东部和中部地区，并且房地产开发企业的战略布局发生了较大的变化，大多数大型房地产开发企业相继进驻西部二线、三线城市，快速抢占市场份额，房地产市场内"西部崛起"的态势开始显现。[①]

我国房地产市场之所以表现出明显的区域性特征，除了与房地产市场本身就具有的区域特性有关外，我国各区域经济区位具有较大的差异也是一个非常重要的原因。各地区房地产市场的起步时间和发展时间都存在较大差异，而房地产市场的成熟度与区域经济水平又直接相关，因此，房地产市场的活跃程度在各地区会表现出明显的区域差异特征。在宏观调控政

---

① 陈俊华、文书洋、黄万钧：《中国西部地区城市房地产投资环境评价体系研究：攀枝花例证》，《软科学》2012 年第 7 期。

策实施后，区域房地产市场格局更是发生了显著的变化。近年来，东部地区传统产业密集内迁，加快了西部地区城镇化和工业化发展，西部地区产业集群和城市集群开始显现。因此，西部地区房地产市场与区域经济二者之间具有怎样的联系，就成为一个值得我们思考的问题。

2004年，建设部与国土资源部等七部委就强调应遵循房地产市场的发展规律，充分考虑房地产市场的区域性特征和发展不均衡特征，深入研究房地产市场发展、演变的市场规律。房地产业关系国计民生，房地产市场的稳定直接关系国民经济的持续发展。因此，近年来中央政府和地方政府针对房地产市场频繁出台宏观调控政策，以确保各区域经济和国民经济稳定发展。然而，我国房地产市场上暴露的许多问题表明中央政府实施的宏观调控效果实际上并不理想，根源可能在于目前我们对房地产市场与区域经济之间相互关系的认识还不够深刻。

2013年，西北大学中国西部经济发展研究中心发布《中国西部发展报告（2013）》。该报告显示，2012年西部地区的房地产投资增速处于全国领先水平，房地产总投资和住宅投资分别增长20.4%和15.5%。与之形成鲜明对比的是，商品房销售额仅增长3.7%，远低于东部地区（12.9%）和中部地区（8.5%）。[①] 这一矛盾的现象表明西部部分地区可能出现了房地产过度投资、盲目投资、忽视区域房地产投资风险等突出问题。那么，厘清房地产市场与区域经济之间的关系，进一步聚焦西部地区的房地产市场，考察西部地区房地产市场与区域经济之间的协调发展关系，明确如何促进西部地区房地产市场与区域经济的协调发展无疑成为一系列值得我们深入探讨的问题。

第二节　研究目的和意义

一　研究目的

首先，在借鉴国内外现有相关文献的基础之上，对房地产市场与区域经济协调发展的概念和内涵进行界定，并以此为依据构建分析房地产市场

---

① 姚慧琴、徐璋勇主编《中国西部发展报告（2013）》，社会科学文献出版社，2013。

与区域经济协调发展的理论框架。其次，将西部地区房地产市场作为研究对象，对西部地区房地产市场的发展历程和发展现状、西部地区经济的发展现状进行分析，通过翔实的数据和规范的研究对西部地区房地产市场与区域经济发展之间的关系进行实证检验。最后，结合研究结果，对西部地区房地产市场与区域经济发展之间存在的失调问题进行原因分析，进而提出促进西部地区房地产市场与区域经济协调发展的政策建议。

二 研究意义

房地产市场与区域经济发展之间关系紧密。目前我国房地产市场经历了从积极地推动经济发展，到房价涨幅过快并出现剧烈波动、部分地区房地产投资过热、房地产供需结构不匹配等新问题，产生了房地产市场与区域经济发展不相适应的现象，从而影响和制约了宏观经济的稳定发展，而且房地产市场和区域经济之间复杂的关系也使政府的宏观调控成为一项非常复杂的系统工程，最终成为社会关注的热点、理论研究的难点和政治决策的重点。因此，本书的研究就具有以下重要的理论意义和现实意义。

首先，推动区域协调发展，是建设现代化经济体系、推动经济高质量发展的重要任务。我国的基本国情是区域差异大、发展不平衡。因此，早在2002年11月，中共十六大就提出将逐步扭转地区差别扩大的趋势列为全面建设小康社会的目标之一。党的十八大以来，全国各地贯彻落实"创新、协调、绿色、开放、共享"的五大发展理念，把协调发展放在发展全局的重要位置，坚持统筹兼顾、综合平衡。虽然"缩小区域差异"和"区域协调发展"作为国家的发展战略已受到高度重视，但基于可持续发展目标下的房地产市场与区域经济协调发展关系的相互作用机理尚未明确，因此，本书的研究可以对相关理论提供支持。

其次，房地产市场的发展状况一直被视为国民经济发展的"晴雨表"，房地产市场健康、稳定的发展是构建和谐社会的必要条件。如果房地产市场与区域经济发展之间处于协调发展的状态，就能够实现二者的良性互动，这也是世界各国迫切需要解决的一个重要问题。相反，如果房地产市场与区域经济发展的关系处理得不好，社会经济将可能受到一定的负面影响，甚至在一定程度上威胁国家的经济安全。截至2014年，西部地区土地面积

687万平方千米，占全国总面积的70%以上；人口总数3.65亿，占全国总人口的30%，其中，农村贫困人口占全国农村贫困人口的60%，因此，可以认为"没有西部的小康就没有全国的小康，没有西部的和谐就没有全国的和谐"。西部地区房地产市场作为西部地区经济的重要组成部分，尤其是在当前"西部崛起"态势凸显和产业转移格局下，西部地区房地产市场与区域经济能否沿着协调发展的方向进行，是构建和谐社会的一个关键问题。

最后，西部地区房地产市场与区域经济协调发展问题的研究有助于为地方政府和中央政府的政策导向提供参考。针对房地产市场不断暴露的新问题，中央政府也不断推出新的宏观调控措施。虽然取得了一定成效，但总体来看效果并不理想，造成这一问题的根源在于目前我们对房地产市场与区域经济相互关系的认识还不够深入。本书综合房地产经济学、城市经济学、计量经济学等多学科内容，将西部地区房地产市场作为研究对象，揭示西部地区房地产市场与区域经济发展关系的内在规律，判别二者协调发展的程度，找出其相应的制约因素，探索协调二者关系的长效机制，不仅可以为中央政府制定稳定房地产市场发展的调控细则提供参考，也可以为地方政府因地制宜地制定符合当地实际情况的相关政策提供理论和实践参考。

第三节 研究思路与方法

一 研究思路

通过广泛挖掘和科学吸收、利用已有的理论资源，深入剖析基本概念，充分认识房地产市场与区域经济协调发展的内涵，探讨房地产市场与区域经济协调发展的关系，构建本书的理论分析框架。在此基础上，运用制度分析和计量分析的方法，实证检验西部地区房地产市场与区域经济协调发展的现实状况、互动关系、存在问题及形成原因。最后，依据协调发展的原理和实证研究的结果，提出促进西部地区房地产市场与区域经济协调发展的相关建议。研究思路遵循应用经济学研究方法程序，从理论到实证再到对策。

二 研究方法

在常规方法的基础上，结合具体研究对象的特性，应用经济学和管理学相关的研究方法。此外，也将规范分析和实证分析结合应用于本书的研究中。具体方法的运用主要体现在：第一，通过对大量资料的检索、收集、阅读、整理和调研，在充分了解国内外理论研究前沿的基础上，界定本书中的一些基本概念，并分析房地产市场与区域经济协调发展的理论内涵，构建研究西部地区房地产市场与区域经济协调发展的理论框架；第二，以面板数据、回归分析、协整检验等计量分析方法为主，建立计量经济模型，并结合图表分析的方法，实证考察西部地区房地产市场与区域经济发展的协调关系表现，包括西部地区房地产投资与区域经济增长的协调关系、西部地区房地产价格与区域居民收入的协调关系、西部地区房地产结构与区域经济发展的协调关系等内容；第三，运用制度经济学的视角和分析工具，揭示西部地区房地产市场与区域经济发展失调的原因，提出促进西部地区房地产市场与区域经济协调发展的政策建议。

第四节 研究内容与特色

一 研究内容

本书的内容结构如下。

第一章为绪论。依据研究背景提出研究问题，明确研究的科学意义包括理论意义和实践意义，提出开展研究的思路和分析方法，总结研究的主要内容和特色。

第二章为理论基础及文献综述。首先，对相关概念进行界定。其次，借鉴相关的基础理论，包括房地产市场理论、区域经济理论、经济发展理论和协调发展理论等，对上述理论进行梳理，为后续研究的开展奠定基础。最后，归纳和总结国内外学者关于房地产市场与经济发展的相关文献，并对这些文献的进展情况和学术价值进行简单评价。

第三章为西部地区房地产市场与区域经济发展现状。对西部地区房地产市场发展的现状分析，包括西部地区房地产市场发展的历程，房地产市场的供给和需求状况、价格状况。对西部地区经济发展的现状分析，主要从人口结构、经济发展水平和居民生活水平三个方面展开。

第四章为西部地区房地产投资与区域经济发展协调的实证分析。首先，对房地产投资与区域经济之间的理论关系进行分析。其次，运用主成分分析法从房地产投资的规模和增长速度两个方面入手，对西部地区的房地产投资状态进行评价。再次，利用房地产投资与全社会固定资产投资的比例、房地产投资与GDP的比例、房地产投资弹性系数三个指标对西部地区房地产投资与区域经济发展的协调关系进行指标评判。最后，实证检验了房地产投资与区域经济增长的数量关系。

第五章为西部地区房地产价格与区域经济发展协调的实证分析。首先，利用指标法——房价收入比，对西部地区房地产价格是否合理进行初步判断。然后利用计量经济学模型就西部地区房价波动对经济增长的影响进行实证考察，继而对西部地区房地产价格与区域经济发展之间的协调关系进行诊断。

第六章为西部地区房地产结构与区域经济发展协调的实证分析。首先，从房地产产品结构和房地产市场层次结构两个方面对房地产市场结构进行分析。其次，考察西部地区房地产产品结构和房地产市场层次结构的均衡情况。最后，对西部地区房地产结构与区域经济发展的关系进行实证考察，考察内容包括西部地区房地产结构对居民消费的影响、西部地区房地产结构对其他产业投资的影响、西部地区房地产结构对区域经济增长的影响。

第七章为西部地区房地产市场与区域经济发展失调的原因分析。主要就西部地区房地产投资与西部地区经济发展失调的原因、西部地区房价上涨的原因以及西部地区房地产结构与区域经济发展失调的原因进行分析。

第八章为促进西部地区房地产市场与区域经济协调发展的政策建议。根据研究结果和发现的问题，提出对应的政策建议来促进西部地区房地产市场与区域经济的协调发展。

二 特色

一是研究对象。目前的研究主要针对全国房地产市场发展总体形势，或者是对我国部分经济较为发达的省份和城市的房地产市场问题进行研究，而以西部地区房地产市场为研究对象、围绕西部地区房地产市场进行的相关研究较少，更鲜有关于西部地区房地产市场与区域经济发展关系的研究。西部地区与我国东部和中部地区相较而言，经济发展水平差异较大，由于区域房地产市场发展的程度必然受到该地区经济发展水平及产业结构的制约，经济发展水平极不平衡也决定了房地产市场发展的不平衡。因此，本书不是将研究的对象置于一个较为宽泛的领域中，而是聚焦西部地区的现实情况，避免了研究对象的空泛化。

二是研究内容。本书深化了房地产市场与区域经济协调发展的理论内涵，研究二者协调发展的机理；构建指标体系评判西部地区房地产市场与区域经济发展的协调关系；用时空相结合的思维方法，从总体与差异的角度揭示西部地区房地产市场与区域经济发展关系的特点，从而提出促进西部地区房地产市场与区域经济协调发展的针对性政策建议，这也是已有研究少有涉足的领域。

第二章

理论基础及文献综述

第一节 相关概念界定

一 房地产市场的概念及特征

(一) 房地产的概念及特征

对于房地产的概念，学术界尚未形成统一的表述，代表性的观点包括"房和地有机整体论""房产和地产统称论""狭义房地产论""广义房地产论""不动产论"等。[①] 但是在理论和实践中，房地产最通俗的含义是指房产和地产的总称，是土地和土地上永久性建筑物及其衍生的权利和义务关系的总和，又被称作不动产。房地产的特征主要表现为如下三个方面。

1. 空间位置的固定性

由于房屋固定在土地上，土地又固定在特定的位置上，因而空间位置的固定性是房地产最显著的一个特征。房地产的空间位置固定性决定了房地产不能跨地域或国界流动，使房地产供给缺乏足够的弹性，并且由于每一宗房地产都是独一无二的产品，所以房地产产品具有单一性和非匀质性。

2. 稀缺性

土地是房地产开发的载体，而在一定时间、一定地点能够满足某一特定目的的土地具有相对有限性和稀缺性，加之受农业、生态环境等因素的

---

① 曹振良：《房地产经济学通论》，北京大学出版社，2003。

制约，用于建设的土地更加稀缺，导致房地产的供应呈有限性特征，即房地产开发商不能即时地提供房地产，房地产的开发供给与人们对房地产的需求的矛盾必然存在。

3. 投资与消费的双重性

房地产既是一种消费品又是一种生产要素。作为消费品，房地产可用于居住；作为生产要素，房地产可作为厂房、仓库、商店等生产经营场所。同时，由于房地产具有固定性、耐久性和有限性等特性，就决定了房地产还可以具有投资品的属性，尤其是在经济持续快速发展时期，当通货膨胀率居高不下时，投资房地产比投资其他资产更具有保值和增值的功能。

（二）房地产市场的概念及特征

从狭义的角度来看，房地产市场指的是市场上买卖双方进行房地产商品买卖、转让、租赁和抵押等活动的空间场所。从广义的角度来看，房地产市场是指整个经济体内房地产交易关系的总和，是买卖双方相互作用的一种机制。[①] 它包括房地产交易配套的多个市场，如房地产的资金市场、开发市场、交易流通市场、劳务市场等，是一个多层次的市场体系，将房地产的开发、建造、交易流通、租赁等多个环节联系起来，从而让房地产的价值和使用价值得以实现。房地产市场的特征主要表现为如下六个方面。

1. 房地产市场是一个不确定的市场

古典经济理论和新古典经济理论认为，在完全确定的条件下，个体的行为和预期都是完全理性的。在这一假设条件下，投资者对市场上出现的任何差异都会按照最大化的原则对自己的行为做出调整，使市场最终处于一种均衡状态。如果受某些个体行为的影响，资产价格出现偏离均衡状态，其他个体的无风险套利行为会使资产价格重新回到均衡状态。这样，资产的价格就仅仅反映其市场基础价值，价格中不会存在泡沫。即便有价格泡沫发生，理性投资者的套利行为也会迅速将泡沫排除，让价格重新恢复到均衡状态。但是上述理论只有在经济为无摩擦和静态的前提条件下才成立，

---

① 谢经荣：《房地产经济学》，中国人民大学出版社，2002。

与现实世界中信息是不完全的、非对称的，以及经济是动态变化的实际情况相矛盾。因此，房地产市场同许多其他市场一样，充满了不确定性，并且资产交易中的不确定性和资产未来收益流量的不确定性也导致房地产市场具有不确定性。

由于房地产市场自身的不确定性，市场参与者很难对变化的市场做出准确的判断，购房决策必然会由于经济的不确定和预期的偏差而发生剧烈的变动，购房者也就不可能对房地产的价格信号做出正确反应，从而在价格变动趋势的判断上出现高估或低估的情形，使价格偏离基础价值。

2. 房地产市场是一个信息不对称的市场

完全信息是指市场上的各种信息可以被市场参与者快速地获得，并且不需付出任何成本，这些市场参与者在获取信息的能力与机会方面都是相等的。当市场处于完全信息的情况下，市场参与者对价格信号比较敏感，能迅速地对价格信号做出反应，制定正确的投资决策和做出正确的判断，实现行为的最优化。但是在现实经济中，市场上的信息是不完全的，并且不同的参与者所获得的信息各异，即存在信息不对称性，这在房地产市场上尤为明显。

房地产市场的信息不对称，主要是由于以下原因：一方面，房地产产品的位置固定、不可移动性决定了房地产市场是一个区域性市场，缺乏流动性，造成了市场垄断，购买者掌握的信息必然很少；另一方面，由于房地产产品千差万别，购买者在购买时需要搜寻较多的信息才能做出决策，在这个过程中产生的各种费用、时间和精力等搜寻成本客观存在，当搜寻成本较高时，购买者能够掌握的相关信息必然较少。另外，作为房地产市场参与主体的购房者和银行，只能通过房地产开发商和政府部门公布的一定量的信息了解房地产市场、开发商和拟购买的房地产产品的一些情况，消费者和开发商、开发商和银行之间所掌握的信息严重不对称。

当金融体制不健全时，银行会因信息不对称而遭遇逆向选择和道德风险。逆向选择让那些信誉差、冒险精神强、最有可能造成不利结果的借款人有机会获得贷款，当这些资金流入房地产生产和交易领域时，不仅会给银行带来信用风险，也会为房地产价格泡沫的发生提供土壤。道德风险则表现在两个方面。一是为获得较大的市场份额和追求较高的信贷规模，银行往往会忽略对借款人资信的审查，也很少对他们进行后续的跟踪调查，不顾风险过度借贷。二是当房地产市场行情处于上行阶段时，价格传递的利好信号使投资人常常忽略未来价格可能会出现下跌的情形，而只关注到投资获利的乐观一面。即使投资者考虑到投资有可能带来风险，出现投资损失，但是他们仍然会将自有资金和从银行获取的大量信贷资金一起投入房地产，因为他们认为自己投资损失的大部分可以由银行来承担，而自己只需以承担小部分损失为代价就可从风险投资中赢利。这样，银行的资金被这些投资者大量套取，出现了对风险无所顾忌进行投资的冲动行为，而这种狂热的投机将促使房价急剧上扬。

3. 房地产市场是一个不完全竞争的市场

一个完全竞争的市场需要具备以下四个条件：一是市场上有众多的参与者存在，并且市场不会为任何一个参与者所左右，所有的参与者都是价格的接受者；二是市场上的所有资源包括市场参与者、资金和生产资料等都能够自由流入和退出；三是市场上的商品非异质商品，可以相互替代；四是市场参与者对市场信息有充分的了解。

就房地产市场而言，并不具备上述条件。第一，房地产市场的参与者较少。土地的所有权和使用权是垄断的，并且土地的交易金额巨大，进入房地产市场的壁垒比较高，造成房地产市场上的竞争者少，竞争程度低。第二，房地产产品并非同质商品，有各种不同的类型、结构和质量，如商品房、别墅和经济适用房等产品在质量上就存在较大差异。即便是同样类型、同样结构和同样质量的房地产产品也会因为其所在的地理位置不同而存在较大的差异。第三，由于房地产开发需要大量资金和建筑材料，但货币供给和建筑材料的供给都会受到限制，因此它们不能够在房地产市场上自由进入。另外，土地经营的垄断也增加了参与者的进入障碍，并且参与者进入房地产市场后，由于房地产投资建设往往耗资巨大，其自有资金一旦投入房地产开发建设，即使出现亏损，也很难做出撤资离开房地产市场的决定。因此，房地产市场参与者不能像其他商品市场的参与者一样自由进出。第四，房地产市场存在信息不对称。房地产产品千差万别，购买者在进行购买时需要获取大量信息，较高的搜寻成本导致购买者的信息缺乏。另外，房地产市场的卖方和买方对市场信息的掌握不对称，购买者了解的房地产市场信息远远少于开发商掌握的房地产市场信息。因此，房地产市场是一个不完全竞争的市场。房地产市场的这种模式，很容易形成垄断力量，而开发商掌握了房地产市场的供给，也就具有了房地产供给的垄断权。

另外，由于土地资源稀缺，土地市场通常被垄断，房地产市场的开发程度受限。当政府采取宏观调控手段干预房地产市场时，房地产交易的某些环节将受到限制。特别是在土地国有制模式下，土地出让权更是受到严格的规定。在这种情况下，房地产市场不完全开放的市场特征就更加明显。政策调控的力度和方向作为外部冲击因素，会对房地产经济运行产生积极或消极的作用，从而影响房地产经济出现偏离与波动。

4. *房地产市场是一个具有区域性特征的市场*

房地产空间位置的固定性决定了房地产产品不能像一般商品那样可以在更大的市场范围内调配以满足市场需求，有效的消费需求一般只能在一定的区域范围内发生。同时，不同国家、不同城市房地产市场都有巨大的差异，即使在同一个城市，不同地区的社会结构、经济发展水平、市场发育和完善程度以及房地产的市场条件、供求关系、价格水平等都是不可比的，这就使房地产市场必然呈现明显的区域性特征。

5. *房地产市场是一个投机性较强的市场*

房地产本身的有限性、保值增值性等特点决定了房地产产品是一种很好的投资品。同时，房地产市场存在明显的市场信息不对称，开放性有限，这就为投机提供了可能，房地产市场的高风险、高回报助长了炒房的动机，因此，炒房投机一直是房地产市场上不可忽视的因素，过度的炒房投机会导致房价出现非理性上涨。

6. *房地产市场是一个政府干预性较强的市场*

土地作为国家的一种重要资源，中央政府和地方政府可以对土地使用权进行出让和转让，并通过土地的使用、规划、开发等活动来影响经济的发展，促进社会的稳定。因此，通过对土地的利用、开发、交易、规划等活动来对土地市场进行严格的控制是各个国家的惯例。同时，由于房地产市场的复杂性，政府需要通过多种手段来调控房地产市场，以维护较好的市场秩序，而土地政策是政府的重要政策手段之一。

二 区域经济的概念及特征

(一) 区域的概念和划分

区域是一个客观存在的空间概念,是人类进行各种社会经济活动,国家进行经济发展所必须依赖的场所。在经济学中,区域尚缺乏一个明确的界定,沿用最多的是美国经济学家 Hoover 给出的定义,他认为所谓区域,即"基于描述、分析、管理、计划或者制定政策等目的而作为一个应用性整体加以考虑的一片地区。区域可以按照内部的同质性或功能一体化原则划分"。[①] 国内有代表性的观点包括以下几种。林德全认为区域就是具有内聚力和同质性的地区,这些地区在经济上有密切的相关性、协调运转的整体性和相互交叉的渗透性。[②] 程必定将区域理解为一个不可无限分割的经济社会综合体,这个综合体由经济中心、经济腹地和经济网络三大要素构成。[③] 因此,概括起来,区域是连续、有限的空间范围,其划分依据是根据地域单元内所具有的相似的自然、风俗、文化、经济或其他特征中的一个或几个方面。

20 世纪 50 年代以来,我国政府和学术界就我国的区域划分问题提出了很多不同的方法和方案。鉴于数据的可获得性以及可获得的难易程度不同,本书从国家和省区市两个角度,根据《中共中央国务院关于促进中部地区崛起的若干意见》和《关于西部大开发若干政策措施的实施意见》,以及国家统计局 2006 年 6 月对我国 31 个省区市(港澳台除外)的划分方法,将我国分为东、中、西三个大综合经济区域。东部地区包括北京、上海、天津、江苏、浙江、辽宁、河北、福建、山东、广东和海南;中部地区包括黑龙江、吉林、安徽、江西、山西、湖北、湖南和河南;西部地区包括四川、重庆、云南、贵州、广西、陕西、甘肃、内蒙古、西藏、宁夏、青海和新疆。

(二) 区域经济的概念及特点

区域经济是国家经济的一个空间子系统,指在一定区域范围内,在经

---

① 参见〔美〕埃德加·M. 胡佛(E. M. Hoover)《区域经济学导论》,王翼龙译,商务印书馆,1990。
② 林德全:《区域经济规划的理论与实用方法》,《数量经济、技术经济资料》(1986 年专辑) 1986 年第 1 期。
③ 程必定:《区域和区域经济学的研究对象》,《财贸研究》1989 年第 3 期。

济上具有密切关联的经济活动和经济关系的总称。图2-1展示了区域经济的特点。

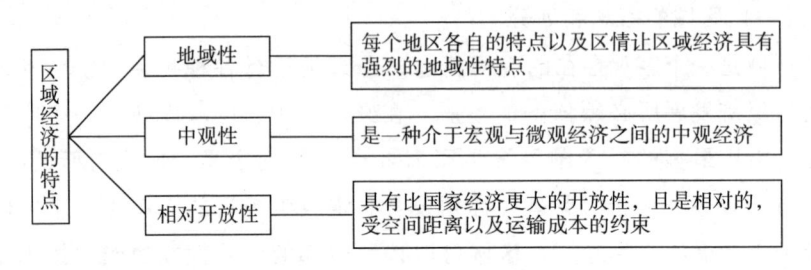

图2-1 区域经济的特点

区域经济的特点	说明
地域性	每个地区各自的特点以及区情让区域经济具有强烈的地域性特点
中观性	是一种介于宏观与微观经济之间的中观经济
相对开放性	具有比国家经济更大的开放性，且是相对的，受空间距离以及运输成本的约束

资料来源：赵俊民《全国视角下的陕西省经济增长因素研究》，博士学位论文，西北大学，2009。

三 协调与协调发展的概念及内涵

(一) 协调的概念和内涵

协调一词在《汉语大词典》中的解释为"和谐一致，配合得当"，是指各相关事物之间相互适应、相互配合、相互促进而形成的一种良性循环态势。协调作为一种状态，被协调者的各个要素之间表现出一种良好的关系，整体效应较佳。协调作为一个过程，为实现被协调者的发展目标，将对各种活动的相互关系进行控制和管理，减少这些活动相互之间存在的矛盾。[①]要理解协调这个概念，必须强调以下三点。

1. 协调的整体性

为实现系统总体发展的目标，要求系统内各个子系统或者各个要素之间必须互相配合、互相适应、互相促进。判断一个系统是不是一个好的系统，不能仅依据系统中每个要素的状态来下定论，而应从系统的整体性来判断。

2. 协调的关联性

系统中要素之间、要素与系统之间、系统与系统之间表现出的相互影响、相互制约关系即是协调的关联性。系统内外各要素间通过一系列比例

[①] 曾嵘、魏一鸣、范英、李之杰、徐伟宣：《人口、资源、环境与经济协调发展系统分析》，《系统工程理论与实践》2000年第12期。

结构关系反映出量的规定性，再由量的规定性反映出质的规定性。如果这些要素的比例结构合理，就表明系统之间是相互适应的。

3. 协调的动态性

协调不是事物之间在静态状况下的一种简单适应，而应该是一种各事物不断调整趋于动态的平衡，是对发展着的各方事物之间动态的相互作用关系状态的反映。为确保系统总体目标的实现，须根据各子系统在发展过程中出现的变化关系，进行纠偏和修正。

（二）协调发展的概念和内涵

根据《辞海》的定义，发展是指事物从小到大、从低级到高级、从简单到复杂、从旧质到新质的运动变化过程。《大英百科全书》认为，发展可以理解成经济增长，但大多数情况下，发展应被理解成一个国家在经济数量和经济质量上所发生的变化。

协调发展是指协调和发展要同时兼顾，是系统与系统之间、系统内要素与要素之间在配合得当、和谐一致、良性循环的基础上，从低级向高级、从简单向复杂、从无序向有序逐渐发展的一个演变过程，最终达成良性互动。协调发展强调的是一种整体性发展过程，是在协调的约束和规定下两个或多个系统以及系统要素的综合发展。

在综合发展过程中，协调发展又是一个从初级阶段到中级阶段再到高级阶段不断优化的过程。在初级阶段，协调发展强调的是系统中各个子系统内部各个要素的良性发展，以及各个子系统的相互协作和良好配合。在中级阶段，协调发展注重的是系统中各个子系统与外部的联系与合作，以便能将整体作用基本发挥出来。在高级阶段，系统中各个子系统内部处于和谐状态，各系统之间是共生关系，整体作用能够得到充分的发挥，实现全面意义上的协调发展。

四 房地产市场与区域经济协调发展的概念界定

结合前面相关概念的内涵，我们对房地产市场与区域经济协调发展的概念界定如下：房地产市场与区域经济协调发展是指在内部运行机制及外部调节机制的作用下，房地产市场发展和区域经济发展之间的有序性、和谐性与协调性，由此共同实现房地产市场与区域经济的健康、持续、稳定发展。一方面，一个国家或地区房地产市场的发展应与该国或所在区域经济的发展水平和运行规律相适应，即一个国家或地区房地产市场的发展水平、投资总额、市场结构以及价格水平等应与该国或所在区域经济发展保持协调一致，发挥房地产市场对区域经济发展的促进作用；另一方面，一个国家或地区的经济也应为房地产市场的健康、持续、稳定发展创造良好的市场环境和政策环境，充分发挥区域经济对房地产市场良性发展的支撑作用。总之，二者的协调发展是相互配合、相互促进、共同发展的关系，最终实现复合系统的整体发展。

第二节　相关基础理论

一　房地产市场理论

（一）房地产市场区域理论

房地产市场是一个区域性的市场。房地产由地产与房产结合构成，由于土地的位置固定不变，房地产只能在固定位置上开发建设、使用、消费以及产权流通，而不能像其他商品一样可以运输或自由流通，并且不同地域会形成不同的市场供需圈。如果某个区域的房地产市场出现供求不平衡，由于房地产具有不可移动性，它也就不能像其他商品那样可以在不同的区域之间进行流动，或者可以用相应的其他产品替代。这样，短时间内该地区房地产市场的供求关系很难得到扭转。一旦市场供不应求，房价就会随之上涨；相反，当市场供过于求，也极易引起房价的下跌，造成市场的剧烈波动。

房地产市场是以地域为界限，相对分割的市场。通常可以将市场分为本地市场、区域市场、全国市场和国际市场四类，而房地产商则会在不同范围的市场上进行售卖和竞争。由于房地产市场是一个分离的市场，如果两地的空间位置并不邻近甚至间隔较远，那么一个区域内房地产价格上涨或下跌的波动对另一个区域房地产市场交易量的影响就不会太明显。

另外，房地产市场具有的区域性特征也与房地产的异质性特征有很大关系。房地产的价值不仅在于土地价格、劳动力成本和原材料等成本的价值，更取决于房地产所处的不同环境而产生的附加值，其中包括经济发展状况、金融市场发展状况、政策环境、自然环境、人文环境等,由于这些影响因素具有地域差异性,当区位不同时,房地产产品之间由于其特点和价值不同毫无疑问就具有差异性。因此,房地产市场被视为一种典型的区域性市场。

(二) 房地产市场供求关系理论

1. 房地产市场供给理论

房地产供给是指房地产开发商或持有者在某一特定时期内,在某一价格水平上愿意且能够租售的房地产商品数量。房地产供给既包括新建的房地产产品(俗称增量房),也包括已建好的存货(俗称存量房)。通常,增量房又包括销售的现房和期房(达到一定标准的预售房)。房地产的供给通常具有以下几个重要的特点。

长期性。房地产开发的周期较长。从房地产开发商取得土地开发权到物业交付,由于资金瓶颈、生产流程等原因,开发周期少则几年,多到十几年。

多样性。目前房地产市场中包含的商品房类型相当丰富,具有多样性的特点。按产权划分,有无产权的保障房、用自有宅基地修建的私有小产权房和独立产权的商品房等。按用途划分,有住宅、工业用房、商业营业用房、公共建筑等。同类产品又具有不同的档次和细分类型,如住宅产品按档次划分,有高档住宅和普通住宅;按楼体高度划分,有低层、多层、小高层、高层和超高层等。

有限性。房地产产品附着于土地之上,而土地非人工所能制造和生产的,并且土地面积基本上是不会发生变化的。尽管现代技术可以通过移山填海或者将荒漠改造为良田的方式在一定程度上增加土地的数量,但是土地数量并不会无限制地增加。土地面积变化不会太大,同时位于较佳地理位置的土地供给也是有限的,因此,房地产产品的数量有限,尤其是较佳地理位置的房地产产品数量更是有限。另外,受到环境保护、交通等基础设施条件(包括容量)、耕地保护、城乡规划等的约束,可供开发的城市用地数量会受到一定的限制。因此,土地的稀缺性和不可再生性是造成房屋供给具有有限性的根本原因。

资金密集性。房地产行业是典型的资金密集型行业,对资金有较高的依赖度。从房地产项目开发的整个过程来看，房地产开发企业拿地、场地准备、主体建造、房屋销售等各个阶段都需要注入大笔资金。因此，良好的现金流是房地产企业生存和发展的关键。除此以外，购房者在购买房地产产品时，也常常需要借助于银行贷款。

滞后性。一方面，土地的位置和数量是固定不变的，虽然目前可以通过将城郊农田转变为城市用地的方式适当增加土地数量，但受政府、规划等制约因素的影响，总体来看，土地供给的弹性是比较小的。另一方面，房地产的建设周期相比其他产品较长，短期供给弹性较小，并且受诸多其他因素的制约，房地产的长期供给弹性也不是很高，导致房地产供给必然是滞后的。

对房地产产品来说，很多因素都会影响房地产的供给量，如房地产价格、资金供应量和利率、政策因素、开发商对未来的预期等。

2. 房地产市场需求理论

房地产需求是指房地产消费者在特定的时期内，在一定的价格水平上，愿意购买并且能够购买的房地产产品数量。房地产需求主要具有以下三个特点。

区域性。房地产产品与其他商品不同，因其独有的空间位置固定性特点，导致房地产产品只能在固有区域内生产和消费，房地产需求也就具有区域性。区位较好的房地产产品价格即使较高，需求也很旺盛。房地产产品主要满足所在区域的居民或企事业单位的需求，即使处于同一区域，对于物业需求的差异性也很大，比如商业地产和服务业地产就有不同的物业需求。

多样性。与房地产市场供给具有多样性的特点相匹配，房地产市场的需求也具有多样性的特点。消费者的收入水平、职业、年龄、文化程度、生活习惯以及个人偏好等不同，对房地产的档次、房型、区位和功能的要求自然也会存在较大的差异，反映出房地产需求的多样性特征。

层次性。房地产市场中的需求既包含已经形成的现实需求，也包含受区域经济变化影响正在形成的潜在需求，消费者自身经济水平、预期等不同信息会形成不同层次的房地产需求。

影响房地产需求的因素主要包括家庭收入和财富、人口状况、价格、政策因素、对未来的预期等。

3. 房地产市场供需均衡理论

（1）房地产的总量均衡

当房地产市场处于供给与需求相等的状态，即为供求平衡状态，此时的房地产价格就是房地产市场均衡价格。但现实中房地产市场供给与需求都受到随机市场因素冲击，处于动态变化中，因此房地产市场的均衡只是相对的、暂时的，而不均衡是绝对的、长期的，市场往往处于不均衡—均衡—打破均衡—重新均衡的动态变化过程，在这样的趋势中形成动态均衡。房地产市场需求与供给的动态均衡是由房地产价格来调节的，当市场上供过于求时，房地产价格下降；当市场上供不应求时，房地产价格则会上涨。

房地产市场的总量均衡是指房地产经济运行的一种状态，在这种状态下，房地产产品的供给价格与需求价格、供给数量与需求数量相一致。房地产产品既不会过剩，也不会短缺。但在实际中，供给量和需求量会受多种因素的影响，因而房地产的供给和需求总是处于不断变化之中，房地产的总量均衡被打破，呈现非均衡现象，在这种情况下，在市场供不应求时房地产价格会上涨，而供过于求时房地产价格就会下跌。

房地产的总量均衡包含宏观、微观两层含义：在宏观层次上，要求房地产总供给量与总需求量达到均衡；在微观层次上，要求细分市场上房地产产品的供求均衡，交易顺利进行。

（2）房地产的结构均衡

房地产内部各类型物业相互之间保持比例协调的关系就是房地产结构均衡。从市场的角度来看，房地产结构可分为供给结构和需求结构。房地产供给结构是指在一定时期和一定范围内，房地产开发商开发的各类型房地产项目之间的比例关系，可大致用各类型房地产项目新开工面积比例来衡量；房地产需求结构是指在一定时期和一定范围内，房地产消费者需求的各类型房地产项目的比例关系，可大致用各类型房地产项目销售额或销售面积的比例来衡量。若从产品的结构来看，房地产结构又可以按物业功能特点分类，如可以分为住宅、写字楼、商业用房、工业厂房和其他房屋。在某些特定条件下，各类物业可以相互转换，但在多数情况下，各类物业具有较强专用性，用途很难被其他物业替代。因此，在一定时期和一定范围内，各类物业的数量应当存在一定的比例关系，具体的比例根据地区产业结构、经济发展水平等因素变化。根据物业档次，也可以分为低档房地产、中档房地产和高档房地产，各档次的房地产项目也应与地区收入水平、实际需求相适应，部分房地产开发公司为了追求高利润大量开发高档房地产项目，便会造成供求错配，房地产市场结构失衡。

（三）房地产市场发展阶段理论

房地产市场的发展与区域经济的发展之间具有一定的数量关系。从已有研究成果来看，这种数量关系通常用房地产投资额与 GDP 的比例关系来反映，并且房地产投资额与 GDP 的比重随着国家和区域的不同而不同。Ball 和 Morrison 以多个发达国家的房地产市场为研究对象，研究了这些国家房地产投资额与其所在国 GDP 的比例关系后指出，人均 GDP 与房地产投资额之间的关系可以用倒 U 曲线的特征来描述。具体而言，当人均 GDP 大于或等于 5000 美元时，房地产投资额在 GDP 中的占比为 6%~7%，达到最高值；当人均 GDP 处于 2500 美元左右时，房地产投资额在 GDP 中的占比下降到 3%~5%；当人均 GDP 的水平小于 500 美元时，这一占比在 2% 以下。此后，房地产投资额随着人均 GDP 的增加而增加，但房地产投资额在 GDP 中的占比逐渐递减。[①]

国内学者曹振良在 Ball 和 Morrison 的研究基础上，提出了一个不同的观点：当一国或地区的经济处于上升期时，人均 GDP 与房地产投资额也都处于增长阶段，但是房地产投资额的增长速度要比人均 GDP 的增长速度快；当人均 GDP 增长到一定程度时，即便是人均 GDP 仍然保持上升趋势，房地产市场的发展增速也会逐渐下降，呈明显的倒 U 曲线。[②]

尽管国内外学者都用倒 U 曲线对房地产市场的发展阶段做出了解释，但他们的见解仍有所区别。国外学者侧重于以房地产投资额在 GDP 中的占比来度量房地产市场不同阶段与经济发展的关系，而国内学者则侧重于房地产投资额的增长速度与人均 GDP 增长速度的相对变化，通过速度的比较来说明房地产市场不同阶段与经济发展的关系。虽然他们的侧重点有所不

---

① M. Ball and T. Morrison, "Housing Investment Fluctuations: An International Comparison," *Housing Theory & Society* 17 (2000): 3–13.
② 曹振良：《房地产经济学通论》，北京大学出版社，2003。

同，但是两种分析方法都达成共识，即房地产市场的发展阶段不论是速度还是投资规模总是经历一个先快后慢的过程。

对于造成房地产市场发展轨迹呈倒 U 曲线的原因，国内学者陈雪松从三个角度提出自己的看法。一是从房地产功能定位角度看倒 U 曲线的形成。房地产业除了具有基础产业的特性外，还具有支柱产业的功能特征。在经济起飞初期，房地产业发挥的是基础产业的作用。在经济起飞期到经济发展成熟期的发展阶段，房地产业的发展速度会加快，支柱产业的作用效果明显。但是，当经济发展从快速增长阶段进入平稳持续发展阶段，推动房地产业超常规增长的一些特殊因素或超常规因素的力度会逐渐减弱，甚至消失，房地产业的发展速度就会重新调整，回到正常的发展轨道，房地产业的支柱产业地位也会受到其他产业的挑战，房地产业在国民经济中的重要性会降低。二是从需求层次理论看倒 U 曲线的形成。房地产兼具消费和投资的双重属性。作为消费品，房地产能够满足人们工作、生活和居住的基本需求。作为投资品，房地产因其具有保值、增值的投资属性，可以满足人们的投资需求。因此，房地产在不同的经济发展阶段扮演着不同的角色。在经济发展初期，国民收入水平不高，人们首先需要满足最低层次的生理需求理论，即解决他们的衣食住行。这个时期，房地产业成为需要重点发展的行业，呈现的特征就是当人均 GDP 逐渐增加时，房地产业会以高于人均 GDP 增速的速度增长，房地产投资额在 GDP 中的占比逐渐提高。但是，随着居民收入水平的进一步提高和家庭财富的增加，对应于马斯洛需求层次中的最高层次即自我实现的需求，为实现财富的保值和升值，房地产的投资性需求会逐渐加强而房地产的消费性需求则会逐渐减弱。在这个阶段，尽管房地产投资额的增速仍然高于人均 GDP 的增速，但这一上升势头有逐渐减弱的趋势。三是从非均衡发展理论看倒 U 曲线的形成。房地产业的产业关联程度较高，能够拉动上、中、下游产业的投资增长，使房地产内部结构与不同的关联产业乃至整个产业结构存在多种互动影响关系。在经济发展的初期，房地产业成为区域经济增长的支柱产业，拉动区域经济发展。但由于房地产业是粗放型的产业，且具有典型的区域性特征，这就决定了房地产业对区域经济的支柱作用是阶段性的，不适合大量生产和高速扩张，房地产业虽能带动区域经济起步，但到了一定阶段，区域经济必须转型。因此，区域经济的发展不能过分依赖房地产业，并且房地产业的倒 U 曲线也并不一定在所有地区都会出现。①

二 区域经济相关理论

（一）梯度推移理论

梯度推移理论已被广泛接受并引入我国经济总体布局和区域经济分析。梯度理论的主要思想是，不管在世界范围，还是在一国范围内，经济技术都处于不平衡的发展状态，由此产业梯度和经济梯度都是客观存在的。随着时间的变化，经济的发展趋势是由发达地区向次发达地区，再向落后地区推进，高梯度地区会慢慢将技术和产业向处于较低梯度上的区域转移。

要实现生产力的空间推移，通常要满足两个条件。一是必须具有生产力布局中的自然条件、技术条件及其空间分布等优势区位，让高梯度地区引进、掌握先进生产技术，为下一步的空间推移创造条件。二是要使生产力的空间推移可行，还需要有经济利益的保证。在自由竞争的经济环境下，获取利润的大小决定了生产资料将如何进行配置，产业结构将如何变化。这样，生产力的空间推移也就会向获利较大的二、三级梯度区位推移，形成典型的市场型布局。另外，由于接受地区存在着接受扩散的引力场，主要包括劳动力场、资源场和区位场，高梯度地区的新产业、新产品、新技术主要通过这三个引力场扩散到较落后的地区。

经济技术发展的差异导致空间梯度推移也呈现多层次的特征。我国一些学者把全国东、中、西三大经济地带视为三个不同的梯度区，认为通过梯度推移，西部地带在产业技术加速转移中会逐渐缩小与发达地区经济发展的差距。

（二）增长极理论

增长极理论借助物理学中的"磁极"概念，从空间的角度概括和总结了经济发展不平衡的原因，并已成为区域开发的重要理论依据之一。该理论认为，部分城市或地区在发展阶段的初期可以拉动整个区域内相关产业的发展。同时，部分发展水平较高的产业也会拉动上下游产业的发展。所

---

① 陈雪松：《房地产业与区域经济发展的关系分析》，博士学位论文，暨南大学，2009。

以决策者应当集中优势资源投入这些具有明显区位优势和禀赋的产业，通过对优势资源的整合打造出强有力的经济增长点，造就支柱产业，利用它们的规模效应在短期内获得最佳的经济增长效应，并通过扩散作用将优势资源的覆盖面进行延展，逐步覆盖空间上不发达的地区和产业结构中生产水平较低的产业，带动区域经济的整体进步。在选择优势产业的时候，应当优先选择规模大、增长速度快、技术含量高、关联性大、符合区域资源禀赋的产业部门和企业集群形成增长极，根据增长极的特征和发展条件来划分增长极等级体系，从而建立以城市为主导的综合经济区域。

增长极理论为区域经济发展理论提供了新的研究思路。首先，在传统的增长理论中，将增长极视为一个纯属产业的抽象概念，没有考虑地域问题，而新的增长极理论将空间特性融入增长，使经济增长理论得到进一步丰富。其次，增长极理论提倡有意识地扩大区域态势差，而不是区域经济的均衡发展。强调少数地区和产业部门对整体经济的提振作用，这为资源有限的地区，尤其是我国西部地区这一类经济基础较为薄弱的地区最大化利用资源提供了新的视角，有效提升了资源利用效率。因此，增长极理论可以为制定区域经济发展战略提供重要的理论依据和实践基础。但是该理论也存在以下缺陷。首先，忽视了发展孕育增长极的过程中，有可能加大地区与产业间的不协调。原本处于优势地位的地区和产业在获得了大量优势资源投入后，与其他产业的差距进一步拉大，将有可能造成区域产业结构的失调与区域贫富差距的拉大。其次，对增长极的过度投入也可能会对其他产业、地区造成投资的挤出效应，并且高低产业之间是否能形成带动效应难以预期，若增长极的优势无法向整个区域经济传导，便会形成单一、不可持续的产业结构。房地产业已经成为我国的支柱产业，房地产市场与区域经济发展之间关系密切，现实中许多地方政府也将房地产业作为拉动区域经济的增长极。因此，将增长极理论应用到区域房地产市场与区域经济发展关系的研究中就具有很强的现实性。

三 经济发展理论

经济增长是指一个国家或者地区在一定时期内所生产的物质资料与服务的持续性增长，表明经济规模和物资生产能力的扩张，反映了一国或地区在一定时期内经济水平的上升，经济影响力的扩大。

与经济增长相比，经济发展除了包含经济水平提升的内容，还包含在经济增长过程中关于经济、政治、社会、民生等方面整体改善的内容。总的来看，经济发展通常包括以下三个方面的内容。

一是经济总量增长。它是构成经济发展的物质基础，表现为国民生产总值的提高，即一个国家或地区通过提高生产效率或者增加生产资料投入而获得未来更多的产品。

二是经济结构的优化。经济结构包含多个方面，如投入结构、消费结构、产出结构、分配结构以及人口结构等各种结构，经济结构优化就是为了适应经济发展阶段的转变，对这些结构的调整和优化是经济可持续增长的必要条件。

三是经济质量的提高。经济质量的提高是经济发展的最终标志，除包括经济总量增加的内容外，也包含资源利用效率、经济稳定程度、居民实际生活质量、社会和个人福利水平、自然生态环境改善程度，还包含政治、文化和人的现代化等多方面的协调。

经济增长与经济发展既有联系又有区别。一方面，经济增长为经济发展提供了基础，经济增长到一定程度的结果就是经济发展。从经济增长到经济发展是一个从量变到质变的过程；经济增长是经济发展的重要手段，经济发展是经济增长追求的目的。如果只是单纯追求高速度的经济增长，就会忽视经济结构的优化、经济质量的提升，导致比例失调、经济大起大落、贫富差距扩大、社会不公平等问题，进而导致社会动荡，反过来危害经济增长，经济发展更无从谈起。另一方面，经济增长和经济发展也存在以下明显的区别。

第一，经济增长着重关注 GDP 的提高，而经济发展却包含更宽泛的内容，包括关注经济结构、国民生活质量、生态环境的维持、产业结构的变迁以及整个制度结构、社会结构和发展模式的总体进步。

第二，经济增长仅是从国民经济发展的量的方面进行考察，而经济发展不仅关注量的增长，更关注质的提升。因此，经济增长是一个单一指标，关注的是国民经济的增长速度，而经济发展则是一个综合指标，关注的是更深层次的问题。

第三，经济增长通常以短期生产的上升或下降来作为测定其发展的标准，而经济发展与之相反，经济发展更看重长期而不是短期。经济体可以通过牺牲长期利益，以不可持续的方式在短期内刺激经济增长，但不利于经济的长期健康。

第四，目前经济增长理论主要研究的领域是促进经济增长的来源和前景，而经济发展主要研究领域是经济增长的前提、质量和后果。

四　协调发展理论

（一）系统论

系统论的主要观点认为，系统是由各部分或子系统按照一定规律组成的具有特殊功能的整体。系统原理主要包括以下几点内容。一是系统整体性原理，即系统是由多个不同部分及要素构成的有机整体，该整体具有一定的结构。在结构合理和结构有序的情形下，系统各部分功能之和小于系统的整体功能。二是动态相关性原理。各个要素与要素之间、各子系统与子系统之间、系统与环境之间既是相互依存也是相互影响的关系，它们对系统的动态变化有重要的影响，并制约着系统的变化。三是等级层次性原理。一个复杂系统是由不同的子系统及其组成部分构成，并且这些子系统存在高低不同的等级层次。四是系统有序性原理。在一定时期内一个系统的结构与层次保持不变，处于稳定状态。在此期间，系统的结构与功能具有较为明确的变化方向。随着条件的变化，系统会发生由低到高或由高到低的变化，对应着系统的整体性发生由弱到强或由强到弱的变化。

（二）协同论

协同论强调自然系统和社会系统之间存在密切的联系，指出系统论主要包括以下内容。一是协同效应。在不同等级的系统中有不同的子系统，它们之间通过发生相互作用而生成整体效应，从而促使系统的结构实现从无序向有序、从量变向质变的转变，最终形成合理的结构。二是伺服原理。不同的子系统和要素构成了系统，系统的发展速度和重要程度存在快与慢、大与小的分别。在系统的发展变化过程中，发展速度快的变量要服从发展速度慢的变量，少数对系统整体起主要作用的变量主宰和控制了系统的结构与动力。因此，对这些变量在系统变化发展中的作用要高度重视。三是自组织原理。是指在不受外部干预和影响的情况下，系统内的各个子系统之间根据某种规则自动形成一定的结构和功能。

第三节 房地产市场与经济发展的相关文献综述

一 房地产市场与宏观经济的关系研究

（一）房地产周期与经济周期的相互作用关系

1. 房地产周期

房地产市场呈现明显的周期性波动。已有研究从宏观的视角侧重对国家与地区的房地产周期变化及关联关系展开分析，从微观的视角侧重对城市、写字楼和公寓等子市场或具体区位的房地产周期性变化展开分析。

Burns 率先对房地产市场周期问题进行了检验，指出美国房地产市场具有长周期。① Rabinowitz 发现美国的房地产周期约为 18 年。② 以后的学者 Kaiser 和 Wheaton 研究了房地产子市场写字楼的市场周期，结果都证实了房地产周期的确存在，指出长周期在房地产市场行为中起着主要的作用。③

国内对房地产周期问题的研究始于南开大学学者薛敬孝，他指出我国建筑周期的长周期为 50 年左右，短周期在 20 年左右，长周期中包含着一个短周期。④ 何国钊等认为，房地产业在发展过程中，也会经历宏观经济发展呈现出的周期状态，表现为复苏、繁荣、衰退、萧条四个阶段的周期性循环过程。⑤ 梁桂认为不动产经济在供求作用的影响下产生了波动，并将房地

---

① A. F. Burns, "Long Cycles in Residential Construction," *Economic Essays in Honor of Wesley Clair Mitchell* (NY: Columbia University Press, 1935), pp. 63 – 104.

② A. Rabinowitz, *The Real Estate Gamble*, New York: Amacom-A Division of American Management Association, 1980.

③ R. Kaiser, "The Long Cycle in Real Estate," *Journal of Real Estate Research* 14 (1997): 233 – 257. W. C. Wheaton, "The Cyclical Behavior of the National Office Market," *Real Estate Economics* 15 (2010): 281 – 299.

④ 薛敬孝：《试论建筑周期》，《南开学报》1987 年第 5 期。

⑤ 何国钊、曹振良、李晟：《中国房地产周期研究》，《经济研究》1996 年第 12 期。

产等不动产经济的波动情况划分为五个阶段,分别为供求失衡、市场活跃、市场繁荣、泡沫破灭和市场萧条。① 刘洪玉强调房地产周期受供求关系和资本市场的影响,利用供求均衡点将我国房地产周期划分为四个阶段。② 对房地产市场周期波动影响因素的研究中,大量学者提供了自己不同的学术见解。何国钊等认为中国房地产周期波动主要受投资和政策波动的影响。③ 谭刚指出投资和政府行为是我国房地产周期波动的主要原因。④ 丁烈云认为我国房地产周期波动主要受投资、政策、市场行为和城市信息化水平的影响,并且这些因素随着时间的变化也在发生变化。⑤ 曲波等认为政策因素是影响我国房地产周期波动的主要因素,但是随着房地产市场化程度的提高,房地产周期波动主要受市场经济变量的影响。⑥ 夏程波等采用 HP 滤波分析方法,对比了 1998～2010 年中国和美国的房地产市场周期波动的特征,认为美国房地产市场周期波动稳定性比中国房地产市场的周期波动稳定性强,中国房地产周期波动比美国活跃,处于向上发展的长期趋势。⑦

2. 房地产周期与经济周期的相互作用和关系

大量研究发现房地产周期与经济周期具有明显的相关性。Grebler 和 Burns 分析了美国房地产周期与经济周期之间的联系,发现房地产周期滞后于经济增长周期约 11 个月。⑧ Brown 发现美国住宅市场周期对美国经济周期具有重要的影响。⑨ Hekman 发现美国写字楼租金与区域经济具有明显的相关关系,并且写字楼租金与经济周期也具有明显的相关关系。⑩ Coulson 和

---

① 梁桂:《中国不动产经济波动与周期的实证研究》,《经济研究》1996 年第 7 期。
② 刘洪玉:《房地产市场周期运动规律分析》,《中国房地产》1998 年第 8 期。
③ 何国钊、曹振良、李晟:《中国房地产周期研究》,《经济研究》1996 年第 12 期。
④ 谭刚:《深圳房地产周期波动研究》,《建筑经济》2001 年第 8 期。
⑤ 丁烈云:《房地产周期波动成因分析》,《华中科技大学学报》(社会科学版) 2003 年第 2 期。
⑥ 曲波、谢经荣、王玮:《中国房地产周期波动的评介与探析》,《中国房地产金融》2003 年第 2 期。
⑦ 夏程波、曹智辉、庄媛媛:《中美房地产周期波动特征的比较研究》,《统计与决策》2012 年第 7 期。
⑧ L. Grebler and L. Burns, "Construction Cycles in the United States since World War II," *Journal of the American Real Estate and Urban Economics Association* 10 (1982): 123 – 151.
⑨ G. T. Brown. "Real Estate Cycles After the Valuation Perspective," *Appraisal Journal* 52 (1984): 39 – 49.
⑩ J. Hekman, "Rental Price Adjustment and Investment in the Office Market," *Journal of the American Real Estate and Urban Economics Association* 13 (1985): 32 – 47.

Kim 的研究发现，短期内住宅投资对 GDP 的干扰较大，是影响宏观经济稳定运行的重要原因。① 进一步的研究指出，应考虑将经济基本变量与房地产周期研究相结合，深刻理解宏观经济因素与区域经济因素对房地产周期变化的影响。Barras 等人认为快速的经济增长、房地产产品供给的不足、宽松的货币政策以及银行扩大信贷规模等因素是促进当地房地产市场繁荣的重要原因，房地产市场从而取得了较快地增长。② Quigley 考察了城市人口、居民收入、住房空置率、失业率、住宅均价等反映宏观经济运行状况的指标对各个城市区域房地产市场景气程度的解释能力，认为从长期来看宏观经济变量对房地产市场的景气水平具有较强的解释能力，但短期来看这种解释能力较差。③ Chakraborty 和 Suparna 指出 1984 年日本的土地税收变化使土地抵押价值产生了剧烈的波动，从而导致企业的融资能力受到影响，进而使产出和投资也受到影响，造成了日本经济的动荡。④

国内关于房地产市场波动与宏观经济周期波动的研究中，谭刚利用扩散指数方法将深圳与全国房地产周期波动的走势进行了对比分析，发现二者的走势大致相同。⑤ 尹伯成等认为中国房地产市场与中国经济周期二者的波动趋势大致相同，因此，中国经济周期的波动规律可以从中国房地产市场的发展情形得到反映。⑥ 张晓晶和孙涛从中国经济增长面因素、扩张性的宏观政策与大量外资流入的宏观面因素以及制度面因素入手分析了驱动新一轮房地产周期的驱动因素，进而研究了中国房地产周期和金融稳定之间的关系，发现房地产泡沫破灭之后会通过房地产信贷风险、政府担保风险和信贷期限错配等方式影响金融稳定。⑦ 李祥发和冯宗宪基于货币政策的视角分析了房地产周期和固定资产投资周期与经济周期之间的关联性，发

---

① Edward N. Coulson, Myeong-Soo Kim, "Residential Investment, Non-residential Investment and GDP," *Real Estate Economics* 28 (2000): 233 – 247.
② R. Barras, D. Ferguson, "Dynamic Modeling of the Building Cycle: Empirical Results," *Environment & Planning* A 19 (1987): 493 – 520.
③ J. Quigley, "Real Estate Prices and Economic Cycles," *International Real Estate Review* 2 (1999): 1 – 20.
④ Chakraborty, Suparna, "Real Estate Prices, Borrowing Constraints and Business Cycles: A Study of the Japanese Economy," Working Paper (2005).
⑤ 谭刚:《深圳房地产周期波动研究》,《建筑经济》2001 年第 8 期。
⑥ 尹伯成、边华才主编《房地产投资学》,复旦大学出版社,2002。
⑦ 张晓晶、孙涛:《中国房地产周期与金融稳定》,《经济研究》2006 年第 1 期。

现房地产周期和固定资产投资周期与经济增长周期的联动关系具有明显的区制性特征。在扩张区制，货币供给量的增加有助于稳定经济增长和促进房地产市场的繁荣，而在收缩区制，从紧的货币政策在调控房地产周期的同时，也抑制了经济增长。① 丛颖采用 HP 滤波分析方法分析了中国房地产周期与宏观经济周期之间的关系，然后以我国 35 个大中城市为研究对象，利用聚类分析方法将它们按照经济发展状况和城市规模进行分类，考察了一、二、三类城市房地产周期和宏观经济周期的变动关系，结果发现，经济越发达的城市房地产市场周期和宏观经济周期的相关性越高。② 冯科讨论了中国房地产投资波动对宏观经济周期的影响，发现房地产投资短周期和中周期与宏观经济周期较为接近，短期内房地产市场的波动会引发整个经济的波动，长期看，房地产市场的增长的趋势与宏观经济增长趋势一致。③

（二）房地产业在国民经济中的地位和作用研究

注意到房地产周期与宏观经济周期之间具有密切的联系后，房地产业及市场在国民经济中的地位和作用成为学者们关注的另一个研究主题，并主要从房地产对国民经济增长的贡献、对相关产业的带动作用以及房地产消费在居民生活中的重要性等方面来展开研究。

Joseph 选取华盛顿州经济的数据作为样本，研究了各行业对经济的带动作用，发现住宅建造业对经济拉动作用明显，是产出乘数最高的产业部门之一。④ Follain 和 Jimencz 选取日本的经济数据，运用投入产出分析法分析了日本住宅建设投资对日本经济增长的拉动效应，发现住宅建设对日本经济增长有重要的拉动作用。⑤ Case 等指出上涨的房价将拉大房地产持有者和

---

① 李祥发、冯宗宪：《房地产周期、固定资产投资周期与经济周期的关联性——基于货币政策视角下的分析》，《经济理论与经济管理》2014 年第 4 期。

② 丛颖：《房地产市场周期与宏观经济周期关系的实证研究》，《东北财经大学学报》2014 年第 3 期。

③ 冯科：《中国房地产投资波动对经济周期的影响研究》，《北京工商大学学报》（社会科学版）2016 年第 5 期。

④ E. Joseph, "Housing Finance and Urban Infrastructure Finance," *Urban Studies* 34 (1997): 1597 – 1620.

⑤ J. R. Follain and E. Jimencz, "Estimating the Demand for Housing Characteristics. A Survey and Critique," *Regional Science and Urban Economics* 15 (1985): 77 – 107.

租房者之间的收入差距。① William 和 Denise 分析了房地产市场发展规模与国民经济发展水平的关系,结果显示,当宏观经济保持平稳发展,房地产市场增长速度应当与国民经济的增长速度保持 1:0.7 的固定比。②

  国内学者从定性和定量的角度广泛研究了房地产业在国民经济增长中的地位与作用。王骐骥分析了我国房地产业发展拉动国民经济增长的原因,提出应将我国房地产业发展成为国民经济的主导产业、支柱产业以及新的经济增长点。③ 向为民通过计算房地产业增加值在 GDP 中所占的比重、产业关联度、房地产需求收入弹性以及产业吸纳的就业人数增长率,指出我国的房地产业达到了支柱型产业的标准。④ 孔凡文等从房地产业的产业关联度效应入手,发现房地产业与建筑业、电力、社会服务业、制造业、金融、煤气及水的生产和供应业、保险业、邮电通信业、仓储及交通运输、批发、餐饮业等众多行业都有较强的关联度,认为房地产业是国民经济支柱产业是必然的。⑤ 包宗华计算了房地产业在我国经济增长中和国家财政收入中所占的比重,分析了房地产业对相关产业的带动作用,认为房地产业的确已经成为我国经济增长的支柱产业。⑥ 魏润卿将房地产业增加值进行了修正,计算了房地产业对其他关联产业的带动效应,得出房地产业是我国支柱产业的结论。另一些学者的研究却持有不同的观点,质疑甚至否认房地产业是我国的支柱产业。⑦ 王小广也认为房地产业是一种被动性产业而非主动性产业,将房地产业视为我国的支柱产业是一种错误的观点。⑧ 况伟大分别对我国房地产业在 GDP 中所占的比重、房地产业对 GDP 增长的贡献进行了测算,认为房地产业不是我国的支柱产业。同时,他指出房地产业对其他产

---

① K. E. Case, E. L. Glaeser, J. A. Parker, "Real Estate and the Macroeconomy," *Brookings Papers on Economic Activity* 2 (2000): 119–162.
② C. William and D. Denise, "Housing Problem and Housing Policy," *Journal of Social Policy* 26 (1998): 388.
③ 王骐骥:《论房地产拉动经济增长的原由、问题及启动的近期方略》,《经济评论》2000 年第 5 期。
④ 向为民:《中国房地产业的支柱产业地位的量化分析》,《统计与决策》2008 年第 19 期。
⑤ 孔凡文、刘宁、娄春嫒子:《房地产业与相关产业关联度分析》,《沈阳建筑大学学报》(自然科学版)2005 年第 3 期。
⑥ 包宗华:《关于房价收入比的再研究》,《城市开发》2003 年第 1 期。
⑦ 魏润卿:《现阶段我国房地产业支柱产业地位的考究》,《学术探索》2008 年第 2 期。
⑧ 王小广:《把房地产作为支柱产业是错误的》,《新财经》2006 年第 6 期。

业的推动作用和拉动作用都比平均水平要低，意味着我国房地产业的产业关联作用实际上是有限的，因此，认为房地产业关联度高的这一传统观点是不正确的。① 赵龙节和闫永涛的研究也得到类似的发现，他们指出房地产业对宏观经济增长不能起到明显的带动作用，因为房地产业与其他关联产业的关联作用实际并不强，并且在对宏观经济的促进和拉动方面影响也较小。②

关于房地产对国民经济增长的作用研究中，分析房地产业或房地产市场对经济增长贡献的理论方法主要是投入产出模型，基于此理论的国内研究涌现了大量成果。王国军和刘永杏利用投入产出模型分析了我国及美国、日本、英国和澳大利亚四个发达国家的房地产业及其关联产业，对前向、后向和环向关联效应做了详细的量化分析，发现我国房地产业只对较少的产业有明显的带动作用，主要是资本和原材料型产业，其中对金融保险业的带动效应最大。③ 另外，在经济水平越发达的地区，房地产业对相关产业的带动效应也越大。相较发达国家而言，发达国家房地产业对其他产业的前向推动作用要高于我国。王飞和黄满盈检验了房地产开发对我国 GDP 的产出和房地产销售对 GDP 的诱发额，发现房地产开发和房地产销售诱发了 7.6% 的 GDP，我国宏观经济的发展受房地产开发的推动作用较大，而房地产的需求程度决定了这种推动作用是否具有长期性。④ 赵龙节和闫永涛将中国和美国房地产业进行了对比分析，比较的内容主要集中在三个方面：房地产业的投入结构、房地产业的分配结构、房地产业在国民经济中的地位和作用。他们发现，中国的房地产业还处于数量积累和扩张的粗放阶段，房地产业的前向关联和后向关联作用还很有限，没有起到明显带动经济增长的作用。同时，他们指出，尽管目前中国的房地产业还不满足成为支柱产业的条件，但应理性地认识到这并不影响房地产业将作为支柱产业而存在。⑤ 吴海英通过构建动态投入产出模型，分析了房地产投资对钢铁等行业

---

① 况伟大：《房地产业关联效应研究》，《中国城市经济》2006 年第 5 期。
② 赵龙节、闫永涛：《中美房地产业投入产出比较分析》，《经济社会体制比较》2007 年第 2 期。
③ 王国军、刘水杏：《房地产业对相关产业的带动效应研究》，《经济研究》2004 年第 8 期。
④ 王飞、黄满盈：《房地产业对经济发展促进作用的实证分析》，《经济学动态》2005 年第 7 期。
⑤ 赵龙节、闫永涛：《中美房地产业投入产出比较分析》，《经济社会体制比较》2007 年第 2 期。

的投资带动作用，进而研究了我国房地产市场发展对各行业投资和总投资的直接和间接影响，结果证实房地产投资的增加的确能促进各行业包括钢铁投资的增加，也能促进下一期宏观层面总投资的增加。[①] 李玉杰和王庆石借助投入产出模型，利用我国1997年、2002年和2009年的投入产出表，测算了我国房地产业在这三个年度对相关产业的带动效应，并对它们进行了动态的比较分析和国际视角的比较分析，结果证实了我国房地产业的确能带动建筑业、金融保险业、商业和社会服务业等多个产业的发展，是一个产业链很长并且波及面很广的产业，但不能过分强调或否定房地产业对经济发展的作用。[②] 张清勇和年猛通过量化测度1997年、2000年、2002年、2005年和2007年中国房地产业的影响力系数和感应度系数，发现我国房地产业对国民经济的推动作用和带动作用都比较小，并且是逐渐降低的，质疑了已有一些研究提出的"中国房地产业关联度高和带动力强"的观点。[③] 类似的，孟延春和汤苍松在采用投入产出分析法测算了中国房地产业的前向关联系数和后向关联系数后，发现中国房地产业的关联效应不强，同时对国民经济发展的推动作用也较弱。[④]

（三）房地产市场发展与宏观经济发展的关系

关于房地产市场发展与经济发展关系的研究方面，William 和 Denise 以17个经济发展水平不同的国家为研究对象，对比分析了它们的发展规模，发现当宏观经济处于稳定发展的情形下，房地产市场的发展速度与宏观经济增长速度的比值是0.7:1。[⑤] Morrison 在对多个国家的房地产市场发展与国民经济增长的关系进行了研究，指出住宅开发投资额与国民生产总值的比重呈倒 U 形曲线。当人均 GDP 大于或等于5000美元时，住宅开发投资额占 GDP 的比重为6%~7%；当人均 GDP 达到2500美元时，住宅

[①] 吴海英：《房地产投资增速对钢铁投资和总投资增速的影响》，《世界经济》2007年第3期。

[②] 李玉杰、王庆石：《房地产业对相关产业带动效应的国际比较研究》，《世界经济与政治论坛》2010年第6期。

[③] 张清勇、年猛：《中国房地产业关联度高、带动力强吗——兼论房地产业的定位》，《财贸经济》2012年第10期。

[④] 孟延春、汤苍松：《中国房地产业的关联测算及宏观经济效应分析——基于中国2002~2007年投入产出表》，《中国人口·资源与环境》2013年第1期。

[⑤] C. William and D. Denise, "Housing Problem and Housing Policy," *Journal of Social Policy* 26 (1998): 388.

开发投资额占 GDP 的比重为 3%～5%；当人均 GDP 不足 500 美元时，这一比重也不到 2%。

近年来，国内学者展开了一系列关于房地产市场对宏观经济影响的数量分析。张琳和陈美亚利用计量经济学的动态误差修正模型，同样发现房地产业的发展较为显著地促进了国民经济增长。① 皮舜和武康平指出我国房地产市场是经济增长的 Granger 因，同时我国经济增长也是房地产市场的 Granger 因。② 刘红以 1986～2004 年中国 GDP 和房地产开发投资的年度时序数据为基础，发现短期内房地产投资对中国经济增长具有较显著的促进作用，而长期趋势来看这一影响效应并不显著。③ 杨朝军等发现 2002 年和 2003 年我国房地产开发投资和销售对国民经济的贡献率都超过 7%。④ 梁云芳等发现我国房地产市场的发展显著地促进了经济增长。⑤ 况伟大的研究指出，我国房地产市场对经济增长的贡献率为 9.92%。⑥

随后，一些研究具体考察了房地产价格、房地产开发投资与宏观经济的关系，研究成果梳理如下。

1. 房地产价格与宏观经济的关系研究

在观察到房地产与宏观经济周期的相互关系后，一些学者开始对房地产价格与宏观经济的相互联系展开大量研究。他们一方面考察了房地产价格对宏观经济的影响，另一方面从供给和需求角度出发，分析了各种供求因素对房地产价格的影响。黄忠华等从全国层面讨论了房价与宏观经济的互动关系，研究发现房价与宏观经济之间具有长期的均衡关系，而短期内二者的关系却存在失衡；房价与宏观经济存在反馈作用，即房价变化会通过财富效应和投资效应引起经济变化，同时经济变化也会通过引起房地产

---

① 张琳、陈美亚：《中国房地产业与经济增长关系研究》，《南京工业大学学报》（社会科学版）2002 年第 3 期。
② 皮舜、武康平：《房地产市场发展和经济增长间的因果关系——对我国的实证分析》，《管理评论》2004 年第 3 期。
③ 刘红：《中国城市房地产投资的动态经济效应》，《经济与管理研究》2006 年第 3 期。
④ 杨朝军、廖士光、孙洁：《房地产业与国民经济协调发展的国际经验及启示》，《统计研究》2006 年第 9 期。
⑤ 梁云芳、高铁梅、贺书评：《房地产市场与国民经济协调发展的实证研究》，《中国社会科学》2006 年第 3 期。
⑥ 况伟大：《房地产相关产业与中国经济增长》，《经济学动态》2010 年第 2 期。

市场外部环境变化而影响房价。① 田成诗和李辉利用偏最小二乘方法对我国房价的宏观经济影响因素进行定量分析，发现影响我国房价波动的三个重要因素分别是国民财富、土地价格和资金规模，并且货币供应量对我国房价波动的影响尤为显著，而中长期贷款利率对我国房价的变化仅有较弱的影响。② 崔光灿发现宏观经济波动会明显影响房地产价格的波动，尤其是利率和通货膨胀的影响非常显著；房地产价格波动在中长期会影响社会总投资，房地产价格的财富效应明显。③ 况伟大在住房存量调整模型的基础上，发现经济基本面对房价波动的影响大于预期和投机，上期房价波动对本期房价影响大于下期房价波动，利率变动对房价影响最大。④ 原鹏飞和魏巍贤在CGE模型框架下定量模拟了房地产价格变动对我国宏观经济和部门经济的影响，发现在房价波动的冲击下，其他行业与房地产业的产出变动方向是一样的，房价上涨对宏观经济增长的正面带动效应较大，但相同比例的房价下跌对宏观经济的负面冲击作用更大一些。⑤ 赵昕东发现房地产价格与宏观经济之间存在正反馈机制。房地产价格的上涨会促进宏观经济的增长，同时，宏观经济过热也会刺激房地产价格的进一步上涨，导致房地产价格泡沫出现。⑥ 唐志军等从房地产价格和房地产投资两个方面检验了房地产波动对宏观经济的影响，研究发现房价波动对社会消费品零售总额的波动具有负向影响。⑦ 武康平和胡谍模拟分析了外生冲击下房地产价格波动对宏观经济的影响，发现在房价加速器作用下，宏观经济增长会更快。⑧ 王成成和

---

① 黄忠华、吴次芳、杜雪君：《中国房价、利率与宏观经济互动实证研究》，《中国土地科学》2008年第7期。
② 田成诗、李辉：《中国房地产市场风险评价：基于房价与宏观经济协整的分析》，《预测》2008年第4期。
③ 崔光灿：《房地产价格与宏观经济互动关系实证研究——基于我国31个省份面板数据分析》，《经济理论与经济管理》2009年第1期。
④ 况伟大：《预期、投机与中国城市房价波动》，《经济研究》2010年第9期。
⑤ 原鹏飞、魏巍贤：《房地产价格波动的宏观经济及部门经济影响——基于可计算一般均衡模型的定量分析》，《数量经济技术经济研究》2010年第5期。
⑥ 赵昕东：《中国房地产价格波动与宏观经济——基于SVAR模型的研究》，《经济评论》2010年第1期。
⑦ 唐志军、徐会军、巴曙松：《中国房地产市场波动对宏观经济波动的影响研究》，《统计研究》2010年第2期。
⑧ 武康平、胡谍：《房地产价格在宏观经济中的加速器作用研究》，《中国管理科学》2011年第1期。

王晓辉的实证研究发现，在我国宏观经济对房价具有显著的影响作用，适应性预期、城镇居民人均可支配收入、信贷规模、商品房销售量的增加能显著的推动房价上涨，从时间上看，这种影响作用在逐渐增强；从区域上看，这种影响作用则由东向西在不断减弱。① 向为民和李娇考察房价波动对收入和消费的影响后发现，房价波动下城镇居民人均可支配收入与消费间存在必然的因果关系，不同收入水平的城镇居民存在明显的消费差异。房价上涨对居民消费有明显的挤出效应，而城镇居民房地产消费主要取决于当期的可支配收入。② 孟庆斌和荣晨将购房者、房产商与央行纳入统一的模型，对房价的影响因素进行理论建模，研究了利率、通货膨胀率、汇率、土地价格以及经济增长率对房价的长期和短期影响。研究表明，短期内利率变化会加剧房价的波动；物价与房价之间联动性较强；人民币升值在长短期内均对房价上涨存在正向作用；土地价格推动房价上涨，很大程度上源于目前的土地出让制度。③ 袁博和刘园构建一个可变参数的状态空间模型，分析了我国在经济结构和宏观调控政策发生较大变化后对房地产价格波动的影响，发现在 2008 年以前，我国房地产价格上涨的影响因素主要是货币信贷、土地成本、城镇居民可支配收入和经济增长，在 2008 年以后，它们对房价变化的影响逐渐稳定。④

2. 房地产投资与宏观经济的关系研究

关于房地产投资与经济增长关系的研究，目前持有不同的观点。一些学者认为，房地产投资会抑制经济增长。当房地产投资增加时，经济增长的速度反而会下降。理由是针对居民住房改善的房地产投资，类似一种社会福利和保障支出，当资金出现紧缺的时候，这种投资会拖累经济的发展。Howenstine 认为房地产是一种公共产品，因此不可能促进经济的发展。但是当社会经济发展后，房地产的投资会增长，居民的居住条件会得到改善。⑤

---

① 王成成、王晓辉：《宏观经济对房地产价格的影响——基于中国省际的动态面板数据》，《经济管理》，2011 年第 9 期，第 153～159 页。
② 向为民、李娇：《居民收入、心理预期及其商品房价格波动》，《改革》2012 年第 6 期。
③ 孟庆斌、荣晨：《宏观经济因素对房地产价格的长短期影响》，《统计研究》2014 年第 6 期。
④ 袁博、刘园：《中国房地产价格波动的宏观经济要素研究——基于可变参数状态空间模型的动态研究》，《中央财经大学学报》2014 年第 4 期。
⑤ J. W. Howenstine, "Appraising the Role of Housing in Economic Development," *International Labor Review* 75 (1957): 21–33.

Wells 强调由于房地产投资的回报率远远低于制造业，因此应尽量减少房地产投资，只有经济发展到一定阶段后才应该进行房地产改善投资。[1] 随后，Mills 的研究也得到了类似的结论，他利用 1929~1983 年美国房地产市场的数据，发现美国非房地产投资的回报率是房地产投资回报率的一倍，指出过多的房地产投资造成资金分配不当，对美国的经济增长产生了抑制作用。[2]

但 20 世纪 70 年代以后，越来越多的研究认可了房地产投资对经济增长有刺激作用。Turin 发现在经济发展水平不同的国家，房地产投资对经济增长的促进作用有显著的差异。在发达国家，房地产投资对经济增长的贡献率为 5%~8%，而在发展中国家，这个贡献率仅有 3%~5%。[3] Ball 和 Morrison 研究了住宅建设投资与经济增长的关系，认为人均 GDP 在 5000 美元以上时，住宅投资的绝对规模呈上升趋势，而住宅投资在 GDP 中所占的比重却会呈下降趋势。[4] Harris 和 Arku 还对此给出了很好的综述。此外，大量实证研究对此进行了论证。[5] Green 发现房地产投资的增长是引起经济增长的原因，而经济增长却不是引起房地产投资增长的原因。[6] 随后，Coulson 和 Kim 得到了类似的研究结论。他们基于美国 1959~1997 年的季度数据，利用多变量矢量自回归模型检验了房地产投资和非房地产投资对 GDP 的影响，发现较非房地产投资而言，房地产投资对 GDP 有更大的影响。注意到大部分的家庭储蓄放置于房地产中，并且经济繁荣常常伴随房地产繁荣，经济萧条常常伴随房地产衰退。[7] Wen 发现房地产板块的资本形成促进了经济增

---

[1] J. Wells, "The Role of Construction in Economic Growth and Development," *Habitat International* 9 (1985): 55–70.

[2] E. Mills, "Has the United States over Invested in Housing?" *Real Estate Economics* 15 (1987): 601–616.

[3] D. A. Turin, "The Construction Industry: Its Economic Significance and Its Role in Development," (2nd ed.), London: University College Environment Research Group, 1973.

[4] M. Ball, T. Morrison, "Housing Investment Fluctuations: An International Comparison," *Housing Theory & Society* 17 (2000): 3–13.

[5] R. Harris, G. Arku, "Housing and Economic Development: The Evolution of an Idea since 1945," *Habitat International* 30 (2006): 1007–1017.

[6] Richard Green, "Follow the Leader: How Changes in Residential and Non-Residential Investment Predict Changes in GDP," *Real Estate Economics* 25 (1997): 253–270.

[7] E. N. Coulson, Kim Myeong-Soo, "Residential Investment, Non-residential Investment and GDP," *Real Estate Economics* 28 (2000): 233–247.

长，反过来又促成了商业部门（厂房和设备）的资本形成。① 近年来，Dynan等人的研究发现，尽管在金融创新和金融放松管制之后，投资对美国宏观经济的影响减弱，但是房地产投资仍然在很大程度上对美国经济增长产生了较大的影响，在总投资中发挥着独特的影响力。② 类似的，Miles 和 Wang 的研究也指出，房地产投资在美国的经济周期中发挥着十分重要的作用。③

少量研究也涉及逆向的研究和双向因果关系。如 Kim 分析了 1970~2002 年各年度韩国的房地产投资占 GDP 的比重及两者的 Grange 因果关系，发现 1997 年金融危机后房地产投资占 GDP 的比重下降，GDP 是房地产投资的 Grange 原因，反之不成立。④ Wigren 和 Wilhemsson 认为房地产投资和经济增长之间具有长期的双向因果关系。⑤

国内对房地产投资和经济增长关系的研究也在近年来兴起，包含定性分析和定量分析两个方面。关于定性分析方面，王勉和唐啸峰指出，我国的房地产投资增长率与国民经济增长率之间具有明显的正相关关系，房地产投资波动由国民经济增长的变动决定。⑥ 谭刚认为，国民经济的增长速度与房地产业的发展水平呈强烈的正相关关系，即房地产业发展的速度越快，GDP 的增速也是越快。⑦

关于定量分析方面，主要是利用计量方法实证检验房地产投资与国民经济两者之间的关系，其得到的结论也不尽相同，主要有三类不同的观点。第一类观点认为，房地产投资单向影响经济增长。刘红认为从短期的角度看，房地产投资能显著促进中国经济增长，但从长期来看这个促进作用则

---

① Y. Wen, "Residential Investment and Economic Growth," *Annals of Economics and Finance* 2 (2001): 437 – 444.

② Karen E. Dynan, Douglas W. Elmendorf, and Daniel E. Sichel, "Financial Innovation and the Great Moderation: What do Household Data Say?" Federal Reserve Bank of San Francisco Conference: Financial Innovations and the Real Economy, November, 2006.

③ W. Miles, K. Wang, "Housing Investment and the US Economy: How Has the Relationship Changed?" *Journal of Real Estate Research* 31 (2009): 329 – 350.

④ Kim Kyung-Hwan, "Housing and the Korean Economy," *Journal of Housing Economics* 13 (2004): 321 – 341.

⑤ R. Wigren, M. Wilhelmsson, "Construction Investments and Economic Growth in Western Europe," *Policy Model* 29 (2007): 439 – 451.

⑥ 王勉、唐啸峰：《我国房地产投资波动与经济周期的相关性》，《四川大学学报》（哲学社会科学版）2000 年第 3 期。

⑦ 谭刚：《房地产周期波动：理论、实证与政策分析》，经济管理出版社，2001。

不明显。① 唐志军等基于1995~2008年中国房地产投资完成额和GDP的季度数据，运用协整分析和VAR分析考察了二者的关系，发现我国房地产投资的变化对经济增长的变化有显著的正向影响，并且房地产投资的波动对GDP增长有长期促进作用。② 王利蕊的研究得到了类似的研究结论。她选取1994~2011年中国房地产开发投资额和GDP的数据作为样本，指出中国经济包容性增长和房地产投资之间具有长期稳定的均衡关系，房地产投资对GDP有显著的正向影响，弹性系数为0.576；另外，1994~2009年房地产开发投资对中国经济包容性增长的整体推动效率达7.27。③ 考虑到房地产投资对经济增长具有明显的影响，一些学者还着手利用要素贡献分解或投入产出方法分析房地产投资对国民经济增长的贡献。如王飞和黄满盈的研究发现2002年我国7.6%的国内生产总值是由房地产开发诱发的，2003年7.2%的国内生产总值则是由房地产销售诱发的，认为房地产业促进了我国的经济发展。④

第二类观点认为，经济增长单向影响房地产投资。沈悦和刘洪玉基于1986~2002年中国房地产开发投资和GDP的时间序列数据，通过Granger因果检验、广义脉冲响应分析和方差分解分析方法，对房地产开发投资和GDP之间的关系进行检验后发现，GDP对房地产开发投资具有显著的单向作用，GDP的走势对房地产业的发展有决定性的影响。如果GDP增速下降，房地产投资将会大幅下跌，相反如果GDP稳步增长，房地产投资则会大幅增加。⑤ 随后，张红对中国房地产开发投资与GDP和货币供给量（M2）的互动关系进行了协整检验和Granger因果检验。研究表明，GDP是房地产开发投资的Granger因，而房地产开发投资则不是GDP的Granger因；同时，房地产开发投资的走向对M2的变化更加敏感，受M2的影响远远大于房地

---

① 刘红：《中国城市房地产投资的动态经济效应》，《经济与管理研究》2006年第3期。
② 唐志军、徐会军、巴曙松：《中国房地产市场波动对宏观经济波动的影响研究》，《统计研究》2010年第2期。
③ 王利蕊：《中国房地产投资对国民经济包容性增长的实证研究》，《经济问题》2013年第8期。
④ 王飞、黄满盈：《房地产业对经济发展促进作用的实证分析》，《经济学动态》2005年第7期。
⑤ 沈悦、刘洪玉：《中国房地产开发投资与GDP的互动关系》，《清华大学学报》（自然科学版）2004年第9期。

产开发投资对 M2 的影响。① 近年来，吴嵩用 Granger 因果检验和协整检验方法对中国 1994～2008 年 GDP 与房地产开发投资额的关系进行检验，发现 GDP 对房地产投资有单向因果关系，两者存在协整关系。② 况伟大的研究表明，房地产投资对经济增长的影响要小于经济增长对房地产投资的影响，因此，经济增长波动会导致房地产投资的剧烈波动。③

第三类观点认为，房地产投资与经济增长间存在双向因果关系。Liu 等利用 Granger 因果检验分析方法，分析了中国房地产投资和非房地产投资与经济增长之间的相互关系。发现与非房地产投资相比，房地产投资对经济增长的短期影响更强，并且房地产投资对经济增长还存在长期影响。另外，经济增长对房地产投资和非房地产投资也有长期影响。从而他们指出房地产投资是经济增长短期波动的一个重要影响因素，即房地产投资增加会刺激经济增长，而房地产投资下降会导致经济增长下滑。④ 皮舜和武康平发现中国的房地产发展与经济增长之间存在双向因果关系。⑤ 梁云芳等利用建立的变参数模型和向量自回归模型，检验了 1992～2004 年中国房地产投资与 GDP 的关系，认为房地产投资与 GDP 之间存在互动关系，随着市场经济体制的不断完善，其互动关系越来越强；并且房地产投资的增长由 GDP 决定，同时房地产投资对 GDP 有长期的影响关系。⑥ 岳朝龙和孙翠平认为短时期内房地产投资与 GDP 之间是双向因果关系，但从长期来看，二者的因果关系不存在。⑦ 相反的，杨婷和南灵认为，中国房地产投资与 GDP 之间存在长期稳定的均衡关系和双向因果关系，并且房地产开发投资对 GDP 的短期影响

---

① 张红：《房地产经济学》，清华大学出版社，2005。
② 吴嵩：《中国房地产投资与经济增长的计量分析》，《技术经济与管理研究》2010 年第 1 期。
③ 况伟大：《房地产投资、房地产信贷与中国经济增长》，《经济理论与经济管理》2011 年第 1 期。
④ Liu, Yun, Zheng, "The Interaction between Housing Investment and Economic Growth in China," *International Real Estate Review* 5 (2002): 40 - 60.
⑤ 皮舜、武康平：《房地产市场发展和经济增长间的因果关系——对我国的实证分析》，《管理评论》2004 年第 3 期。
⑥ 梁云芳、高铁梅、贺书评：《房地产市场与国民经济协调发展的实证研究》，《中国社会科学》2006 年第 3 期。
⑦ 岳朝龙、孙翠平：《我国房地产投资与 GDP 关系的协整分析》，《统计教育》2006 年第 8 期。

要小于房地产开发投资对 GDP 的长期影响。① 此后，祝运海也得到了类似的研究发现。②

另外，注意到中国房地产投资与国民经济发展关系的结构变化后，李楠等使用变结构协整检验、分段协整检验及邹氏断点检验方法，对 1991~2009 年中国的房地产投资完成额和 GDP 的季度数据进行检验，发现并证明 2001 年和 2008 年是中国房地产投资与 GDP 长期均衡关系发生变化的转折点，并将中国房地产投资与 GDP 之间关系的发展情形总结成三个阶段。另外，格兰杰因果检验表明房地产投资的增长对 CDP 的增长存在单向引导作用。2001 年之前，引导作用不明显；2001 年之后，传导速度明显加快，强度增加，影响的持续性加强，这充分体现了房地产投资在国民经济中举足轻重的地位。③

3. 房地产结构与区域经济的关系研究

已有研究主要集中于房地产价格、房地产投资、房地产消费与区域经济的协调发展，而专门研究房地产结构对区域经济影响的则比较少。李艳双研究了房地产业发展周期、需求结构以及房地产投资结构与国民经济协调发展问题。④ 周晓蓉提出西部地区房地产业在发展完善过程中不可避免地存在结构性失衡问题，通过政策调控来对西部地区房地产业进行结构调整，以带动西部地区房地产业、区域经济更好发展具有一定的必要性。⑤ 李春吉等利用全国 31 个省区市相关面板数据分析了中国房地产市场结构以及不同类别房地产价格的影响因素。⑥ 方梅认为房地产市场结构均衡是房地产市场与地区经济协调发展的必要条件，并提出在总量非均衡的同时，部分地区乃至全国也存在结构非均衡问题。⑦ 王薇在分析我国房地产市场供求现状的

---

① 杨婷、南灵:《我国房地产投资对国民经济增长的影响研究》,《西安财经学院学报》2010 年第 2 期。
② 祝运海:《房地产开发投资与经济增长的动态关系研究——基于 ECM 的实证分析》,《经济问题》2011 年第 5 期。
③ 李楠、吴武清、陈敏:《中国房地产投资与国民经济关系结构变点研究》,《数理统计与管理》2012 年第 6 期。
④ 李艳双:《房地产业与国民经济协调发展研究》,博士学位论文,天津大学,2004。
⑤ 周晓蓉:《中国西部地区房地产业结构调整研究》,硕士学位论文,四川大学,2003。
⑥ 李春吉、孟晓宏:《中国房地产市场结构和价格影响因素的实证分析》,《产业经济研究》2005 年第 6 期。
⑦ 方梅:《房地产市场与城市经济协调发展研究》,博士学位论文,华中科技大学,2006。

基础上指出，房地产市场中商品房供需问题产生的主要原因是：市场供给途径单一、市场供给结构不合理、市场供给与需求不平衡。①

二 房地产市场与区域经济发展关系的研究

Danny Ben-Shahar 指出，房地产附着于土地之上，因此具有位置固定性和异质性的特点，周围环境对房地产的价值会产生较大的影响，从而导致房地产市场呈现区域性的特点。这样，与工业产品和农产品等产品不同，房地产市场是一个区域性的市场，而非全国性的统一市场。目前大多数关于房地产市场区域差异问题的研究，集中于从地理位置、经济特征和城市经济因素等方面对房地产市场区域进行划分。② Mueller 指出仅依据地理位置划分房地产市场区域是不充分的，因为市场的经济特征没有被很好地考虑。③ Jackson 和 White 对此进行了改进，从经济因素和地理位置因素的角度对房地产市场的区域进行划分，发现房地产市场结构和政府规划等因素是导致房地产市场出现差异的主要影响因素。④ Smith 等在对房地产市场的有效性进行考察时，把美国大都市分成八类不同的区域，考虑综合多种房地产市场指标和城市经济因素如人口年龄结构、人口增长率等指标，来对房地产市场的区域进行划分。⑤

在国内研究方面，张二勋认为房地产业的区域差异性主要体现在房地产机构设置、土地批租和开发区设立、房地产投资、房地产市场四个方面，强调空间和区域差异是研究房地产现状的必要因素。⑥ 林斗明认为自然环境因素、社会因素、基础服务设施因素、经济科技教育发展水平、城市化国际化程度等是形成房地产区域的主要因素，并研究了区域选择与房地产投

---

① 王薇：《房地产市场供求结构研究》，硕士学位论文，西安建筑科技大学，2007。
② Danny Ben-Shahar, "Theoretical and Empirical Analysis of the Multi-period Pricing Pattern in the Real Estate Market," *Housing Economics* 11 (2002): 95 – 107.
③ G. R. Mueller, "Refining Economic Diversification Strategies for Real Estate Portfolios," *Real Estate Research* 8 (1993): 55 – 68.
④ C. Jackson, M. White, "Challenging Traditional Real Estate Classification for Investment Diversification," *Real Estate Portfolio Managent* 3 (2005): 307 – 321.
⑤ A. Smith, R. Hess, Y. G. Liang, "Point of View Clustering the US Real Estate Markets," *Real Estate Portfolio Management* 11 (2005): 197 – 209.
⑥ 张二勋：《我国房地产业发展的区域差异分析》，《中国土地》1995 年第 4 期。

资决策二者之间的相互影响关系。① 陈浮和王良健认为中国房地产市场的无序性与不公平竞争，以及出现的其他种种问题，主要与中国房地产市场的区域发展不平衡有关。为了区分中国东、中、西部地区房地产市场化的区域差异，他们从土地出让市场化、住宅私有化、房价收入可比度、房地产投资开放度等多项指标进行了比较，进而提出房地产业发展的区域性战略。② 张涛认为产业的区域特性主要表现在三个方面：缺乏流动性、区域价格需求不同、不同区域的房地产业成本要素的价格与供给数量相近。他利用两隔离市场模型分析了房地产市场的区域价格与区域价格弹性差异，认为房地产开发商应根据不同地区的房地产业发展状况来制定不同的房地产投资开发策略和房地产价格策略，并指出房地产业的区域性及其区域价格差异会随着当地房地产业的快速发展而减弱。③ 邓仕敏认为房地产业区域特性的形成与房地产的位置固定性和区位差异性有关，一个地区的经济发展水平和产业结构发展状况会对该地区的房地产发展产生影响。在一个经济较为发达的地区，受经济发展水平、经济增长速度以及开发度等因素的影响，它们会对该地区的房地产业产生较大的推动作用。④ 蔡穗声和王幼松对比分析了长三角地区房地产市场与珠三角地区房地产市场之间的差异后发现，长三角地区房地产市场的投资增速较快，而珠三角地区房地产市场的投资增速则较为缓慢，并且两个地区在房地产需求与房地产资金来源结构方面也存在较大的不同。同时，他们对造成长三角地区房地产市场与珠三角地区房地产市场之间差异的原因进行了分析，认为这与四个方面有关：房地产市场发展所处的阶段不同、土地供应不同、需求结构不同、资本升值的预期不同。⑤ 邬文康认为由于房地产市场起步时间、区域经济发展水平、不同区域的城市居民消费水平、消费观念、不同区域受政策影响的程

---

① 林斗明：《房地产区域研究》，《国土经济》1996 年第 3 期。
② 陈浮、王良健：《中国房地产市场化区域差异与发展战略研究》，《财经理论与实践》2000 年第 3 期。
③ 张涛：《房地产业的区域特性及其政策研究》，《河海大学学报》（哲学社会科学版）2001 年第 1 期。
④ 邓仕敏：《试论我国房地产业的区域特性》，《市场论坛》2004 年第 8 期。
⑤ 蔡穗声、王幼松：《中国房地产市场地区差异分析——长江三角洲与珠江三角洲比较研究》，《中国房地产》2004 年第 5 期。

度不一样，我国房地产市场的发展水平、发展规模、发展速度也存在较大差异。① 李庄容和陈烈利用空置率和供求关系等指标，从房地产市场的成交比例和发展成熟化程度等方面，研究了广州市房地产市场的发育程度，依据他们的研究成果，将广州市房地产市场分成了成熟、活跃、弹性、潜力四个区域。② 郭敏和万金金从我国东、中、西部地区各选4个省区市，对1992～2004年这12个省区市的城镇居民家庭人均住房消费状况进行研究，发现它们的住房消费倾向和边际消费倾向存在较大差异。具体而言，发达地区城镇居民住房消费倾向高于不发达地区，而不发达地区城镇居民人均住房消费对人均收入的弹性比发达地区城镇居民人均住房消费对人均收入的弹性高。③ 李勇辉和陈勇强从房地产投资、房地产需求、房地产供给和房地产就业四个方面探讨了中国东、中、西三个区域的房地产市场差异，指出中国房地产市场存在明显的区域不平衡性。④ 易成栋利用第一次经济普查数据，从房地产企业数量、房地产企业生产经营状况、房地产企业就业人员数量、房地产企业资金来源和资质等方面对中国东部、中部、西部地区房地产市场的区域差异进行了分析，认为地区经济、政策与市场环境是造成这种区域差异形成的主要原因。⑤ 郑大川和尹晓波指出过去对中国房地产市场的区域划分主要是以地理位置和行政区域单位为标准，但这种方法忽略了区域经济发展的不平衡性问题，不能合理地体现房地产市场发展的特点。他们在行政区域划分的基础上，采用聚类分析方法对31个省区市进行了新的中国房地产市场区域划分。依据房地产开发投资情况、商品房销售情况、房地产开发企业基本情况等七个大类的26个指标进行数据分析后，把中国房地产市场分成了七类区域。⑥ 杨春亮和杨朔认为传统研究中常常会遇见两个难题：一是省内房地产业也有区域差异，但在划分时未将其进行区分；二

---

① 邬文康：《我国区域房地产业发展规律研究》，博士学位论文，吉林大学，2005。
② 李庄容、陈烈：《广州市房地产业发育程度实证研究》，《经济地理》2005年第6期。
③ 郭敏、万金金：《应用面板数据对我国城镇居民住房消费地区差异的研究》，《当代经理人》2006年第1期。
④ 李勇辉、陈勇强：《我国房地产业的区域差异分析及对策建议》，《改革与开放》2006年第11期。
⑤ 易成栋：《中国房地产业的地区差异——基于第一次经济普查数据的实证研究》，《经济地理》2007年第6期。
⑥ 郑大川、尹晓波：《对中国房地产区域分类的探索——基于聚类分析的实证研究》，《华东经济管理》2008年第2期。

是对区域的划分多是以行政区为单位，忽略了各个地区的经济发展状况。因此，他们提出了一种更具系统性和灵活性的划分方法。该方法运用模糊集理论中的权距离公式，构造了评价矩阵、监测矩阵以及权重矩阵，用于划分某一具体地区房地经济的发展级别。① 魏玮和王洪卫利用中国房地产市场区域数据，测度了数量型货币政策工具和价格型货币政策工具对中国房地产市场影响的区域异质性，提出应针对不同区域的经济发展状况和房地产市场发展状况，实行适度差异化的区域金融调整政策。② 杜凤霞等从运营、盈利、偿债和规模等反映企业财务状况的四个方面，选取了房地产开发企业基本情况、经营情况、资产负债等六个聚类分析指标，采用聚类分析和相关分析方法，综合经济发展、经济增长、房地产市场状况，将中国31个省区市（不含港澳台）划分为五个区域。③ 辛园园和杨子江采用因子分析和聚类分析的方法，选取反映住宅市场发展和经济社会发展的12个指标，对我国35个大中城市住宅市场的类型进行划分，依据各类城市住宅市场的发展特征，分成了六种发展类型：平稳发展型城市、缓慢发展型城市、供需两旺型城市、增长较快型城市、供求极度紧张型中心城市和供求紧张型发达城市。④ 张勇和包婷婷在充分考虑影响房地产价格的供给因素和需求因素后，采用聚类分析方法，分析了安徽省16个地级市的房地产市场发展状况，将它们划分了六个地区。⑤ 孙东雪和宋荣荣采用模糊聚类分析方法，将已有的八大经济区域分为五类。其中，北部沿海和南部沿海为第一类地区，东部沿海为第二类地区，东北地区为第三类地区，黄河中游、长江中游和西南地区为第四类地区，大西北地区为第五类地区。⑥

既然房地产市场是一个区域性市场，那么笼统地分析房地产市场与国民经济发展的关系而得出的结论就可能失之偏颇。因此，一些研究开始尝

---

① 杨春亮、杨朔：《房地产经济区域差异研究新视角》，《科技经济市场》2009年第6期。
② 魏玮、王洪卫：《房地产价格对货币政策动态响应的区域异质性——基于省际面板数据的实证分析》，《财经研究》2010年第6期。
③ 杜凤霞、杨占昌、陈立文：《房地产市场区域性特征探索》，《企业经济》2013年第2期。
④ 辛园园、杨子江：《35个大中城市住宅市场差异研究》，《特区经济》2011年第10期。
⑤ 张勇、包婷婷：《基于系统聚类分析的房地产市场区域划分——以安徽省为例》，《池州学院学报》2013年第2期。
⑥ 孙东雪、宋荣荣：《基于模糊聚类分析的房地产市场区域划分——以八大经济区域为研究对象》，《当代经济》2014年第20期。

试从区域层面探讨房地产市场与经济发展的关系。已有的成果大致集中于以下几个方面。

一是房地产市场对区域经济发展的影响机制。Begg 指出房地产市场对区域经济的影响主要来自房地产供给改变、成本变化和物业质量，影响本地经济吸引力，改变本地投资规模，房地产价格和租金较高一方面会阻碍外来投资者进入，另一方面也能提升产业层次。① DiPasquale 和 Wheaton 将房地产市场分为资产市场和使用市场，然后利用四象限模型对房地产市场与城市经济之间的关系进行了分析。② 周京奎和吴晓燕选取 2001~2007 年北京、天津、河北三省市的月度面板数据，实证考察了三省市房地产市场影响各地区经济增长的动态效应，并区分了房地产项目的类型和区域经济的类型。结果显示，无论哪一种经济类型，房地产价格都会显著影响经济增长，而出口导向型的经济尤其明显；对于不同类型的房地产项目，住宅价格和办公楼的价格尤其受到投资规模、收入水平、劳动力规模和区域经济增长速度的影响。③

二是房地产价格与区域经济发展的关系研究。国外学者关于房价波动与区域经济增长关系的典型研究如 Case 和 Shiller 利用四个大都市区域的季度数据，发现房地产项目的超额利润率主要受到住宅成本与价格的比例、人口结构以及人均真实收入的影响。④ Poterba 的研究证实了人均真实收入和建筑成本的变化确实可以解释各城市住宅价格的上涨，但并未发现人口对住宅价格有显著影响，且税后的建筑成本也未对住宅价格产生显著影响。⑤ Abraham 和 Hendershott 利用 30 个大都市区的年度数据，考察了就业率、收入、建筑成本、通货膨胀率和住宅抵押贷款利率对住宅价格的影响，发现这些经济变量只能解释真实住宅价格变化的 40%，房价变化的另一部分还

---

① I. Begg, "Cities and Competitiveness," *Urban Studies* 36 (1999): 795–809.

② D. DiPasquale, W. C. Wheaton, *Urban Economics and Real Estate Markets* (N. J.: Prentice Hall, 1996), pp. 64–70.

③ 周京奎、吴晓燕:《房地产市场对区域经济增长的动态影响机制研究——以京津冀都市圈为例》,《财贸经济》2009 年第 2 期。

④ K. E. Case, R. J. Shiller, "Forecasting Prices and Excess Returns in the Housing Market," *Areuea Journal* 18 (1990): 253–273.

⑤ J. M. Poterba, "House Price Dynamics: The Role of Tax Policy and Demography," *Brookings Papers on Economic Activity* 2 (1991): 143–203.

需要用真实价格围绕均衡价格的变动来解释。另外，前期真实价格增长率对本期真实价格增长率有显著影响。① Clapp 和 Giaccotto 指出经济的变化（人口、就业和人口）对住宅价格的变化具有较好的预测能力。② Quigley 则强调经济基本面的相关指标可以解释住宅价格的走势，尽管从短期来看经济基本面并不能解释太多的住宅价格变动。价格滞后项可以准确地预测房价的变化。综上所述，上述研究结果均支持城市经济基本面是支撑房价的重要因素，城市经济水平的变动能够在很大程度上解释房地产价格的变动。③ Potepan 认为家庭收入和建筑成本是影响不同城市住宅价格、租金和土地价格的最重要因素。④

国内在这方面的研究近年来也逐渐增多。国内学者从供求理论出发，将房地产价格与经济变量或特征变量相联系，对房价波动与宏观经济基本面或宏观经济因素的关系展开了大量实证研究。沈悦和刘洪玉考察了中国14个城市住宅价格与宏观经济基本面的关系，发现我国各城市经济基本面可以部分解释住宅价格变化，1995~2002年，总体来看，14个城市的住宅价格与经济基本面之间是协调发展的，但2001~2002年，住宅价格开始偏离经济基本面。⑤ 崔光灿对我国1995~2006年31个省区市的面板数据进行实证检验后发现，房地产价格的变动与利率、通货膨胀率和收入等宏观经济变量有关，同时，房地产价格也会通过影响社会总投资和社会总消费来对宏观经济的稳定产生影响。⑥ 程大涛以2006年1月至2009年12月全国70个大中城市的样本数据为研究对象，发现引起我国房地产价格持续上涨

---

① J. M. Abraham, P. H. Hendershott, "Bubbles in Metropolitan Housing," *Journal of Housing Research* 7 (1996): 191 – 207.
② J. M. Clapp, C. Giaccotto, "The Influence of Economic Variables on Local House Price Dynamics," *Journal of Urban Economics* 36 (1994): 161 – 183.
③ J. Quigley, "Real Estate Prices and Economic Cycles," *International Real Estate Review* 2 (1999): 1 – 20.
④ M. J. Potepan, "Explaining Intermetropolitan Variation in Housing Prices, Rents and Land Prices," *Real Estate Economic* 24 (2003): 219 – 245.
⑤ 沈悦、刘洪玉：《住宅价格与经济基本面：1995—2002年中国14城市的实证研究》，《经济研究》2004年第6期。
⑥ 崔光灿：《房地产价格与宏观经济互动关系实证研究——基于我国31个省份面板数据分析》，《经济理论与经济管理》2009年第1期。

的一个重要原因就是土地资产的需求。① 陈浪南和王鹤的研究发现，影响我国房价的重要因素主要是城镇居民可支配收入、信贷扩张、土地价格和房屋竣工面积。② 韩正龙和王洪卫以我国1999~2010年29个省区市的面板数据为研究对象，实证检验了城镇化率对房地产价格的影响效应，指出城镇化率提高促进了我国房地产价格的上涨，城镇化通过城镇人口的集聚、城镇收入水平绝对量的提高、城乡间居民收入相对差距的拉大三条渠道对房地产价格产生影响。③ 王庆芳从房地产既是实物资产也是虚拟资产的双重资产属性入手，考察了我国285个地级市房地产价格、经济增长和信贷扩张之间的联系，发现在东部和中部地区，无论是长期还是短期，三者之间都具有因果关系，房地产价格的波动有引发银行信用和经济增长风险的可能性，而在西部地区，房地产市场相对健康平稳，房地产价格尚未对银行信贷扩张产生影响。④

三是房地产投资与区域经济发展关系的研究。近年来，国内一些学者基于区域层面，利用省际面板数据和部分城市数据，研究了中国房地产投资与区域经济发展的时间和空间关系，从而使相关理论体系更加丰富。大量研究表明，不同区域的房地产投资对经济发展的影响显示出区域差异的特点。耿晓媛和谢昌浩采用平行数据的方法对中国1997~2003年房地产投资和国民经济之间的关系进行定量的分析。研究发现，中国31个省区市的房地产投资在各个地区的经济发展中起着十分重大的作用，能够以较高效率推动各省区市的经济增长，并且在市场经济发展比较完善的地区，房地产投资对该地区的影响较大。⑤ 随后，黄忠华等采用中国1997~2006年各省区市的面板数据，发现无论是在全国还是在区域层面，房地产投资都能引起经济增长，但是房地产投资对经济增长的贡献和影响存在区域差异，东部地区最大，中部地区次之，西部地区最小。地区经济的发展水平决定了房地产投资对各个地区经济增长的拉动效应，结果显示，在全国层面、

---

① 程大涛：《我国房地产价格上涨驱动机理分析》，《财贸经济》2010年第8期。
② 陈浪南、王鹤：《我国房地产价格区域互动的实证研究》，《统计研究》2012年第7期。
③ 韩正龙、王洪卫：《区域差异、城镇化与房地产价格——来自中国房地产市场的证据》，《经济问题探索》2014年第2期。
④ 王庆芳：《我国房地产价格、经济增长与信贷扩张研究——基于房地产双重资产属性的分析》，《现代财经》（天津财经大学学报）2015年第1期。
⑤ 耿晓媛、谢昌浩：《我国房地产投资与国民经济关系研究——基于我国31个省市平行数据的分析》，《云南财贸学院学报》（社会科学版）2006年第6期。

东部地区和西部地区，经济增长对房地产投资的带动作用较大，但在中部地区，经济增长对房地产投资的带动作用并不显著。① 近年来，罗国银的研究也得到了类似的结论。他分析了房地产投资对中国经济增长的贡献，发现房地产投资对我国各省市的经济增长具有正向影响，由于区域发展的差异，这种影响程度也存在差异。② 孔行等利用中国北京、天津、上海、重庆四大直辖市 1998 年第二季度至 2008 年第二季度的数据，采用状态空间变参数模型对房地产投资、房地产消费与国民经济之间的长期动态关系进行实证研究，实证研究结果表明，当前对我国北京、上海等经济发达地区来讲，房地产投资对经济的带动作用已经充分发挥，甚至房地产过度投资已经阻碍了北京经济发展，要想进一步利用房地产业带动地区经济发展，就必须充分挖掘房地产消费潜力；在天津和重庆，房地产投资是拉动经济增长的主导作用，同时房地产消费也对经济增长有较强的带动作用。此外，随着房地产市场化程度的提高，房地产业受经济冲击的影响在减弱。③ 吕涛利用中国东部地区 10 个省市 1996～2009 年的数据，就房地产投资对地方经济增长的影响进行了实证检验。结果显示，中国东部地区房地产投资对该地区经济增长的推动作用并不显著。④ 陈淑云和付振奇认为在不同规模的城市房地产投资对经济增长的影响也不同。他们选取了与城市规模密切相关的人口数量、建成区面积和经济规模指标，按城市规模运用多指标面板数据的聚类分析法对中国 70 个大中城市分类，并在此基础上使用 1998～2009 年中国 70 个大中城市的市辖区数据，对房地产投资与经济增长之间的关系进行了分析，研究发现房地产投资对大城市经济发展的带动作用并不大，相反，房地产投资对中小城市经济发展的拉动作用却相对较大。⑤

---

① 黄忠华、吴次芳、杜雪君：《房地产投资与经济增长——全国及区域层面的面板数据分析》，《财贸经济》2008 年第 8 期。
② 罗国银：《房地产投资对地区经济增长的贡献差异——基于面板数据的分析》，《求索》2010 年第 9 期。
③ 孔行、黄玲、于渤：《区域房地产业与区域经济发展的长期动态协调关系研究》，《中央财经大学学报》2009 年第 3 期。
④ 吕涛：《房地产投资在地方经济发展中的影响研究——基于东部 10 个省市的经验分析》，《经济问题》2012 年第 10 期。
⑤ 陈淑云、付振奇：《房地产投资对不同规模城市经济增长的影响——基于全国 70 个大中城市的数据分析》，《江汉论坛》2012 年第 11 期。

关于中国房地产投资与宏观经济增长之间关系的结论是有较大争议的。结论的差异可能与采用的方法的差异、样本期限的差异和样本区域划分的差异有关。同样，由于理论、样本、方法存在差异，中国房地产投资与区域经济增长之间关系的检测结果也存在分歧。不难看出，国内学者大多是在全国总量数据基础上构建标准的时间序列模型，运用 Granger 因果检验方法进行相关检验，但是用因果关系检验不能得出房地产实际投资对经济增长影响量的大小，也无法测量房地产投资区域分布不均衡所产生的动态效应和区域差异。虽然随后的研究开始采用省级或城市级的静态面板数据，检验房地产投资与经济增长二者之间的联系，但仍未考虑到房地产投资的动态效应，即前期的房地产投资情况对当前和后续各期的房地产投资可能产生影响。同时，也未对模型解释变量的内生性展开讨论。此外，最近一些研究者开始采用区域样本来改进对房地产投资与区域经济增长关系的检验，关注房地产投资对各地区经济增长影响效应的区域性特点，但是这类研究侧重于考察房地产投资规模对区域经济增长的影响，很少涉及房地产投资结构对区域经济增长的影响。

三 房地产市场与经济协调发展关系的研究

进入 20 世纪 90 年代，特别是东南亚金融危机以来，房地产市场与经济发展的良性互动关系开始备受关注。王太翌认为，仅依靠抑制房价或减少房地产投资来调控房地产市场是不够的，对房地产市场的需求加强管理才至关重要。① 叶剑平和谢经荣从总量和结构角度探讨了中国房地产业与国民经济均衡关系的内在规律，并研究了房地产业与国民经济协调发展的调控措施和手段。② 刘洪玉和张红重点研究了房地产业与社会经济关系中的房地产业发展与国民经济增长、房地产市场与社会经济、房地产价格和市场规模、房地产相关投资与国民经济增长、房地产业与其他产业、房地产市场与资本市场、房地产业内部结构的协调发展问题。③

此后，杨朝军等从理论和实证方面讨论了房地产与一国或地区经济发

---

① 王太翌：《关于调整房地产价格与投资的理性思考》，《市场论坛》2005 年第 11 期。
② 叶剑平、谢经荣：《房地产业与社会经济协调发展研究》，中国人民大学出版社，2005。
③ 刘洪玉、张红：《房地产业与社会经济》，清华大学出版社，2006。

展之间的协调关系。① 张永岳深入剖析了中国房地产业与国民经济之间的互动效应，并探讨了如何促进房地产业与国民经济的协调发展。② 梁云芳等实证检验了我国房地产市场与国民经济之间的协调发展关系。③ 孔行等指出宏观经济基本面常随着时间的变化而变化，因此，房地产业与区域经济之间的协调关系是动态的，即二者之间的协调关系总是处于不断调整的状态中。④ 陈基纯和陈忠暖实证检验了中国 35 个大中城市房地产业与区域经济的耦合协调情况，认为中国的房地产业与区域经济之间还没有实现良性共振，并呈现协调度从东部向中部到西部地区的空间递减。⑤ 杨波和杨亚西构建了一个协调度评价模型，分析了样本区域房地产业与区域发展的协调度，指出我国一半样本省区市的房地产业与区域发展不协调。⑥ 李玉杰和王庆石通过分析 OECD 部分成员国的房地产业与国民经济之间的关系，对国外房地产业各个发展阶段特征和房地产价格与居民可支配收入的关系进行了总结，指出随着经济发展水平的提高，房地产业在国民经济中的比重应在一个合理范围内波动，否则就会影响国民经济的良性发展；房地产价格对居民可支配收入的弹性也应保持在一个稳定的范围，否则房地产业与经济发展的关系就会变得紊乱。此外，他们也认为我国房地产业的区域发展不平衡，大部分地区的房地产业才刚刚起步，局部地区的房地产市场处于过热状态。⑦ 刘晨晖分析了东北三省与区域经济之间的关系，指出东北经济增速的大幅下滑与房地产投资的下降有关，东北三省的房地产业未来可能处于低迷期，并诱发财政风险。⑧ 胡晓菲和曹泽运用熵值赋权法构建耦合协调度模

---

① 杨朝军、廖士光、孙洁：《房地产业与国民经济协调发展的国际经验及启示》，《统计研究》2006 年第 9 期。

② 张永岳：《中国房地产业与国民经济的互动效应及其协调发展》，《华东师范大学学报》（哲学社会科学版）2008 年第 6 期。

③ 梁云芳、高铁梅、贺书评：《房地产市场与国民经济协调发展的实证研究》，《中国社会科学》2006 年第 3 期。

④ 孔行、黄玲、于渤：《区域房地产业与区域经济发展的长期动态协调关系研究》，《中央财经大学学报》2009 年第 3 期。

⑤ 陈基纯、陈忠暖：《中国房地产业与区域经济耦合协调度研究》，《商业研究》2011 年第 4 期。

⑥ 杨波、杨亚西：《房地产业与区域发展的协调度评价》，《华东经济管理》2011 年第 10 期。

⑦ 李玉杰、王庆石：《房地产业对相关产业带动效应的国际比较研究》，《世界经济与政治论坛》2010 年第 6 期。

⑧ 刘晨晖：《房地产业与东北经济发展的双向协调关系研究》，《东北财经大学学报》2015 年第 6 期。

型,实证检验了2000~2014年中国房地产业与国民经济发展的关系,发现中国房地产业与国民经济发展之间的协调度并不理想,但随着时间的推移,二者之间的协调程度在增强。实证结果表明,2010年以前,中国的房地产业与国民经济发展之间处于并不协调的状态,2010年和2011年处于勉强协调状态,2012~2014年为调和协调状态。[1]

综上所述,已有研究侧重从国家层面或区域层面讨论房地产市场与经济发展的关系,但以"协调发展"为目标的系统研究还不足,如对房地产市场与区域经济协调发展关系的界定、评判、经济学表现、实现机理等方面的研究还需进一步拓展和深化。此外,国内学术界在从区域角度探讨房地产市场与区域经济发展的关系中,对我国西部地区的关注较少,关于西部地区房地产市场与区域经济协调发展的长效机制及相关政策还有待深入研究。因此,我们将在比较分析国内外研究现状的基础上,拟对这些问题进行探索与突破。

---

[1] 胡晓菲、曹泽:《中国房地产业与国民经济发展耦合协调性研究》,《安徽建筑大学学报》2016年第3期。

第三章

西部地区房地产市场与区域经济发展现状

本章主要对西部地区房地产市场和经济发展的现状进行分析。首先，对西部地区房地产市场的发展历程进行回顾和评价。其次，对西部地区房地产市场发展的现状进行分析。具体而言，研究了西部地区房地产市场的供给状况，主要包括对西部地区土地供给、房屋开工和竣工面积、房地产投资的分析；研究了西部地区房地产市场的需求状况，主要包括对房地产成交面积、房地产销售额的分析；研究了西部地区房地产市场的价格情况。最后，分析了西部地区的经济发展状况，主要研究内容包括西部地区的人口结构、经济发展水平和居民生活水平三个方面。

第一节 西部地区房地产市场的发展历程

自我国实施城镇房地产制度改革以来，西部地区房地产市场的发展大致经历了五个阶段：起步阶段、探索发展阶段、健康发展阶段、快速增长阶段和增长放缓阶段。①

（一）起步阶段（1978～1991年）

我国房地产市场自1978年起步以来，住房制度改革作为城市经济体制改革的重要组成部分，率先在广大城镇展开。1979年，中央政府向陕西西安和广西南宁、柳州、梧州四个试点城市下拨专款，由地方政府组织开发

---

① 由于本部分是对房地产市场发展历程的分析，其中会涉及部分全国以及西部地区之外的相关分析，以完整地反映各历史阶段的重要政策和发展趋势。

房屋建设，等新房建成后以土建成本价格向城镇居民出售。紧接着，国务院于 1980 年 6 月发布《全国基本建设工作会议汇报提纲》，正式宣布住宅商品化在全国试行。但是由于当时我国实行的是福利分房制度，在这种制度下城镇居民只需要向单位缴纳非常低的租金就可以获得房地产使用权，同时这一时期居民收入偏低，所以这项试点没有取得预期的效果，城镇居民的购房积极性并不高。1981 年，全国虽然已有 23 个省区市的 60 多个城市或县镇开展了这种新建房地产出售工作，但总共才出售了 36.6 万平方米。① 1982 年国务院确定在四平、郑州、常州、沙市开展补贴出售新建房地产的试点工作，同样以土建成本价格为房价，但地方政府、个人、单位各承担 1/3 的售房款，城镇职工的购房负担大幅减轻，购房积极性显著提高。截至 1983 年底，四个试点城市共出售住宅 1619 套，但也暴露出严重的问题，由于地方政府财政负担很重，四个城市的房地产投资仅收回了 30%。②

同时，地方政府也在积极探索住宅商品化的出路。1979 年 3 月，广州市政府开始与香港宝江发展有限公司谈判引资建房，之后达成 1000 万港元的投资协议，年底动工开建东湖新村小区。这是全国第一个纯商品住宅项目，于 1982 年底基本建成。东湖新村取得了突破性的成功，开盘半日便售完，这对后来包括西部地区在内的全国房地产开发都有示范作用。

虽然有广州东湖新村做出的示范，但全国其他地方的房地产项目开发仍然以国家开发为主。1982 年中房集团昆明公司成立，1983 年开发了昆明第一个住宅小区——虹山小区；1988 年成都市涌现了一批房地产公司。在计划经济时代，我国房地产业基本处于政府完全管制阶段，房地产开发进展缓慢，并且 1988 年开始的通货膨胀又对刚刚起步的房地产市场造成了冲击。统计数据显示，1986 年城镇房地产投资额为 101 亿元，五年后增长到 336 亿元。总体来看，房地产投资规模仍然较小，并且主要集中在南方沿海地区，西部地区房地产市场尚未苏醒。

（二）探索发展阶段（1992～1997 年）

1992 年，邓小平同志"南方谈话"极大地加快了全国改革开放的进程，

---

① 卜凡中：《我们房地产这些年》，浙江大学出版社，2010。
② 王世联：《中国城镇房地产保障制度思想变迁研究（1949－2005）》，博士学位论文，复旦大学，2006。

中国的房地产市场也在这一年迎来大发展。1992年全国国内生产总值增长14.2%，但房地产开发投资的增长速度达117%，约为经济增长率的8倍；1993年全国GDP增长13%，而房地产开发投资的增长速度为165%，接近GDP增长率的13倍。房地产投资的迅猛增长促使部分地区出现了房地产泡沫，其中最为典型的是北海和海南。1988年，海南商品房平均价格为每平方米1350元，1991年为每平方米1400元，与全国平均水平差距不大，但1992年海南商品房平均价格迅速上涨至每平方米5000元，1993年又飙升到每平方米7500元。短短三年的时间，海南商品房平均价格增长了4倍以上，远远超过全国平均房价，与20世纪90年代初的物价水平和经济发展水平严重脱节，呈现明显的房地产泡沫。与海南隔海相望的北海也毫不逊色，1993年北海市的施工面积和竣工面积分别增长432%和357%。

1992年，与广州东湖新村类似，成都引进新加坡维信集团在桐梓林片区开发锦绣花园，在当时开出每平方米5000元的"天价"，销售异常火爆。同年，"五大花园"（中央花园、交大花园、红运花园、皇家花园、名流花园）开盘，吸引了大量的购房者。1994年，昆明市第一栋写字楼"鸿城广场"开盘。

1993年下半年，房地产过热问题开始受到关注。1993年6月24日，《中共中央国务院关于当前经济情况和加强宏观调控的意见》（以下简称《意见》）发布，旨在对过热的房地产市场进行调控。《意见》中包含的多项宏观调控措施涉及房地产开发的许多重要方面，尤其是提高存贷利率和国债利率、严格控制信贷总规模、削减基建投资、限期收回违章拆借资金等严厉措施造成大量房地产企业资金链断裂。《意见》出台后，全国商品房销售额增长率骤降，从1993年的102.5%跌至1994年的17.92%。建筑业受影响最严重的是广西，1993年其建筑业总产值增长幅度为84.60%，1994年仅为35.68%。从西部地区建筑业总产值来看，1994年只增长了22.31%，与1992年的40.02%的增长幅度形成了鲜明的对比。同时，1994年全国房地产投资总额为2554.1亿元，比上年增长22.27%，之后几年房地产投资额增长率逐年递减，1995年为16.96%，1996年为1.5%，1997年负增长0.7%。①

---

① 基础数据来源于中国统计出版社2010年版的《新中国60年统计资料汇编》，增长幅度为笔者自行计算。

（三）健康发展阶段（1998~2003年）

1998年《国务院关于进一步深化城镇住房制度改革加快住房建设的通知》发布，并于1999年开始实施。2000年国家启动西部大开发战略，投资注重向西部地区倾斜。2001年中国成功加入WTO，吸引外资接近500亿美元，成为除美国之外吸收外资最多的国家，而房地产业的高利润也吸引了大量外资进入。

土地市场作为房地产市场的上游市场，对房地产供给量有重要影响。2002年之前使用的土地协议出让方式是国家与土地使用者达成协议，土地使用者只需要向国家支付一笔较低的土地使用权出让金，即可在一定年限内获得该土地的使用权，这种协议出让方式沿用了多年。2002年5月9日，国土资源部发布《招标拍卖挂牌出让国有土地使用权规定》，要求自2002年下半年起，各类经营性用地包括商业、娱乐、旅游、商品住宅必须以招标、拍卖和挂牌的方式公开进行市场交易。自此，房地产市场基本要素实现了商品化，市场规律扮演着越来越重要的角色，西部房地产市场也迎来了一轮新的大发展。

从西部地区房地产投资增长速度来看，1998~2003年西部地区各省区市投资增长率为10%~30%。其间，2000年开始启动西部大开发战略，2001年中国加入WTO，都促进了西部地区房地产投资的快速增长。尽管西部地区房地产投资增长速度明显提高，但与1993年房地产泡沫时期而言，显得稳定和温和。

从西部地区房地产新开工面积增长率来看，最明显的跳变发生在1998年。1997年西部地区房地产新开工面积仅增长0.58%，而1998年达到84.55%。1999年略微回调后，随着西部大开发战略启动和中国加入WTO，西部地区房地产新开工面积呈大幅增长趋势。虽然1998~2003年西部地区房地产开发规模一直在扩大，但这个时期房地产市场规模的扩大并没有带来难以接受的房价，并且房价的涨幅也低于人均可支配收入的涨幅。国内学者朱仁友和丁如曦测算了2002~2010年西部各省区市的房价收入比，发现2003年所有西部省区市房价收入比都在7以内，同期全国房价收入比为7.78，指出西部各省区市房价未给购房者造成太大负担。[①]

[①] 朱仁友、丁如曦：《2002年~2010年中国西部地区房价收入比分析》，《价格月刊》2012年第7期。

（四）快速增长阶段（2004～2013年）

2002年土地"招拍挂"制度出台后，市场对土地的稀缺性预期加剧，尤其是高尔夫球场、高档别墅等占地面积大、利润高的项目增多，抬高了地价。2004年开始，全国各地"地王"不断涌现，部分地区甚至出现地价远超房价的现象，同时房地产投资额增长过快，尤其是东部沿海地区房地产投机盛行。面对日益高涨的房价，政府的宏观调控势在必行。

2005年3月26日，"国八条"出台，调控上升到政治高度，明确对稳定房价不利的政府相关责任人追究责任，调整房地产市场结构，加大支持经济适用房。随后，4月27日国务院又出台了"新八条"，2005年下半年信托收紧，对二手房的转让征收营业税。

2006年，住房和城乡建设部等九部委下发《关于规范房地产市场外资准入和管理的意见》，限制外资炒房，还出台了"国六条"以及限制套型的"90/70"政策。这项政策要求每个小区90平方米以下的户型必须占70%以上，另外购买住房不足五年出售的，按照销售收入全额征收营业税。可见，2006年开始的调控政策从之前的指导意见转变为注重可操作性的实际政策。

2007年国家开始对房地产企业转让土地征收土地增值税，8月7日下发《国务院关于解决城市低收入家庭住房困难的若干意见》，要求廉租房面积控制在50平方米以内，经济适用房面积在60平方米以内，且购买的经济适用房五年内不得直接上市交易。9月27日，中国人民银行联合银监会共同下发《关于加强商业性房地产信贷管理的通知》，通知要求购买首套房且其面积在90平方米以下的首付比例不得低于20%，购买首套房但面积超过90平方米的首付比例不得低于30%，对于已申请贷款购房，又申请贷款购买二套及以上房的首付比例不得低于40%。10月10日，针对居高不下的房价和频出的"地王"，国土资源部规定未付清全部土地出让价款的，不能发放国有建设用地使用权证书。这一规定主要针对房地产企业囤地的现象。可以看出，2007年的调控主要是对房地产市场结构进行调控，更多地偏向低收入人群，保障自住型房地产需求，严厉打击炒房投机。

虽然政府采取了一系列政策对房地产市场进行调控，但房地产市场的过热并没有得到抑制，反而愈演愈烈。2004～2008年西部各省会城市的房价都有了大幅上涨，政策调控对房价的影响并不明显。2008年大部分省会城市的房价与 2004 年相比均上涨了 70% 以上，其中成都的房价更是上涨了 115%。从房地产企业完成投资额来看，2008 年房地产企业完成投资额几乎是 2004 年的 3 倍，每年上涨 30% 以上。由于房价和销售面积都在上涨，房地产企业的销售额在这个阶段也是高速上涨，2008 年西部各省区市商品房销售额是 2004 年的 3 倍以上。

市场之所以能够挣脱政策的束缚持续火爆，主要动力来源于取消福利分房后释放出的巨大购房需求。根据住建部公布的数据，截至 2008 年底，西部大多数省区市城镇人均住宅建筑面积仍不到 30 平方米，不仅远远低于发达国家的平均水平，也低于全国平均水平，房地产市场的需求以刚性需求为主。

2008 年下半年，突如其来的金融危机打乱了房地产市场发展的节奏，尤其是沿海地区，房地产市场量价齐跌，大量土地流拍，房地产价格上涨的趋势受到遏制。地方政府在政绩压力下不得不依靠房地产保增长，多地实行救市政策。在政策的扶持下，房价重新上升，政策又重新回到抑制房价上涨、限制投机和保障自住型房地产的方向上，并且调控政策更为成熟，从以行政手段为主转变为更为灵活多样的调控手段，多次使用基准利率、存款准备金率等经济手段影响房地产市场。如 2009 年取消了转售房地产免征营业税的优惠；2010 年中央政府出台调控房地产的"新国十条"，限制异地购房、二套房贷的标准大幅提高等具体可执行的措施对房地产市场产生了较大影响，各地房地产市场交易出现萎缩。此外，房地产商购地不得贷款。2011 年 1 月 18 日，首套房的首付比例为 30%，二套房已经达到 60%，第三套及以上不提供贷款；2012 年简化首套房贷款审批效率。2013 年增加中小户型商品房供给，增加普通房地产项目土地供给，严格执行限购措施。

（五）增长放缓阶段（2014 年至今）

2014 年开始，西部房地产市场增长放缓，之后房地产市场的发展速度有所减缓。从市场规律方面来看，房地产市场与其他市场有类似的发展轨迹，经历了大发展后必然伴随着大调整，房地产市场多年来已经积累了许多问题，给房价带来下行压力。金融危机后房地产市场虽然有所复苏，但受到价格惯性影响，难以恢复到 2008 年前的高增长率。

从政府调控方面来看，2014年房地产市场风向开始有所转变，多省区市房地产库存量过大的问题显现，市场疲软。政府决定各城市相继取消限购，放宽公积金异地结算，更改已有房地产认定标准，再次购房时，已付清贷款的房地产不再计入已有房地产。除此之外，几乎每一年的调控都伴随着基准利率、存款准备金率的调整。可以看出，与以往禁止性的行政命令式调控相比，这个阶段的调控手段涉及行政、市场、金融甚至审批效率等各个方面，将自住型购房和投机性购房进行了明显区分。

第二节　西部地区房地产市场的供给现状

一　西部地区土地供给

（一）土地购置面积

西部地区包括四川、陕西、云南、宁夏、重庆、贵州、内蒙古、甘肃、西藏、青海、新疆、广西共12个省、自治区和直辖市。本书选取上述地区2001~2016年房地产开发企业土地购置面积的年度动态数据作为西部地区土地供应的研究对象。①

表3-1列示了2001~2016年西部地区各省区市土地购置面积的动态数据。可以看出，西部地区大部分区域的历年土地购置量并没有呈现逐年增长的趋势，但四川、重庆、广西和内蒙古四个省区市历年土地购置面积有较大的波动。2006~2008年、2012~2014年不少省区市的土地购置面积出现小波峰。其中，四川2006年土地购置面积达到2488.75万平方米，为西部地区历史最高值，2008年之后稳定在1000万平方米左右；内蒙古、重庆、云南、广西的土地购置面积也较大，不少年份超过1000万平方米；贵州、宁夏、新疆、陕西的土地购置面积在500万平方米左右波动，较为稳定；甘肃、青海、西藏的土地购置面积较低，基本处于500万平方米以下。2014~2016年西部大部分省区市的土地购置面积出现下降，土地市场明显降温。

---

① 房地产开发企业土地购置面积是指在本年内通过各种方式获得土地使用权的土地面积。

表3-1　2001~2016年西部地区各省区市土地购置面积

单位：万平方米

年份	广西	重庆	四川	贵州	云南	西藏
2001	389.32	870.34	1358.56	575.72	440.07	17.53
2002	517.00	1320.30	1797.60	291.40	682.80	15.00
2003	599.78	1637.19	87.21	624.24	749.72	8.00
2004	1010.59	1102.44	2023.91	657.49	822.22	—
2005	1218.06	1385.40	2038.32	519.91	940.55	44.66
2006	1091.06	1467.69	2488.75	787.03	1254.12	52.92
2007	1867.10	1737.70	1451.10	661.20	1279.00	5.20
2008	1445.50	1164.40	1000.20	590.20	1444.20	20.50
2009	1287.20	1227.80	1046.80	373.30	1269.80	5.20
2010	1198.70	1354.90	1043.00	1004.60	1031.40	2.90
2011	978.86	1664.55	1054.73	882.78	1623.27	5.77
2012	541.71	2183.07	892.22	707.51	1602.39	1.34
2013	431.96	1896.65	1142.76	1209.52	1974.01	—
2014	610.01	1864.59	1535.43	936.36	1218.23	58.10
2015	415.94	1626.77	1061.98	601.20	826.89	30.82
2016	639.10	959.00	1304.72	317.06	518.81	2.94
年份	内蒙古	陕西	甘肃	青海	宁夏	新疆
2001	338.04	602.93	139.93	30.47	150.62	526.90
2002	271.10	506.90	215.20	110.90	146.70	482.70
2003	521.30	594.54	263.59	118.01	295.15	664.27
2004	740.57	457.67	224.37	102.69	405.91	730.00
2005	1004.51	611.39	177.57	112.24	245.64	447.30
2006	1309.72	460.30	199.15	47.50	219.18	518.67
2007	1818.00	538.60	371.80	91.50	341.70	672.50
2008	1770.60	539.80	412.40	111.30	158.90	751.70
2009	1109.30	408.00	335.70	178.20	374.30	429.30
2010	1993.00	552.40	286.70	107.20	548.80	557.70
2011	1634.66	528.48	304.28	140.10	554.74	980.87
2012	902.76	473.03	419.33	197.03	425.69	760.67
2013	837.63	503.45	421.71	80.13	438.26	976.24

续表

年份	内蒙古	陕西	甘肃	青海	宁夏	新疆
2014	534.48	487.52	567.49	99.87	332.77	1064.02
2015	316.27	447.59	239.72	48.35	230.51	754.07
2016	230.28	357.28	131.94	18.52	158.97	428.60

资料来源：国家统计局网站 2001~2016 年相关数据，http://data.stats.gov.cn/。

（二）西部地区与东部、中部地区土地购置面积的比较分析

表 3-2 列出了东、中、西部地区土地购置面积及其在全国的占比。

表 3-2　2001~2016 年东、中、西部地区土地购置面积及其在全国的占比

单位：万平方米，%

项目	2001 年	2002 年	2003 年	2004 年	2005 年	2006 年	2007 年	2008 年
东部	13486.09	18212.4	21038.03	21544.5	18967.95	17755.01	19409.44	19118.76
中部	4482.63	6788.6	8495.56	9962.27	10540.26	8922.47	10001.07	10825.10
西部	5440.43	6357.6	6163.01	8277.86	8745.55	9896.09	10835.34	9409.61
全国	23409.15	31358.6	35696.6	39784.63	38253.76	36573.57	40245.85	39353.47
东部占比	57.61	58.08	58.94	54.15	49.58	48.55	48.23	48.58
中部占比	19.15	21.65	23.80	25.04	27.55	24.40	24.85	27.51
西部占比	23.24	20.27	17.26	20.81	22.86	27.06	26.92	23.91
项目	2009 年	2010 年	2011 年	2012 年	2013 年	2014 年	2015 年	2016 年
东部	14376.41	18751.31	21096.19	15868.71	17900.64	14876.56	9824.33	10591.58
中部	9488.10	11520.60	12878.17	10691.34	11001.39	9197.6	6386.36	6366.44
西部	8044.89	9681.4	10353.09	9106.75	9912.32	9308.87	6600.11	5067.22
全国	31909.4	39953.31	44327.45	35666.8	38814.35	33383.03	22810.8	22025.24
东部占比	45.05	46.93	47.59	44.49	46.12	44.56	43.06	48.08
中部占比	29.73	28.84	29.05	29.98	28.34	27.55	27.99	28.91
西部占比	25.21	24.23	23.36	25.53	25.54	27.89	28.95	23.01

资料来源：国家统计局网站 2001~2016 年相关数据，http://data.stats.gov.cn/。

从表 3-2 中列示的数据与图 3-1 中东、中、西部地区土地购置面积占比的趋势可以看出，东部地区土地购置面积远大于中部和西部地区，2002

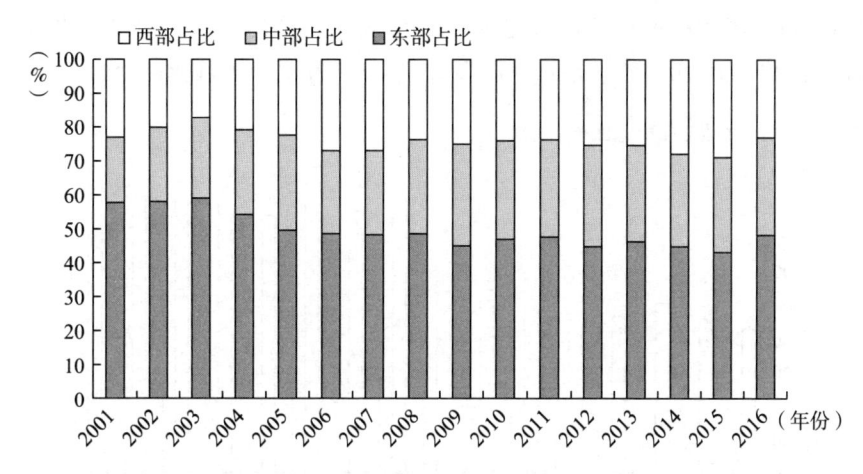

第三章 西部地区房地产市场与区域经济发展现状

图 3-1 2000~2016 年东、中、西部地区土地购置面积占比

资料来源：国家统计局网站，http://data.stats.gov.cn/。

年开始在 19000 万平方米左右波动，2009 年后波动幅度较大，并于 2015 年达到最低，为 9824.33 万平方米；中部地区土地购置面积在 2005 年前处于增长态势，但在 2005 年后维持在 10000 万平方米左右，于 2016 年达到最低，为 6366.44 万平方米；西部地区土地购置面积于 2007 年前大致处于增长态势，2008~2014 年维持在 9000 万平方米左右，于 2016 年达到最低，为 5067.22 万平方米。从各个地区土地购置面积在全国的占比来看，东部地区的土地购置面积占比整体呈下降态势，2015 年达到最低，为 43.06%，但与中部和西部地区相比仍然处于绝对优势。中部地区土地购置面积占比在 2001~2005 年逐年递增，2006~2016 年则处于波动态势；西部地区土地购置面积在全国占比长期处于波动态势，2008~2013 年，该比重在 25% 左右徘徊，2014~2015 年有所上升，分别为 27.89% 和 28.95%，2016 年又下降至 23.01%。

二 西部地区房地产供给

（一）开工和竣工面积现状分析

图 3-2 为 2001~2016 年西部地区房地产开工面积和竣工面积发展趋势。从图中可以看到，西部地区房地产开工面积整体呈增长趋势，尤其是 2010 年涨幅较大。这主要是因为 2008 年金融危机后，地方政府采取了许多

救市政策，国务院推出了四万亿元人民币刺激经济的计划，2009年货币发行量M2增速达29.7%，推动2010年后房地产开工面积迅速增加。

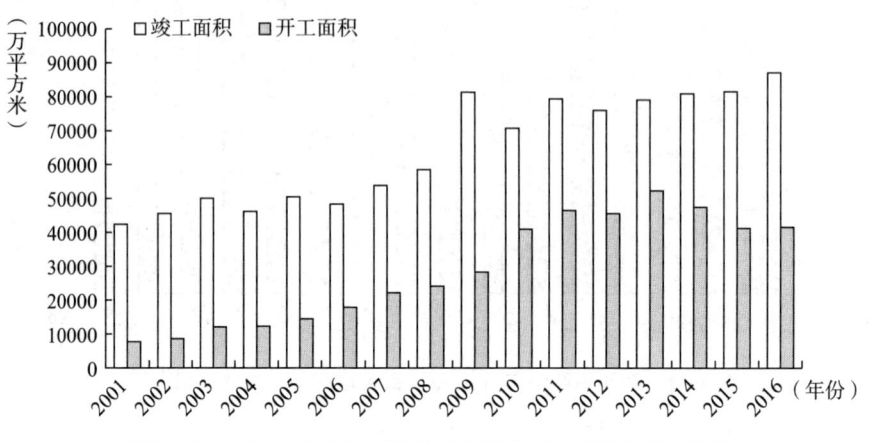

图3-2　2001~2016年西部地区房地产开工面积和竣工面积

从图3-2可以看出，西部地区房地产竣工面积一直大于开工面积，但2010年以后二者的差距有所缩小。西部地区房地产竣工面积在2008年前基本在50000万平方米上下波动，但在金融危机爆发的2008年和2009年，房地产竣工面积却出现了大幅度上升。2008年房地产竣工面积接近60000万平方米，2009年达到历史高点，略超80000万平方米，出现这种反常的走势主要是因为房屋竣工面积具有刚性，已经开工在建的房屋难以立即停工，因此金融危机的影响不会立即反映在房屋竣工面积上。另外，由于中央政府推出的四万亿元经济刺激计划增加了房地产开工面积，使2010年后开工面积与竣工面积的差距缩小了。

从西部地区竣工面积的分布来看，竣工房屋主要集中在各省会（首府）城市。如2014年西安市、西宁市、银川市的房地产竣工面积占所在省区市竣工面积的一半以上，其中西安市竣工面积占陕西的69.17%，西宁市占青海的87.75%，银川市占宁夏的60.43%。尤其是陕西，除西安市以外还有9个地级市，2014年末西安市人口815万人，只占整个陕西人口的22%，却集中了全省69.17%的房屋竣工面积。另外，2014年成都市房屋竣工面积占四川的39.73%，虽然相比前几个省会城市这个占比不算太高，但考虑到四川面积较大，除成都市以外还有20个地级市、自治州，成都市人口只占整个四川的15%，可以认为房地产的开发仍然过度集中在省会城市。

从西部地区房地产竣工面积的成分来看，跟开工面积类似，住宅占主要部分，大部分省区市住宅竣工面积占比为60%~70%。

（二）西部地区与东部、中部地区房地产开工面积和竣工面积的比较分析

图3-3为2001~2016年东、中、西部地区房地产开工面积发展趋势。在对东、中、西部三个地区房地产开工面积进行比较后发现，2001~2015年西部地区和中部地区房地产开工面积的发展趋势相近，2011年前中部地区和西部地区房地产开工面积都是逐年上升的。自2011年开始，西部地区和中部地区房地产开工面积都在50000万平方米附近波动。2014年西部地区房地产开工面积为47404.07万平方米，约为2000年的8倍，中部地区2014年房地产开工面积为48763.96万平方米，约为2000年时的8.85倍。东部地区房地产开工面积远高于中部地区和西部地区。2009年前，东部地区房地产开工面积呈逐年稳步上升态势，2010年大幅上涨46%，达到80830.52万平方米，接近中部地区和西部地区当年开工面积的两倍。2011年再次上涨17%，达到峰值94604.05万平方米。之后三年维持在80000万平方米以上，2014年为83424.28万平方米，约为2000年的4.6倍。虽然2000~2014年东部地区房地产开工面积上涨倍数低于西部和中部地区，但由于其基数较大，因此从数量上来说中部和西部地区房地产开工面积与东部地区的差距仍然较大。

图3-4为2001~2016年东、中、西部地区房地产竣工面积发展趋势。从房地产竣工面积来看，东、中、西部三个地区的差距并没有房地产开工面积的差距那么大。东部地区房地产竣工面积在大多数年份略高于中部地区和西部地区，总体呈上升趋势。中部地区房地产竣工面积在2003年前与东部地区相近。自2003年开始，东部地区房地产竣工面积小幅上升，中部地区不升反降，开始拉开差距。这种趋势持续到了2006年。自2007年开始中部地区房地产竣工面积加速上升，与东部地区的差距逐步缩小。但2010年之后，中部地区房地产竣工面积的上升趋势减缓，而东部地区房地产竣工面积的上升趋势则保持到2014年，因此差距再次拉大，2014年后中部地区房地产竣工面积开始减少。西部地区房地产竣工面积与东部地区有较大差距，与中部地区也有一定的差距，西部地区房地产竣工面积增幅直至

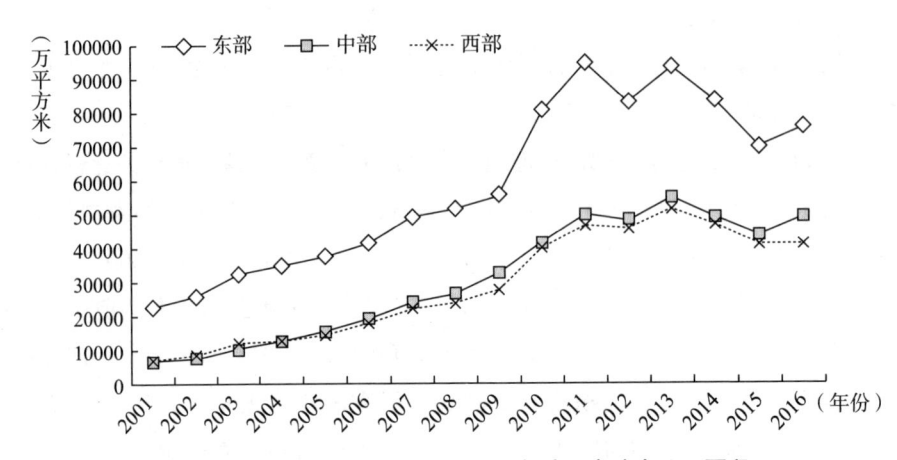

图 3-3 2001~2016 年东、中、西部地区房地产开工面积

资料来源：国家统计局网站，http://data.stats.gov.cn/。

2006 年都没有太大改变，2007 年以后有所增长，其中 2009 年快速增长，同比增长 34.4%，2010 年则出现下跌，跌幅为 15%，之后小幅上升，2016 年西部地区房地产竣工面积接近中部地区。

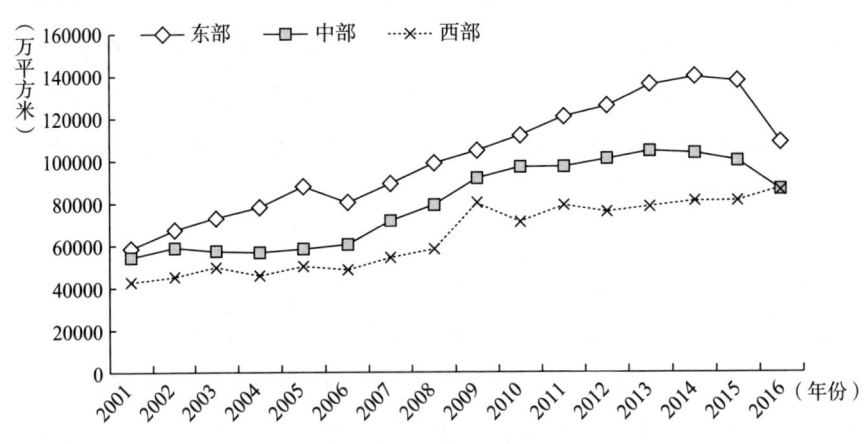

图 3-4 2001~2016 年东、中、西部地区房地产竣工面积

资料来源：国家统计局网站，http://data.stats.gov.cn/。

三 西部地区房地产投资

（一）房地产开发投资规模及增速

图 3-5 呈现了 2001~2016 年西部地区房地产投资额及其增速。西部地

区房地产投资额一直处于上升阶段，2014年达21432.76亿元，年增长率波动较大。虽然2008年和2009年西部地区的房地产投资增速受金融危机影响大幅下降，但2010年很快恢复，之后西部地区房地产投资的增长率又出现整体下降趋势。

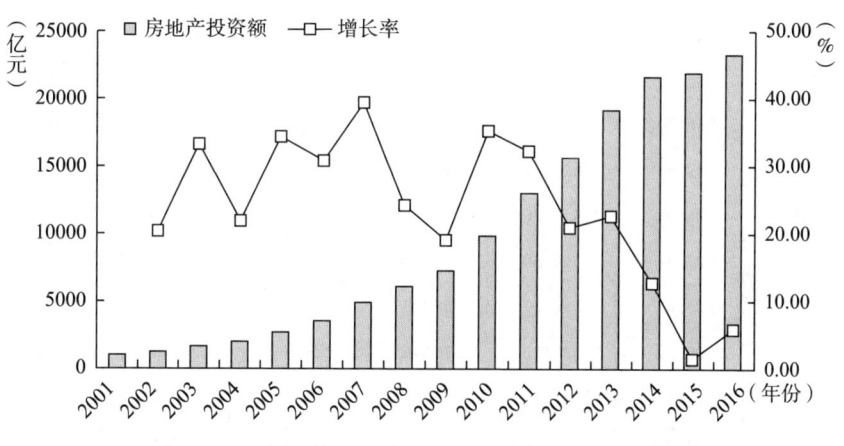

图3-5 2001~2016年西部地区房地产投资额及增长率

表3-3和表3-4列示了2001~2016年西南地区和西北地区各省区市房地产开发投资的情况。2016年西部地区房地产投资规模最大的是四川，达到5282.64亿元。其次是重庆。云南、陕西、贵州、广西的房地产投资规模在2100亿元至2800亿元之间。内蒙古、新疆、宁夏和甘肃的房地产投资规模为1000亿元左右。而青海和西藏的房地产投资规模则较小，分别为396.92亿元和48.54亿元。可见，西部地区虽然拥有全国国土面积一半以上的土地，但房地产投资规模并不大，并且西部地区各省区市房地产投资规模的差距非常大。目前，西部地区房地产投资主要集中于四川、重庆、陕西三个西部中心省市和城市以及旅游业发达的云南，而偏远一些的省区虽然拥有大量土地，却没有得到足够的开发，尤其是青海、新疆、宁夏、甘肃和西藏。四川和陕西虽然房地产投资额较大，但又过度集中于省会城市，成都的房地产投资额占四川的51%，西安的房地产投资额占陕西的72%。因此，西北地区陕西以外的几个省区，以及各地级市、三线和四线城市还有较大的投资潜力。

表 3-3 2001~2016 年西南地区各省区市房地产投资额

单位：亿元

年份	广西	重庆	四川	贵州	云南	西藏
2001	55.58	196.67	268.15	67.01	87.98	1.50
2002	75.28	245.91	344.38	83.01	96.26	2.77
2003	120.31	327.89	450.87	104.95	114.97	2.00
2004	192.35	393.09	510.08	121.66	149.93	5.39
2005	286.79	517.73	701.45	154.12	246.91	6.02
2006	369.98	629.67	914.50	186.79	332.15	8.90
2007	536.28	849.90	1326.83	249.67	422.86	11.68
2008	627.34	991.00	1451.70	311.26	557.69	13.74
2009	813.68	1238.91	1588.37	371.25	737.46	15.75
2010	1206.22	1620.26	2194.63	556.69	900.44	8.96
2011	1517.47	2015.10	2819.17	873.48	1280.13	5.13
2012	1554.94	2508.35	3266.40	1467.60	1782.14	6.87
2013	1614.63	3012.78	3853.00	1942.54	2488.33	9.68
2014	1838.49	3630.23	4380.09	2187.67	2846.65	52.91
2015	1909.09	3751.28	4813.03	2205.09	2669.01	50.02
2016	2397.99	3725.95	5282.64	2148.96	2688.34	48.54

资料来源：国家统计局网站 2001~2016 年相关数据，http://data.stats.gov.cn/。

表 3-4 2001~2016 年西北地区各省区房地产投资额

单位：亿元

年份	陕西	甘肃	青海	宁夏	新疆	内蒙古
2001	99.78	31.37	15.36	23.18	97.92	65.67
2002	123.57	37.71	16.92	30.86	87.71	74.53
2003	188.31	50.80	22.31	50.91	102.49	90.79
2004	231.17	72.08	26.24	67.19	104.70	111.38
2005	298.95	86.60	29.11	74.78	101.66	162.10
2006	394.86	97.72	31.18	76.94	120.88	325.02
2007	535.32	134.07	34.21	93.11	168.32	500.89
2008	762.23	185.81	51.19	117.59	228.63	744.30

续表

年份	陕西	甘肃	青海	宁夏	新疆	内蒙古
2009	941.63	204.14	72.85	162.74	235.88	815.46
2010	1159.47	266.41	108.19	254.37	347.72	1119.99
2011	1410.90	366.97	144.69	336.23	516.39	1591.16
2012	1835.93	561.02	189.68	429.15	606.09	1291.44
2013	2240.17	724.65	247.61	558.97	825.69	1479.01
2014	2426.49	721.47	308.27	654.80	1014.81	1370.88
2015	2494.29	768.06	336.00	633.64	998.88	1081.05
2016	2736.75	850.03	396.92	728.16	923.40	1133.48

资料来源：国家统计局网站 2001~2016 年相关数据，http://data.stats.gov.cn/。

（二）西部地区与东部、中部地区房地产投资的比较分析

图 3-6 呈现了 2001~2016 年东、中、西部地区的房地产投资情况。三个地区的房地产投资额基本是逐年递增的。其中，中部地区和西部地区历年房地产投资规模相近，而东部地区的房地产投资额远远高于中部地区和西部地区。2001 年东部地区房地产投资额是中部地区的 5.8 倍，是西部地区的 4.8 倍；2010 年开始东部地区房地产投资额快速增长，2014 年达到 52940.54 亿元，约为中部、西部地区的 2.5 倍。

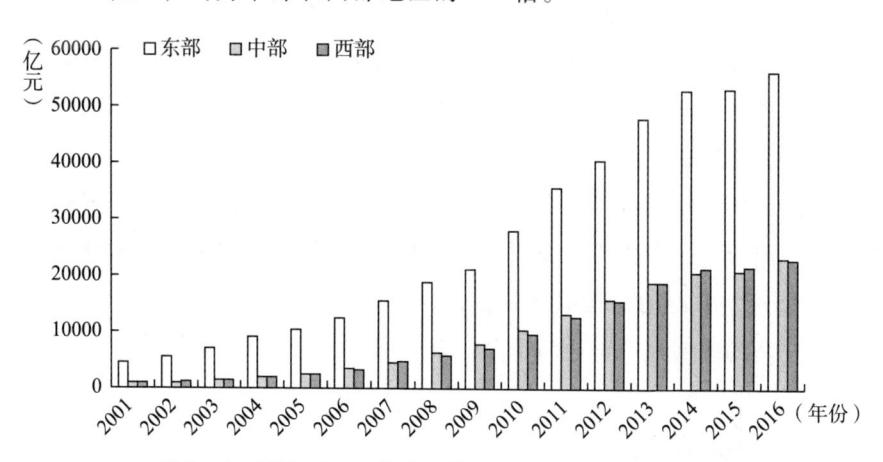

图 3-6　2001~2016 年东、中、西部地区房地产投资额

资料来源：国家统计局网站，http://data.stats.gov.cn/。

图 3-7 中以纵轴表示 31 个省区市 2016 年房地产投资额，横轴表示 31

个省区市2016年房地产投资额相比2000年增长的倍数,象限中的点越高,表示2016年房地产投资额越高,点越靠右,表示增长速度越快。可以看出,东部地区一些省市主要分布在高投资额、低增长的区域,如江苏和广东房地产投资额居前位,接近或超过10000亿元。而西部地区各省区市主要分布在低投资额、高增长区域,如宁夏、青海、新疆、西藏的房地产投资额居全国末位。

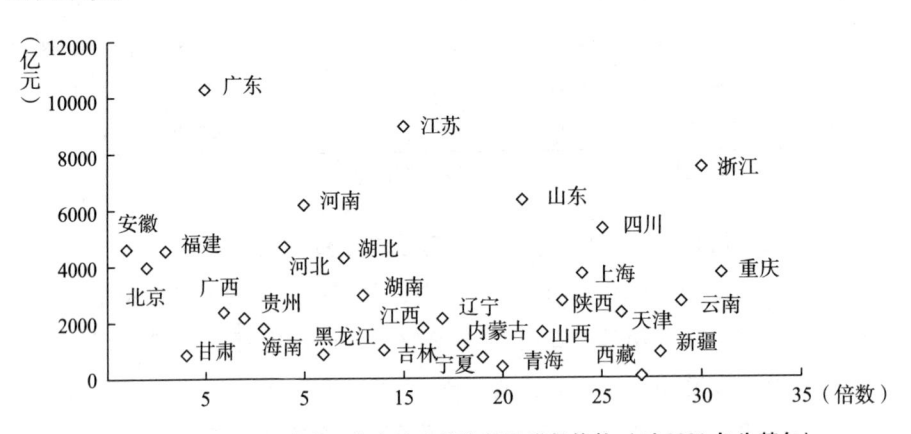

图3-7 2016年31个省区市房地产投资额及增长倍数(以2001年为基年)

资料来源:根据国家统计局网站相关数据计算整理,http://data.stats.gov.cn/。

(三) 西部地区房地产开发企业资金来源分析

房地产开发企业主要从以下四个渠道获取资金:国内贷款、利用外资、企业自筹及其他。① 西部地区2001~2016年房地产开发企业资金来源的各项金额与占比见表3-5。

从表3-5中的数据不难看出,2003年以前西部地区房地产开发企业资金来源中国内贷款占比均在20%以上,但2003年之后国内贷款占比有所下降,在15%左右浮动。利用外资水平一直较低,仅个别年份超过1%。企业自筹资金是我国房地产企业的重要资金来源。2009年国务院下发27号文件

---

① 国内贷款指房地产开发企业通过各种形式向银行或者非银行金融机构借入的国内借款;利用外资指房地产开发企业收到的境外资本,包括设备、材料等,也包含外商直接以货币资本进行的投资;自筹资金指各地区、各部门及企事业单位自行筹集的用于房地产开发与经营的资金;而其他资金来源则是不包含以上几种来源的其他所有来源,包括但不限于国家预算内资金、财政拨款、债券、社会集资、无偿捐赠、征地迁移补偿费、安置费等最终用于房地产开发的资金。

规定，保障性房地产和普通商品房中，企业自筹资金占比不得低于 20%，其他房地产项目中不得低于 30%，从政策上为自筹资金占比划定了红线。2001 年西部地区房地产企业自筹资金占比为 31.69%，2008 年达到 44.05%，金融危机后在 2009 年和 2010 年下降到 36.51% 和 37.17%，但 2011 年开始维持在 42% 左右。其他资金来源占比较为稳定，除 2008 年外，都维持在 40% 以上，2014 年和 2015 年略有下降，分别为 40.63% 和 41.49%。可以看出企业自筹和其他类是房地产开发企业资金来源的主要渠道，多数年份两项占比总计超过 80%。另外，多数年份国内贷款和其他资金来源两项占比总和也超过 60%，而这两项都与银行金融信贷紧密相关，可见银行金融信贷对西部地区房地产开发起到了重要的推动作用。

表 3-5 西部地区 2001~2016 年房地产开发企业资金来源

单位：亿元，%

年份	小计 总额	国内贷款 金额	占比	利用外资 金额	占比	企业自筹 金额	占比	其他 金额	占比
2001	1085.1	221.5	20.41	7.5	0.69	343.8	31.69	512.3	47.21
2002	1374.8	294.4	21.41	9.8	0.71	454.6	33.07	616.0	44.80
2003	1947.1	418.6	21.50	10.4	0.54	666.6	34.23	850.0	43.65
2004	2386.0	373.2	15.64	21.0	0.88	846.6	35.48	1144.0	47.95
2005	3131.3	452.4	14.45	37.2	1.19	1233.2	39.38	1408.5	44.98
2006	4299.5	679.0	15.79	39.9	0.93	1725.5	40.13	1855.1	43.15
2007	6417.3	1019.8	15.89	86.1	1.34	2439.5	38.01	2872.0	44.75
2008	6942.9	1107.5	15.95	125.6	1.81	3058.3	44.05	2651.5	38.19
2009	10160.5	1592.3	15.67	57.7	0.57	3709.5	36.51	4800.9	47.25
2010	13977.2	2060.2	14.74	135.6	0.97	5195.7	37.17	6585.5	47.12
2011	17681.6	2284.6	12.92	140.6	0.80	7434.9	42.05	7821.5	44.24
2012	19563.7	2567.3	13.12	44.1	0.23	8258.9	42.22	8693.4	44.44
2013	24436.6	3672.6	15.03	96.8	0.40	10124.0	41.43	10542.0	43.14
2014	26129.8	3940.6	15.08	172.1	0.66	11400.0	43.63	10616.0	40.63
2015	25769.0	3948.6	15.32	85.3	0.33	11043.0	42.86	10691.0	41.49
2016	27052.0	3785.8	13.99	30.13	0.11	11030.0	40.77	12206.0	45.12

资料来源：根据国家统计局网站 2001~2016 年相关数据整理，http://data.stats.gov.cn/。

（四）西部地区与东部、中部地区房地产开发企业资金来源比较分析

为更加清晰地了解西部地区房地产开发企业资金来源结构在全国的水平，本书列出东部、中部地区房地产开发企业的资金来源占比情况见表3-6。

表3-6 东、中、西部地区2001~2016年房地产开发企业资金来源占比

单位：%

年份	国内贷款			利用外资			企业自筹			其他		
	东部	中部	西部	东部	中部	西部	东部	中部	西部	东部	中部	西部
2001	23.01	17.09	20.41	—	—	0.69	26.34	37.84	31.69	48.50	42.86	47.21
2002	23.91	17.59	21.41	—	—	0.71	25.71	36.55	33.07	48.43	44.12	44.80
2003	25.02	19.35	21.50	1.48	1.09	0.54	25.54	39.31	34.23	47.96	39.88	43.65
2004	19.58	14.88	15.64	1.42	1.31	0.88	27.09	42.38	35.48	51.91	41.14	47.95
2005	19.97	13.87	14.45	1.27	0.86	1.19	29.03	44.57	39.38	49.73	40.70	44.98
2006	21.83	14.32	15.79	1.65	1.27	0.93	27.07	43.91	40.13	49.45	40.50	43.15
2007	20.83	12.62	15.89	1.95	1.06	1.34	27.26	42.23	38.01	49.96	44.08	44.75
2008	21.81	12.91	15.95	2.10	0.90	1.81	33.45	52.18	44.05	42.64	34.01	38.19
2009	22.24	14.23	15.67	1.00	0.46	0.57	26.15	43.53	36.51	50.61	41.78	47.25
2010	19.41	12.35	14.74	1.19	0.85	0.97	33.98	44.50	37.17	45.43	42.29	47.12
2011	17.57	10.58	12.92	1.00	0.78	0.80	38.02	48.23	42.05	43.41	40.41	44.24
2012	17.61	10.60	13.12	0.52	0.30	0.23	37.60	47.40	42.22	44.27	41.69	44.44
2013	17.97	11.46	15.03	0.52	0.22	0.40	35.91	45.19	41.43	45.59	43.13	43.14
2014	19.81	12.70	15.08	0.60	0.13	0.66	38.81	46.44	43.63	40.77	40.73	40.63
2015	17.78	12.02	15.32	0.26	0.05	0.33	35.70	45.89	42.86	46.26	42.03	41.49
2016	16.11	12.16	13.99	0.11	0.06	0.11	29.94	40.34	40.77	53.84	47.44	45.12
平均值	20.28	13.67	16.06	1.36	0.89	0.92	31.10	44.83	38.92	47.54	40.65	44.57

资料来源：根据国家统计局网站2001~2016年相关数据整理，http://data.stats.gov.cn/。

从表3-6中的数据可以看出，第一，中部地区国内贷款占比相对较低，历年平均值为13.67%；西部地区略高于中部地区，历年平均值为16.06%；东部地区国内贷款占比远高于中、西部地区，历年平均值达到20.28%。第二，东、中、西部地区利用外资水平都较低，中、西部地区该项占比平

均值仅为 0.89% 和 0.92%，不足 1%，东部地区相对较高，为 1.36%。第三，企业自筹资金来源方面，根据国家相关规定房地产企业自筹资金比例不得低于 30%，东部地区企业自筹资金来源历年平均占比最低，为 31.10%，接近国家限额，2014 年达到最高值也仅为 38.81%；西部地区企业自筹资金占比居中，平均值为 38.92%，低于中部地区的 44.83%。从以上数据不难看出，企业自筹资金和其他资金在各类资金来源中的占比较高，是房地产开发企业筹资的主要渠道，而企业自筹资金又与房地产开发企业获得资金的难易程度紧密相关。如东部地区金融市场较为完善，相较中、西部地区而言，东部地区的房地产开发企业更易于从银行等金融市场获取贷款，因此自筹资金的重要性就相对降低；西部地区金融市场较不完善，信贷市场、股票市场处于欠发达水平，企业从金融市场获取资金面临更高的成本，房地产企业可调用的自有资金也相对有限，因此自筹资金占比处于中间水平；中部地区金融市场相对西部地区较发达，房地产开发企业能够从金融市场获取部分所需资金，但政策扶持有限，因此自筹资金占比较高。

第三节 西部地区房地产市场的需求现状

一 西部地区房地产成交面积

房地产成交面积是观察房地产市场需求的一个重要指标。表 3-7 和表 3-8 分别是 2001~2016 年西南地区和西北地区各省区市的房地产成交面积。从西部地区各省区市的房地产成交面积来看，2016 年除西藏外，西南地区其他五个省区市的房地产成交面积都高于西北各省区。2016 年房地产成交面积最多的是西南地区的四川，达到 9300.47 万平方米。西南地区的重庆房地产成交面积达到 6257.15 万平方米，广西、贵州的房地产成交面积都在 4200 万平方米左右。而在西北地区，除陕西和内蒙古的房地产成交面积超过 2500 万平方米外，其余几个省区的房地产成交面积都在 2000 万平方米以下。由此可以看出，西南地区的房地产市场交易较为火爆，而西北地区的房地产市场交易则相对偏冷。

表3-7 2001~2016年西南地区各省区市房地产成交面积

单位：万平方米

年份	广西	重庆	四川	贵州	云南	西藏
2001	292.32	746.05	1414.70	369.38	314.91	8.59
2002	339.63	1016.60	1865.94	424.85	400.22	16.16
2003	505.31	1316.80	2457.85	554.34	521.97	10.32
2004	820.36	1317.12	2101.98	554.34	538.11	9.56
2005	1438.40	2017.66	3402.49	862.56	1431.90	25.90
2006	1502.61	2228.46	4100.15	880.95	1693.07	57.10
2007	2016.23	3552.92	4923.84	1071.57	1976.29	60.78
2008	1768.04	2872.19	3501.27	908.20	1643.08	66.49
2009	2383.76	4002.89	5967.69	1653.05	2229.95	63.26
2010	2793.92	4314.39	6396.92	1730.69	2959.43	19.28
2011	2964.15	4533.50	6543.55	1882.10	3222.89	18.25
2012	2759.26	4522.40	6455.93	2186.95	3237.75	22.50
2013	2995.58	4817.56	7312.78	2972.32	3309.30	25.40
2014	3156.55	5100.39	7142.44	3178.12	3194.19	59.33
2015	3523.41	5381.37	7671.20	3559.81	3145.13	51.27
2016	4215.39	6257.15	9300.47	4156.93	3639.75	74.61

资料来源：根据国家统计局网站2001~2016年相关数据整理，http://data.stats.gov.cn/。

表3-8 2001~2016年西北地区各省区房地产成交面积

单位：万平方米

年份	陕西	甘肃	青海	宁夏	新疆	内蒙古
2001	416.29	141.70	33.66	126.49	419.87	365.99
2002	477.54	165.83	68.04	118.36	506.66	422.13
2003	580.05	224.77	83.51	232.38	587.02	547.97
2004	509.36	261.47	93.85	308.21	643.37	653.96
2005	892.01	493.21	121.04	377.89	687.20	1078.80
2006	1116.51	515.48	119.69	379.99	892.41	1428.97
2007	1460.17	592.27	154.53	507.76	1144.34	2087.67
2008	1513.01	624.66	147.89	514.81	954.35	2396.37

续表

年份	陕西	甘肃	青海	宁夏	新疆	内蒙古
2009	2086.92	698.82	216.82	775.29	1406.55	2581.68
2010	2590.18	756.51	281.04	935.98	1564.90	3057.38
2011	3051.77	838.82	359.56	846.46	1728.23	3509.09
2012	2755.59	978.44	262.96	804.43	1430.31	2523.52
2013	3045.70	1220.02	381.56	1048.31	2017.03	2737.70
2014	3093.64	1325.51	415.77	1129.46	1815.88	2457.18
2015	2978.94	1434.96	392.96	839.16	1825.18	2369.37
2016	3262.70	1679.49	437.85	966.07	1828.22	2527.85

资料来源：根据国家统计局网站 2001~2016 年相关数据整理，http://data.stats.gov.cn/。

图 3-8 是 2001~2016 年西部地区与东、中部地区的房地产成交面积情况。西部地区与中部地区的房地产成交面积基本相同，大多数年份中这两个地区的房地产成交面积只有东部地区的一半。2008 年之前，西部地区房地产成交面积是加速上升的，2008 年受到金融危机的影响，出现了明显的下降，但与东部地区相比下降幅度较小。2009 年开始，西部地区和中部地区房地产成交面积都有明显复苏，并整体处于上升状态，而东部地区房地产成交面积出现波动，2009 年开始处于小幅上升状态。2013 年东部地区房地产成交面积有大幅上升，但 2014 年跌回 2012 年的水平，2015 年小幅上升，2016 年大幅上升。

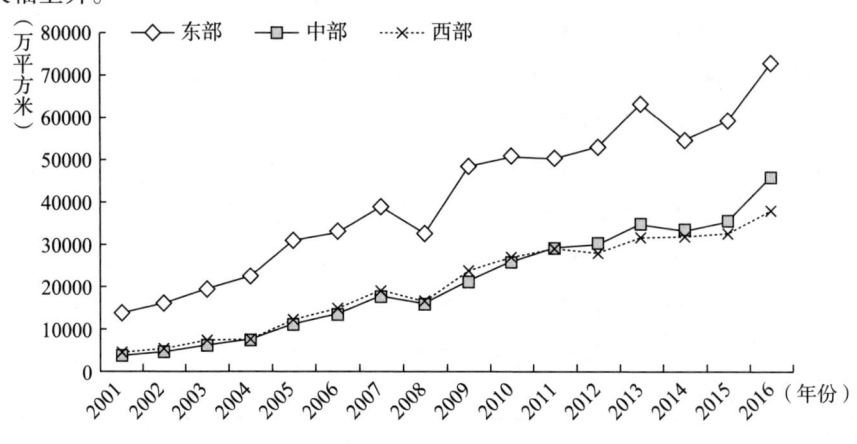

图 3-8　2001~2016 年东、中、西部地区房地产成交面积

二 西部地区房地产销售额

表3-9和表3-10反映了2001~2016年西南地区和西北地区各省区市房地产销售额情况。可以看出，16年间西部地区各省区市房地产销售额总体呈上升趋势，但在2008年金融危机中大部分省区市的房地产销售额出现了一些波动。除西藏外，西南地区各省区市房地产销售额普遍较西北地区高。2016年西南地区的四川房地产销售额达到了5358.91亿元，重庆为3432.00亿元。除西藏外，西南地区各省区市房地产销售额超过1700亿元。而西北地区房地产销售额最高的陕西是1785.17亿元，内蒙古次之，房地产销售额为1149.08亿元，青海、宁夏、甘肃和新疆的房地产销售额都没有超过880亿元，其中青海房地产销售额仅为236.44亿元。

表3-9　2001~2016年西南地区各省区市房地产销售额

单位：亿元

年份	广西	重庆	四川	贵州	云南	西藏
2001	53.66	107.65	193.53	43.00	61.08	1.44
2002	65.40	158.15	257.64	52.61	76.57	2.53
2003	95.16	210.23	349.37	72.79	98.21	1.81
2004	170.85	232.64	330.48	76.78	106.41	2.63
2005	289.64	430.77	661.95	138.58	310.01	4.4
2006	329.88	505.69	931.12	156.79	402.98	11.29
2007	511.85	967.31	1398.59	228.97	485.18	16.43
2008	499.62	800.00	1105.46	212.47	440.31	21.29
2009	777.17	1377.76	2094.05	475.07	653.53	15.51
2010	995.19	1846.94	2647.34	581.01	934.60	5.58
2011	1118.22	2146.09	3218.04	731.91	1171.64	6.34
2012	1159.83	2297.35	3517.72	900.08	1362.83	7.35
2013	1375.79	2682.76	4020.27	1276.69	1487.24	10.60
2014	1532.05	2814.99	3997.37	1370.31	1596.37	34.25
2015	1747.77	2952.21	4199.84	1571.68	1666.85	21.08

续表

年份	广西	重庆	四川	贵州	云南	西藏
2016	2207.47	3432.00	5358.91	1790.53	1917.76	38.14

资料来源：根据国家统计局网站 2001~2016 年相关数据整理，http://data.stats.gov.cn/。

表 3-10　2001~2016 年西北地区各省区房地产销售额

单位：亿元

年份	内蒙古	陕西	甘肃	青海	宁夏	新疆
2001	45.21	65.34	17.83	4.07	20.19	64.38
2002	53.01	74.19	21.98	8.79	22.07	87.93
2003	69.61	89.01	28.65	12.24	43.42	106.66
2004	91.59	88.17	45.85	14.86	57.96	101.99
2005	178.35	183.72	95.50	22.18	84.47	123.54
2006	258.84	274.81	91.74	22.99	78.39	165.82
2007	469.00	382.86	129.74	35.71	108.47	238.15
2008	595.06	446.71	122.29	36.37	125.38	213.79
2009	767.24	672.71	173.53	54.58	239.53	366.26
2010	1076.55	973.69	230.30	84.44	309.22	483.04
2011	1327.46	1510.38	278.34	116.79	315.91	613.31
2012	1022.80	1420.75	349.32	106.46	317.58	560.45
2013	1177.36	1608.11	474.07	158.84	443.70	860.95
2014	1064.82	1598.04	602.34	211.27	464.96	840.47
2015	1052.18	1597.44	704.93	206.00	370.30	849.18
2016	1149.08	1785.17	873.46	236.44	409.71	846.84

资料来源：根据国家统计局网站 2001~2016 年相关数据整理，http://data.stats.gov.cn/。

图 3-9 是 2001~2016 年西部地区与东部和中部地区房地产销售额发展趋势的比较。从图中可以看出，受金融危机的影响，2008 年东部地区房地产销售额明显下降，但 2008 年中部地区和西部地区房地产销售额与 2007 年相比没有出现明显的下降，在随后的年份中，西部和中部地区的房地产销售额呈快速增长趋势。截至 2016 年，西部地区房地产销售额是 2001 年的 29.59 倍，中部地区则达到 38.46 倍，东部地区仅为 14.42 倍。因此，西部

地区和中部地区的房地产销售额在增长速度上要明显快于东部地区，但从绝对数量上看，东部地区房地产销售额仍然居首，比西部地区和中部地区房地产销售额的总和还要多。

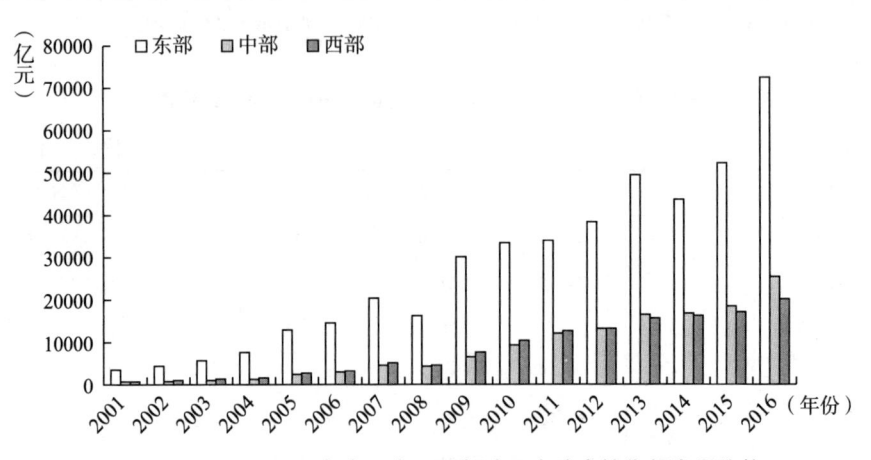

图 3-9 2001~2016 年东、中、西部地区房地产销售额发展趋势

资料来源：国家统计局网站，http://data.stats.gov.cn/。

第四节 西部地区房地产市场的价格情况

表 3-11 位 2001~2016 年西部地区各省区市商品房价格。根据西部地区各省区市商品房价格水平及变动规律，将西部地区分为三类区域。

第一类区域包括四川、陕西和重庆。这三个省市是西部地区房价最高（2016 年）且房价增长迅速的区域，房地产市场相对火热。2016 年，四川商品房价格达到每平方米 5762 元；2010 和 2011 年陕西商品房价格增长迅速，2011 年增长率达 31.7%，价格在 2016 年达到历史最高水平，为每平方米 5471 元；重庆的房价同样高速增长，2016 年商品房价格为每平方米 5485 元。

第二类区域包括云南、贵州、广西、内蒙古、青海、宁夏和新疆七个省区。这些省区的商品房价格总体相近，且低于四川、陕西和重庆，整体呈增长趋势。2012 年，以上七省区商品房价格在每平方米 4000 元左右，价格最高的云南，为每平方米 4209 元，最低是新疆，为每平方米 3918 元，相差不大。2012 年以后，这七个省区的商品房价格大多持续上涨，但开始分化，2016年青海的房价达到每平方米5400元，宁夏的房价为每平方米4241元，相差1100多元。

第三类区域包括甘肃和西藏。这两个省区的商品房价格波动幅度较大，如2004年、2008年和2014年西藏的商品房价格均大幅上涨，超过其他省区市，位居西部地区第一，最高增幅达到56.8%，但2009年和2015年商品房价格大幅下跌，均居西部地区末位，最大跌幅为-28.8%，由此看出西藏的房价波动较大。相较而言，甘肃房价的波动稍小，但整体仍呈上涨趋势，2016年达到每平方米5201元，在西部地区处于中等水平。

表3-11　2001~2016年西部地区各省区市商品房价格

单位：元/平方米

年份	广西	重庆	四川	贵州	云南	西藏
2001	1836	1443	1368	1164	1940	1674
2002	1926	1556	1381	1238	1913	1569
2003	1883	1596	1421	1313	1882	1753
2004	2083	1766	1572	1385	1978	2748
2005	2014	2135	1945	1607	2165	1700
2006	2195	2269	2271	1780	2380	1976
2007	2539	2723	2840	2137	2455	2704
2008	2826	2785	3157	2339	2680	3202
2009	3260	3442	3509	2874	2931	2452
2010	3562	4281	4138	3357	3158	2896
2011	3772	4734	4918	3889	3635	3475
2012	4203	5080	5449	4116	4209	3269
2013	4593	5569	5498	4295	4494	4174
2014	4854	5519	5597	4312	4998	5774
2015	4960	5486	5475	4415	5300	4111
2016	5237	5485	5762	4307	5269	5112
年份	内蒙古	陕西	甘肃	青海	宁夏	新疆
2001	1235	1570	1259	1208	1596	1533
2002	1256	1554	1326	1292	1865	1735

续表

年份	内蒙古	陕西	甘肃	青海	宁夏	新疆
2003	1270	1534	1275	1465	1868	1817
2004	1401	1731	1754	1583	1880	1585
2005	1653	2060	1936	1832	2235	1798
2006	1811	2461	1780	1921	2063	1858
2007	2247	2622	2191	2311	2136	2081
2008	2483	2952	1958	2460	2435	2240
2009	2972	3223	2483	2517	3090	2604
2010	3521	3759	3042	3005	3304	3087
2011	3783	4949	3318	3248	3732	3549
2012	4053	5156	3570	4049	3948	3918
2013	4301	5280	3886	4163	4232	4268
2014	4333	5166	4544	5081	4117	4628
2015	4441	5362	4913	5242	4413	4653
2016	4546	5471	5201	5400	4241	4632

资料来源：根据国家统计局网站2001~2016年相关数据整理，http://data.stats.gov.cn/。

第五节　西部地区经济发展状况

一　人口结构——城镇人口比例

西部地区城镇人口数量最多的是四川，并一直稳居西部第一，且与西部地区其他省区市的城镇人口总数差距逐年增大。2005年四川城镇人口总数为2710万人，2015年则上升到3855万人。云南、贵州、广西、内蒙古、重庆、陕西的城镇人口总数在1000万~3000万人，新疆和甘肃的城镇人口在1000万人以下，青海和宁夏的城镇人口也较少，2015年分别为294万人和366万人。城镇人口最少的是西藏，2005年西藏城镇人口仅58万人，2015年也仅87万人，总体增长水平较低。

根据西部地区各省区市年末城镇常住人口数和年末常住人口数，可计算出各省区市城镇常住人口数占年末常住人口总数的比重，这项数据可以表示各个地区的常住人口城镇化率。表 3-12 为 2005~2016 年西部地区各省区市常住人口城镇化率。其中，西藏、贵州、甘肃的常住人口城镇化率偏低，2016 年均在 45% 以下，最低的西藏仅为 29.61%；云南、广西、四川、新疆的常住人口城镇化率分别为 45.02%、48.08%、49.21% 和 48.33%，在 45%~50% 区间；内蒙古、重庆、宁夏、青海和陕西的常住人口城镇化率较高，2016 年内蒙古和重庆常住人口城镇化率在西部地区率先超过 60%，陕西、青海、宁夏也已经超过 50%。但对比全国平均水平，西部地区人口城镇化率明显滞后。2005 年全国常住人口城镇化率就已经达到 45.25%，当年西部地区的常住人口城镇化率仅为 35.17%；2016 年全国常住人口城镇化率达到 57.79%，而西部地区仅内蒙古和重庆超过全国平均水平。由此看来，随着西部大开发战略的实施，西部地区城镇化正在快速推进，但与全国城镇化的平均水平还有一定差距。因此，西部地区的城镇化水平总体落后于全国，并且西部地区各省区市的城镇化率呈现较为明显的区域差异特征。

表 3-12　2005~2016 年西部地区各省区市常住人口城镇化率

单位：%

年份	广西	重庆	四川	贵州	云南	西藏
2005	33.63	45.21	33.00	26.86	29.51	20.71
2006	34.65	46.69	34.30	27.45	30.49	21.05
2007	36.24	48.30	35.60	28.25	31.59	21.45
2008	38.16	49.98	37.40	29.12	33.00	21.92
2009	39.21	51.59	38.70	29.88	34.00	22.30
2010	40.00	53.00	40.17	33.80	34.70	22.67
2011	41.81	55.02	41.83	34.97	36.80	22.77
2012	43.53	56.98	43.54	36.42	39.30	22.73
2013	44.82	58.35	44.90	37.84	40.47	23.72
2014	46.00	59.61	46.30	40.02	41.73	25.79
2015	47.06	60.92	47.68	42.01	43.34	27.78
2016	48.08	62.60	49.21	44.16	45.02	29.61

续表

年份	内蒙古	陕西	甘肃	青海	宁夏	新疆
2005	47.19	37.24	30.02	39.23	42.28	37.16
2006	48.65	39.12	31.10	39.23	43.05	37.95
2007	50.14	40.61	32.26	40.04	44.10	39.14
2008	51.72	42.09	33.56	40.79	44.98	39.65
2009	53.42	43.49	34.87	42.01	46.08	39.83
2010	55.50	45.76	36.13	44.76	47.87	43.02
2011	56.61	47.29	37.17	46.30	49.92	43.55
2012	57.75	50.01	38.75	47.47	50.70	43.98
2013	58.69	51.30	40.12	48.44	51.99	44.48
2014	59.52	52.58	41.68	49.74	53.63	46.08
2015	60.29	53.92	43.19	50.34	55.24	47.25
2016	61.19	55.34	44.67	51.60	56.30	48.33

资料来源：根据国家统计局网站 2005~2016 年相关数据整理，http://data.stats.gov.cn/。

表 3-13 计算了 2005~2016 年全国和东、中、西部地区的常住人口城镇化率，依据表中数据绘制成图 3-10。从图 3-10 中能清晰地看出，东、中、西部地区常住人口城镇化率整体呈增长态势，并且增长速度基本一致，但西部地区常住人口城镇化率低于全国平均水平，在三大地区中排名末位。中部地区常住人口城镇化率相较西部地区稍高，但也低于全国平均水平；东部地区人口常住城镇化率远高于全国平均水平，由于其基数较大，且 2010 年已超过 60%，达到国家制定的城镇化目标，因此增长较为稳定。

表 3-13 2005~2016 年全国和东、中、西部地区常住人口城镇化率

单位：%

地区	2005 年	2006 年	2007 年	2008 年	2009 年	2010 年	2011 年	2012 年	2013 年	2014 年	2015 年	2016 年
东部	59.18	60.04	60.71	61.51	62.29	64.22	65.07	66.06	66.87	67.57	68.28	69.21
中部	41.39	42.53	43.59	44.87	45.87	46.95	48.45	49.81	50.89	52.02	53.23	54.48
西部	35.17	36.14	37.31	38.53	39.62	41.45	42.84	44.26	45.43	46.89	48.25	49.68
全国	45.25	46.24	47.20	48.30	49.26	50.87	52.12	53.38	54.40	55.49	56.59	57.79

资料来源：根据国家统计局网站 2005~2016 年相关数据整理，http://data.stats.gov.cn/。

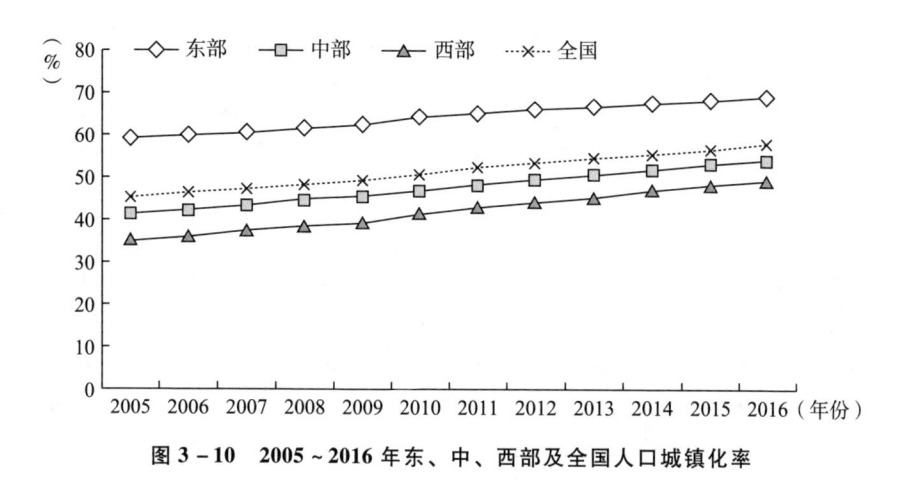

图 3-10　2005~2016 年东、中、西部及全国人口城镇化率

二　经济发展水平——地区生产总值

2001~2016 年，西部地区各省区市 GDP 呈不断增长的发展趋势。四川 GDP 一直居于西部地区首位，2016 年达到 32934.54 亿元，在西部地区率先超过 3 万亿元，与西部地区其他省区市保持了较大差距。同时，近年来四川 GDP 还保持了较好的增长态势。青海、西藏和宁夏 GDP 则一直处于西部地区的低位，其中西藏 GDP 长期居末位，2016 年达到 1151.41 亿元，虽然与 2001 年的 139.16 亿元相比有较大增长，但与其他省区市相比，仍存在较大差距。另外，新疆、贵州和甘肃也处于西部地区中下水平，2016 年其 GDP 分别为 9649.70 亿元、11776.73 亿元和 7200.37 亿元；陕西、内蒙古、重庆、广西、云南的经济发展水平总体较好。

表 3-14　2001~2016 年西部地区各省区市的 GDP

单位：亿元

年份	广西	重庆	四川	贵州	云南	西藏
2001	2279.34	1976.86	4293.49	1133.27	2138.31	139.16
2002	2523.73	2232.86	4725.01	1243.43	2312.82	162.04
2003	2821.11	2555.72	5333.09	1426.34	2556.02	185.09
2004	3433.50	3034.58	6379.63	1677.80	3081.91	220.34

续表

年份	广西	重庆	四川	贵州	云南	西藏
2005	3984.10	3467.72	7385.10	2005.42	3462.73	248.80
2006	4746.16	3907.23	8690.24	2338.98	3988.14	290.76
2007	5823.41	4676.13	10562.39	2884.11	4772.52	341.43
2008	7021.00	5793.66	12601.23	3561.56	5692.12	394.85
2009	7759.16	6530.01	14151.28	3912.68	6169.75	441.36
2010	9569.85	7925.58	17185.48	4602.16	7224.18	507.46
2011	11720.87	10011.37	21026.68	5701.84	8893.12	605.83
2012	13035.10	11409.60	23872.80	6852.20	10309.47	701.03
2013	14449.90	12783.26	26392.07	8086.86	11832.31	815.67
2014	15672.89	14262.60	28536.66	9266.39	12814.59	920.83
2015	16803.12	15717.27	30053.10	10502.56	13619.17	1026.39
2016	18317.64	17740.59	32934.54	11776.73	14788.42	1151.41

年份	内蒙古	陕西	甘肃	青海	宁夏	新疆
2001	1713.81	2010.62	1125.37	300.13	337.44	1491.60
2002	1940.94	2253.39	1232.03	340.65	377.16	1612.65
2003	2388.38	2587.72	1399.83	390.20	445.36	1886.35
2004	3041.07	3175.58	1688.49	466.10	537.11	2209.09
2005	3905.03	3933.72	1933.98	543.32	612.61	2604.19
2006	4944.25	4743.61	2277.35	648.50	725.90	3045.26
2007	6423.18	5757.29	2703.98	797.35	919.11	3523.16
2008	8496.20	7314.58	3166.82	1018.62	1203.92	4183.21
2009	9740.25	8169.80	3387.56	1081.27	1353.31	4277.05
2010	11672.00	10123.48	4120.75	1350.43	1689.65	5437.47
2011	14359.88	12512.30	5020.37	1670.44	2102.21	6610.05
2012	15880.58	14453.68	5650.20	1893.54	2341.29	7505.31
2013	16916.50	16205.45	6330.69	2122.06	2577.57	8443.84
2014	17770.19	17689.94	6836.82	2303.32	2752.10	9273.46
2015	17831.51	18021.86	6790.32	2417.05	2911.77	9324.80
2016	18128.10	19399.59	7200.37	2572.49	3168.59	9649.70

资料来源：根据国家统计局网站 2001~2016 年相关数据整理，http：//data.stats.gov.cn/。

三 居民生活水平——城镇居民人均可支配收入

城镇居民可支配收入是家庭总收入扣除缴纳的个人所得税、个人缴纳的社会保障支出以及调查户记账补贴后的收入,是衡量人民生活水平的一个重要指标。2001~2016年西部地区各省区市城镇居民人均可支配收入见表3-15。

表3-15 2001~2016年西部地区各省区市城镇居民人均可支配收入

单位:元

年份	广西	重庆	四川	贵州	云南	西藏
2001	6666.0	6572.3	6360.0	5451.9	6797.7	7119.0
2002	7315.3	7238.0	6610.8	5944.1	7240.6	8079.1
2003	7785.0	8093.7	7041.9	6569.2	7643.6	8765.5
2004	8690.0	9221.0	7709.9	7322.1	8870.9	9106.1
2005	9286.7	10243.5	8386.0	8151.1	9265.9	9431.2
2006	9898.8	11569.7	9350.1	9116.6	10069.9	8941.1
2007	12200.4	12590.8	11098.3	10678.4	11496.1	11130.9
2008	14146.0	14367.6	12633.4	11758.8	13250.2	12481.5
2009	15451.5	15748.7	13839.4	12862.5	14423.9	13544.4
2010	17063.9	17532.4	15461.2	14142.7	16064.5	14980.5
2011	18854.1	20249.7	17899.1	16495.0	18575.6	16195.6
2012	21242.8	22968.1	20307.0	18700.5	21074.5	18028.3
2013	22689.4	23058.2	22227.5	20564.9	22460.0	20394.5
2014	24669.0	25147.2	24234.4	22548.2	24299.0	22015.8
2015	26415.9	27238.8	26205.3	24579.6	26373.2	25456.6
2016	28324.4	29610.0	28335.3	26742.6	28610.6	27802.4
年份	内蒙古	陕西	甘肃	青海	宁夏	新疆
2001	5535.9	5484.0	5382.9	5853.7	5544.2	6215.0
2002	6051.0	6330.8	6151.4	6170.5	6067.4	6899.6
2003	7012.9	6806.4	6657.2	6745.3	6530.5	7173.5
2004	8123.0	7492.5	7376.7	7319.7	7217.9	7503.4
2005	9136.8	8272.0	8086.8	8057.9	8093.6	7990.2
2006	10358.0	9267.7	8920.6	9000.4	9177.3	8871.3

续表

年份	内蒙古	陕西	甘肃	青海	宁夏	新疆
2007	12377.8	10763.3	10012.3	10276.1	10859.3	10313.4
2008	14432.6	12857.9	10969.4	11640.4	12931.5	11432.1
2009	15849.2	14128.8	11929.8	12691.9	14024.7	12257.5
2010	17698.2	15695.2	13188.6	13855.0	15344.5	13643.8
2011	20407.6	18245.2	14988.7	15603.3	17578.9	15513.6
2012	23150.3	20733.9	17156.9	17566.3	19831.4	17920.7
2013	26003.6	22345.9	19873.4	20352.4	21475.7	21091.5
2014	28349.6	24365.8	21803.9	22306.6	23284.6	23214.0
2015	30594.1	26420.2	23767.1	24542.4	25186.0	26274.7
2016	32975.0	28440.1	25693.5	26757.4	27153.0	28463.4

资料来源：根据国家统计局网站 2001~2016 年相关数据整理，http：//data.stats.gov.cn/。

从表 3-15 可以看出，西部地区 12 个省区市城镇居民人均可支配收入总体呈逐年递增趋势。2016 年内蒙古人均可支配收入达到 32975.0 元，位居西部第一，重庆为 29610.0 元，位居第二。其他省区差距不大，如人均可支配收入最低的甘肃 2016 年达到 25693.5 元，第二低的是贵州，为 26742.6 元，大部分省区市的城镇人均可支配收入在 28000 元左右。因此，可以看出近年来西部地区各省区市城镇居民人均可支配收入的差距并不大。

第六节　本章小结

本章主要对西部地区土地购置面积、房地产开工和竣工面积、房地产投资额、房地产开发资金来源、常住人口城镇化率、地区生产总值和城镇人均可支配收入等方面的动态数据进行了省际比较分析，也做了相关的区域差异比较分析，得到以下主要结论。

第一，从西部地区房地产市场反映的供给情况来看，除了广西、重庆、四川、云南和内蒙古外，西部地区其余大部分省份历年的土地购置量并没有明显的逐年增长的趋势，并且东部地区的土地购置面积远大于西部地区的土地购置面积。西部地区的房屋竣工面积主要集中在西部地区的各省会（首府）城市，2016 年以前，西部地区房屋竣工面积与东、中部地区都有较大差距；2016年以后，西部地区房屋竣工面积与中部地区接近，与东部地区的差距缩小。西部地区的房地产开发投资额整体处于上升趋势，但2010～2016年，房地产投资增速呈持续下降趋势，2016年以后才重拾上涨势头，并且房地产开发投资规模存在较大的区域差异。在房地产开发企业资金来源方面，西部地区的房地产开发企业资金主要来源于企业自筹和其他类，国内贷款也是重要来源，可以认为银行金融信贷对西部地区的房地产开发起到了重要的推动作用。

第二，从西部地区房地产市场反映的需求情况来看，西部地区房地产销售额和成交面积整体处于上升趋势，但与东部地区相比还有较大差距。同时，西南地区的房地产市场交易面积远大于西北地区的房地产市场交易面积。

第三，从西部地区房地产市场价格的走势来看，房地产价格也存在较大差异，四川、陕西和重庆是西部地区房价最高且房价增长迅速的省份；甘肃和西藏的房价最低，且波动幅度较大。西部地区的其余省份包括云南、广西、贵州、内蒙古、青海、宁夏、新疆的房地产价格总体接近，且增速稳定，但2012年以后这七个省份的商品房价格在持续上涨的同时开始分化。

第四，从西部地区的经济发展状况来看，西部地区的城镇化率相比东、中部地区较低。同时，与东、中部地区相比，西部地区的经济发展水平最低，并且西部地区的经济发展水平呈现区域分布不均匀、经济发展不平衡的状态。

第四章

西部地区房地产投资与区域经济发展协调的实证分析

第一节 房地产投资与区域经济相互影响的机制分析

房地产投资是固定资产投资的一个重要组成部分，其投资规模能直接反映一国或地区的经济发展水平，可谓经济发展的"晴雨表"。而区域经济的发展则为房地产投资提供一定的投资环境、物质基础及发展条件。因此，房地产投资与区域经济发展之间具有相互影响和相辅相成的关系。

一 区域经济对房地产投资的影响分析

已有研究发现，区域经济与房地产投资之间具有长期稳定的均衡关系，区域经济依据这种均衡关系可以对房地产投资水平进行有效的调整。区域经济的总体水平与房地产投资息息相关，只有在经济处于高速发展时，房地产投资才能获得强有力的支持以持续发展。众所周知，房地产开发需要大量资金的支持，仅依靠自有资金难以完成大宗项目的开发建设。当经济高速发展时，区域经济增长可以为房地产投资积累大量所需资金。同时，一定的经济增长也有助于扩大社会资金积累的规模并加快积累速度，从而间接为房地产投资提供所需要的资金。此外，区域经济增长还能增加国民财富及居民的可支配收入，使全社会对各种商业用房、工业用房、写字楼、各类住宅别墅等的需求增长。同时，收入增长的预期及居民可支配收入带来的投资欲望，也会增强房地产市场的购买力，从而加快房地产企业资金的回笼速度，促进房地产投资的进一步增长。

区域经济对房地产投资的影响主要表现在两个方面：一是区域经济对房地产投资的带动作用，二是区域经济对房地产投资的制约作用。如果区域经济呈现持续、健康、平稳的增长态势，房地产投资也就具有良好的发展基础和发展条件。相反，如果区域经济呈现过热或增长缓慢甚至停滞态势，各类投资与消费需求势必受其影响，房地产投资从而受到区域经济发展的制约。通常，区域经济会通过地区生产总值、经济增长率、消费水平、信贷规模和利率等经济变量来带动或制约房地产投资，学者方梅[1]对此进行了详细的论述，这里则不再赘述。

二 房地产投资对经济增长的影响分析

房地产投资水平关系国计民生，不仅是居民生产和生活的物质保障、提高生活水平的必要途径，也是改善城市环境和提升城市竞争力的重要手段。通常，房地产投资对区域经济的影响主要通过供给效应、需求效应和挤出效应来实现。

房地产投资的供给效应。房地产投资的供给效应主要体现在两个方面：一是房地产的产品具有投资属性；二是房地产业具有较高的产业关联度。例如，就住宅类房地产投资而言，在建设过程中所需的建筑材料和零部件在1500种以上，并且住宅消费还能促进家电、家具、金融、装饰等生活和生产资料行业的投资和消费增长。[2] 因此，整个经济的发展会由于房地产投资本身及其对其他相关上下游产业投资的关联效应而被带动起来，全社会固定资产投资规模、投资的范围和领域也会因房地产投资的供给效应被进一步放大，并且投资期间延长，出现一系列连锁反应。值得注意的是，房地产投资的周期较长，其供给效应具有滞后性，可能导致供给效应在短时间内集中并释放，形成供求失衡，进而引起区域经济产生波动。

房地产投资的需求效应。房地产投资的需求效应反映了投资乘数原理的一种作用过程。由于房地产业的关联产业较多，房地产业对相关产业的

---

[1] 方梅：《房地产市场与城市经济协调发展研究》，博士学位论文，华中科技大学，2006。
[2] 刘洪玉、张红：《房地产业与社会经济》，清华大学出版社，2006。

产品需求和劳务需求也就比较大,因此房地产投资带来的相关产业的收入和消费增长将导致区域经济的增长。这样,房地产投资的变化将给经济增长带来长期的倍数效应。但值得注意的是,需求效应一般表现在投资和经济的同期增长中。因此,我们不能只关注房地产投资当期的需求效应而忽略房地产本期投资对后期投资产生的供给效应。

房地产投资的挤出效应。房地产投资需要大量资金,因此,房地产业属于资金密集型行业。房地产投资的挤出效应表现在两个方面。一是房地产投资对其他产业的资金挤出效应,即当房价上涨时,资金的趋利性使房地产业获得来自个人、银行、股市及其他实业团体的大规模资金,房地产业的投资利润率提高,进一步带动房地产投资的快速增长。较多资金滞留在房地产业,从而影响其他行业的投资水平,进而导致区域经济对房地产业有较大的依赖性,产业结构出现失衡现象。另外,区域经济生产率的提高和技术进步受到限制,经济持续增长的后劲会降低。二是房地产投资对消费的挤出效应。当房价处于高速上涨时,人们会减少当期消费,提高购买房地产的预期,从而使对其他产品和服务的消费需求被挤占。长期来看,区域经济发展将受到削弱。

综上所述,房地产投资自身及其对其他关联产业产生的关联效应对区域经济发展产生正向的影响,但是房地产投资的挤出效应对区域经济发展则具有负向的影响。如果房地产投资的发展规模和发展速度与所在区域的经济发展实际需求相符合,那么房地产投资对区域经济增长将起促进作用。相反,如果房地产投资规模和增速大大超过经济规模所需时,房地产投资将给区域经济带来较大风险,从而影响整个经济的正常运行。

第二节 西部地区房地产投资状态评价

本节从房地产投资规模和增速两个方面考察西部地区各省份历年来房地产投资的状态。借鉴已有文献,分别选取房地产投资额与 GDP 之比、房地产投资额增长率与 GDP 增长率之比、住宅投资额与 GDP 之比、住宅投资额增长率与 GDP 增长率之比、住宅投资额与全社会固定资产投资额之比、住宅投资额增长率与全社会固定资产投资额增长率之比、房地产投资额与全社会固定资产投资额之比、房地产投资额增长率与全社会固定资产投资额增长率之比八个复合指标，运用主成分分析法进行分析。

一　主成分分析法

主成分分析法是多元统计分析的一个重要内容，其主要特点是能将多个指标降维到几个重要综合指标即主成分，这些主成分是原指标的线性组合，它们能反映尽可能多的原指标信息，并减少了指标数量，另外主成分分析的方法适用于多个涉及重复信息的指标。主成分分析主要有以下步骤。

（一）数据标准化

将原始数据记为矩阵形式，矩阵每一列即为一项指标的时间序列。由于原始数据数量差较大，量纲也可能不同，因此需要进行标准化。通常采用 Z-score 标准化法，标准化公式为：

$$X = \frac{x - \bar{x}}{S} \tag{4.1}$$

式（4.1）中 X 为经过标准化后的数据，x 为原始数据，$\bar{x}$ 为各时期原始数据的平均值，S 为各时期原始数据的标准差，标准化后得到标准化矩阵 X。

（二）计算相关系数矩阵

相关系数矩阵 R 计算如下：

$$R = \begin{pmatrix} r_{11} & r_{12} & \cdots & r_{1n} \\ r_{21} & r_{22} & \cdots & r_{2n} \\ \vdots & \vdots & \ddots & \vdots \\ r_{n1} & r_{n2} & \cdots & r_{nn} \end{pmatrix}, (n = 1,2,3,\cdots) \tag{4.2}$$

式（4.2）中，r_{ij} 表示 X_i 和 X_j 的相关系数 $r_{ij} = r_{ji}$。

$$r_{ij} = \frac{\sum_{k=1}^{n}(X_{ki} - \bar{X}_i)(X_{kj} - \bar{X}_j)}{\sqrt{\sum_{k=1}^{n}(X_{ki} - \bar{X}_i)^2 \sum_{k=1}^{n}(X_{ki} - \bar{X}_j)^2}}, (i,j = 1,2,3,\cdots\cdots) \tag{4.3}$$

相关矩阵 R 的每一列即为一个主成分。

（三）计算相关系数矩阵的特征值 λ 和特征向量 L

λ 的求解方式为解特征方程：

$$|\lambda\alpha - R| = 0 \qquad (4.4)$$

依据式（4.4）求出矩阵 R 的 n 个特征值，将特征值从大到小排序：

$$\lambda_1 \geq \lambda_2 \geq \lambda_3 \cdots \geq \lambda_n, (n = 1,2,3,\cdots) \qquad (4.5)$$

并计算出与特征值 λ_1 对应的特征向量 L_1。

（四）计算各主成分方差贡献率 D_i，抽取主成分

抽取主成分的依据是主成分方差贡献率，在主成分分析法中抽取包含信息量较多的成分，主成分包含的信息量用方差贡献率来表征。方差贡献率 D_i 的公式为：

$$D_i = \frac{\lambda_i}{\sum_{k=1}^{n}\lambda_k}, (i = 1,2,3,\cdots) \qquad (4.6)$$

通常抽取累积方差贡献率超过85%的主成分，因为这些主成分已经包含了原指标超过85%的信息，剩下的主成分相对不重要。抽取的每一主成分都是标准化指标的线性组合：

$$f_i = \alpha_{i1}X_1 + \alpha_{i2}X_2 + \alpha_{i3}X_3 \cdots \alpha_{in}X_n, (i = 1,2,3,\cdots; n = 1,2,3,\cdots) \qquad (4.7)$$

式（4.7）中，系数 α_i 为标准化指标的得分系数。

（五）计算综合得分

$$K = D_1f_1 + D_2f_2 + D_3f_3 \cdots + D_mf_m, (m = 1,2,3,\cdots) \qquad (4.8)$$

二 西部地区房地产投资分析结果

根据国家统计局2000~2015年西部地区各省区市房地产投资额、住宅投资额、全社会固定资产投资额、地区生产总值（GDP）的数据，计算出所需的八类指标，即房地产投资额在GDP中的占比、房地产投资额增长率与GDP增长率之比、房地产投资额与全社会固定资产投资额之比、房地产投资额增长率与全社会固定资产投资额增长率之比、住宅投资额在GDP中的占比、住宅投资额增长率与GDP增长率之比、住宅投资额在全社会固定资产投资额中的占比、住宅投资额增长率与全社会固定资产投资额增长率之比。由于西部地区有12个省区市，本部分仅以贵州数据为例进行运算分析（见表4-1），其余省区市数据用类似方法运算。

表 4-1 贵州各指标原始数据

年份	房地产投资额/GDP	房地产投资额/全社会固定资产投资额	房地产投资额增长率/GDP增长率	房地产投资额增长率/全社会固定资产投资额增长率	住宅投资额/GDP	住宅投资额/全社会固定资产投资额	住宅投资额增长率/GDP增长率	住宅投资额增长率/全社会固定资产投资额增长率
2000	0.04523	0.11734	4.90397	1.77307	0.06837	0.02635	1.65478	4.18893
2001	0.05913	0.12502	4.37081	1.25236	0.07101	0.03358	1.14888	4.00964
2002	0.06676	0.13114	2.45635	1.31996	0.07421	0.03777	1.29416	2.40834
2003	0.07358	0.14028	1.79676	1.45287	0.07566	0.03968	1.12700	1.39377
2004	0.07251	0.14061	0.90313	1.01712	0.08202	0.04230	1.62188	1.44011
2005	0.07685	0.15439	1.36638	1.73546	0.08602	0.04282	1.36561	1.07518
2006	0.07986	0.15599	1.27445	1.06239	0.08730	0.04469	1.08967	1.30718
2007	0.08657	0.16770	1.44439	1.38345	0.10483	0.05411	2.02574	2.11497
2008	0.08739	0.16694	1.05022	0.97768	0.10485	0.05489	1.00104	1.07531
2009	0.09488	0.15392	1.95497	0.65625	0.10342	0.06376	0.94002	2.80035
2010	0.12096	0.17929	2.83459	1.73879	0.10584	0.07141	1.10477	1.80099
2011	0.15319	0.20621	2.38152	1.56223	0.13608	0.10110	2.07014	3.15578
2012	0.21418	0.25667	3.37134	1.94427	0.16270	0.13577	1.75479	3.04278
2013	0.24021	0.26345	1.79603	1.11751	0.16603	0.15139	1.09099	1.75341
2014	0.23609	0.24238	0.86516	0.56319	0.14961	0.14572	0.45974	0.70625
2015	0.20996	0.20146	0.05969	0.03744	0.12131	0.12642	-0.07858	-0.12529

注：增长率计算以上一年为基准。
资料来源：国家统计局。

运用 Z-score 标准化处理上表数据，标准化后结果见表 4-2。

表 4-2 贵州各指标标准化数据

年份	房地产投资额/GDP	房地产投资额/全社会固定资产投资额	房地产投资额增长率/GDP增长率	房地产投资额增长率/全社会固定资产投资额增长率	住宅投资额/GDP	住宅投资额/全社会固定资产投资额	住宅投资额增长率/GDP增长率	住宅投资额增长率/全社会固定资产投资额增长率
2000	-1.102	-1.248	2.191	1.082	-1.167	-1.075	0.778	1.832
2001	-0.896	-1.082	1.781	0.055	-1.086	-0.909	-0.147	1.681

续表

年份	房地产投资额/GDP	房地产投资额/全社会固定资产投资额	房地产投资额增长率/GDP增长率	房地产投资额增长率/全社会固定资产投资额增长率	住宅投资额/GDP	住宅投资额/全社会固定资产投资额	住宅投资额增长率/GDP增长率	住宅投资额增长率/全社会固定资产投资额增长率
2002	-0.784	-0.950	0.311	0.188	-0.987	-0.813	0.118	0.335
2003	-0.683	-0.753	-0.196	0.450	-0.942	-0.769	-0.187	-0.517
2004	-0.699	-0.746	-0.882	-0.409	-0.746	-0.709	0.718	-0.478
2005	-0.635	-0.449	-0.527	1.007	-0.623	-0.697	0.249	-0.785
2006	-0.590	-0.414	-0.597	-0.320	-0.583	-0.655	-0.256	-0.590
2007	-0.491	-0.161	-0.467	0.313	-0.042	-0.439	1.456	0.089
2008	-0.479	-0.178	-0.769	-0.487	-0.042	-0.421	-0.418	-0.785
2009	-0.368	-0.459	-0.074	-1.121	-0.086	-0.217	-0.529	0.665
2010	0.017	0.089	0.601	1.014	-0.011	-0.042	-0.228	-0.175
2011	0.493	0.670	0.253	0.666	0.922	0.639	1.538	0.964
2012	1.393	1.759	1.014	1.419	1.743	1.434	0.961	0.869
2013	1.777	1.905	-0.197	-0.211	1.845	1.792	-0.253	-0.215
2014	1.716	1.450	-0.912	-1.304	1.339	1.662	-1.408	-1.095
2015	1.331	0.567	-1.530	-2.341	0.466	1.220	-2.392	-1.794

注：增长率计算以上一年为基准。
资料来源：国家统计局。

将贵州房地产投资相关指标数据导入 SPSS 17.0 软件，分析得到各主成分方差贡献率见表 4-3。

表4-3 贵州主成分方差贡献率

单位：%

主成分	特征值	方差贡献率	累计贡献率
F_1	4.569	57.115	57.115
F_2	2.360	29.504	86.619
F_3	0.734	9.172	95.791
F_4	0.294	3.675	99.466
F_5	0.031	0.392	99.858
F_6	0.008	0.104	99.962

续表

主成分	特征值	方差贡献率	累计贡献率
F_7	0.003	0.038	100.000
F_8	0.000	0.000	100.000

从表4-3看出，前三个主成分对所有指标信息的解释度已经超过90%，包含了原指标中绝大部分的信息，后五个主成分只包含不到10%的信息量，并且最后一个主成分包含的信息量可忽略不计，因此可以只抽取前三个指标计算综合得分：

$$K = 0.5712F_1 + 0.295F_2 + 0.0917F_3 \tag{4.9}$$

主成分得分系数矩阵见表4-4。

表4-4 主成分得分的分析系数矩阵

得分	F_1	F_2	F_3
X_1	0.933	0.330	0.096
X_2	0.874	0.473	-0.084
X_3	-0.606	0.628	0.461
X_4	-0.558	0.666	-0.336
X_5	0.847	0.510	-0.061
X_6	0.923	0.367	0.095
X_7	-0.551	0.614	-0.491
X_8	-0.620	0.647	0.371

以成分得分为系数，得到主成分线性表达式为：

$$F_1 = 0.933X_1 + 0.874X_2 - 0.606X_3 - 0.558X_4 + 0.847X_5 + 0.923X_6 - 0.551X_7 - 0.620X_8 \tag{4.10}$$

$$F_2 = 0.330X_1 + 0.473X_2 + 0.628X_3 + 0.666X_4 + 0.510X_5 + 0.367X_6 + 0.614X_7 + 0.647X_8 \tag{4.11}$$

$$F_3 = 0.096X_1 - 0.084X_2 + 0.461X_3 - 0.336X_4 - 0.061X_5 + 0.095X_6 - 0.491X_7 + 0.371X_8 \tag{4.12}$$

将式（4.10）（4.11）（4.12）代入式（4.9）得到综合得分关于标准

化指标数据的函数：

$$K = 0.5712F_1 + 0.295F_2 + 0.0917F_3 = 0.6390X_1 + 0.0917X_2 \\ - 0.1184X_3 - 0.1532X_4 + 0.6288X_5 + 0.6439X_6 - 0.1784X_7 - 0.1291X_8 \quad (4.13)$$

将标准化指标代入 K 的表达式，便可得到贵州 2000～2015 年房地产投资得分。运用类似的方法对西部地区其余 11 个省区市做同样的处理后，得到所有省区市历年房地产投资得分见表 4-5。

表 4-5　2000～2015 年西部地区各省区市房地产投资综合得分

年份	广西	重庆	四川	贵州	云南	西藏
2000	-10.102	5.609	6.734	-3.717	-3.741	-1.387
2001	-7.192	4.828	4.909	-2.933	-2.104	-1.161
2002	-5.656	-0.015	1.892	-2.374	-2.209	-0.525
2003	-4.754	1.085	0.801	-1.944	-2.465	-1.081
2004	-0.982	-1.167	-1.749	-1.741	-2.451	-0.097
2005	-0.315	1.398	0.538	-1.564	0.398	0.405
2006	1.893	-0.306	-0.400	-1.184	-0.268	0.937
2007	2.314	-0.121	-1.122	-0.988	-0.369	1.385
2008	2.875	-2.029	-3.043	-0.373	0.112	1.521
2009	1.362	-0.674	-1.966	-0.529	0.932	1.448
2010	3.270	-0.769	0.578	-0.130	0.039	-0.435
2011	4.530	0.551	0.834	1.197	2.691	-1.326
2012	4.721	-0.921	-2.436	3.397	2.463	-1.576
2013	3.223	-1.510	-1.792	4.780	3.904	-1.445
2014	2.363	-1.456	-1.871	4.624	3.162	1.306
2015	2.449	-4.504	-1.906	3.484	-0.095	2.031

年份	内蒙古	陕西	甘肃	青海	宁夏	新疆
2000	0.177	-1.077	-0.001	-1.602	-4.813	1.585
2001	0.714	0.481	-0.246	-2.811	-4.163	4.859
2002	-1.033	1.795	1.108	-2.883	-3.491	-2.293
2003	-1.507	3.920	1.947	3.217	-1.119	-1.595
2004	-1.800	-0.467	2.268	-1.116	0.159	-2.300
2005	-1.307	1.370	0.935	-2.247	0.066	-2.515

续表

年份	内蒙古	陕西	甘肃	青海	宁夏	新疆
2006	1.538	1.650	-0.179	-1.570	-0.456	-1.477
2007	1.271	0.322	0.853	-1.918	-0.449	0.692
2008	2.203	0.914	1.147	1.433	-0.843	0.829
2009	0.419	0.138	-1.943	1.909	-0.584	-1.500
2010	1.691	-1.420	-0.369	1.549	1.142	0.986
2011	2.901	-0.155	0.765	-0.228	2.164	1.871
2012	-0.514	0.124	1.927	2.393	2.718	0.047
2013	0.598	-0.445	0.054	1.161	3.051	1.443
2014	-0.958	-2.741	-3.409	1.922	3.313	0.995
2015	-4.394	-4.410	-4.857	0.792	3.307	-1.626

每个省区市历年投资得分平均数都是0，且服从正态分布，根据正态分布的特性，若一组随机样本服从正态分布 $N(\mu,\delta^2)$，样本值有68.26%的概率落在区间 $[\mu-\delta,\mu+\delta)$ 内，有95.46%的概率落在区间 $[\mu-2\delta,\mu+2\delta)$ 内，因此对于不同区间的投资得分，可以做出如下判断（见表4-6）。

表4-6 房地产投资状态评价标准

区间	评价
$(-\infty, \mu-2\delta)$	过冷
$[\mu-2\delta, \mu-\delta)$	较冷
$[\mu-\delta, \mu+\delta)$	正常
$[\mu+\delta, \mu+2\delta)$	较热
$[\mu+2\delta, +\infty)$	过热

根据以上标准对西部地区各省区市历年房地产投资得分进行分类，结果如表4-7所示。

表4-7 2000~2015年西部地区各省区市房地产投资得分评价

地区	内蒙古		广西		重庆		四川	
年份	评分	评价	评分	评价	评分	评价	评分	评价
2000	0.177	正常	-10.102	过冷	5.609	过热	6.734	过热

续表

地区	内蒙古		广西		重庆		四川	
年份	评分	评价	评分	评价	评分	评价	评分	评价
2001	0.714	正常	-7.192	较冷	4.828	较热	4.909	较热
2002	-1.033	正常	-5.656	较冷	-0.015	正常	1.892	正常
2003	-1.507	正常	-4.754	较冷	1.085	正常	0.801	正常
2004	-1.800	正常	-0.982	正常	-1.167	正常	-1.749	正常
2005	-1.307	正常	-0.315	正常	1.398	正常	0.538	正常
2006	1.538	正常	1.893	正常	-0.306	正常	-0.400	正常
2007	1.271	正常	2.314	正常	-0.121	正常	-1.122	正常
2008	2.203	较热	2.875	正常	-2.029	正常	-3.043	较冷
2009	0.419	正常	1.362	正常	-0.674	正常	-1.966	正常
2010	1.691	正常	3.270	正常	-0.769	正常	0.578	正常
2011	2.901	较热	4.530	较热	0.551	正常	0.834	正常
2012	-0.514	正常	4.721	较热	-0.921	正常	-2.436	正常
2013	0.598	正常	3.223	正常	-1.510	正常	-1.792	正常
2014	-0.958	正常	2.363	正常	-1.456	正常	-1.871	正常
2015	-4.394	过冷	2.449	正常	-4.504	较冷	-1.906	正常
地区	西藏		陕西		贵州		云南	
年份	评分	评价	评分	评价	评分	评价	评分	评价
2000	-1.387	较冷	-1.077	正常	-3.717	较冷	-3.741	较冷
2001	-1.161	正常	0.481	正常	-2.933	较冷	-2.104	正常
2002	-0.525	正常	1.795	正常	-2.374	正常	-2.209	正常
2003	-1.081	正常	3.920	过热	-1.944	正常	-2.465	较冷
2004	-0.097	正常	-0.467	正常	-1.741	正常	-2.451	较冷
2005	0.405	正常	1.370	正常	-1.564	正常	0.398	正常
2006	0.937	正常	1.650	正常	-1.184	正常	-0.268	正常
2007	1.385	较热	0.322	正常	-0.988	正常	-0.369	正常
2008	1.521	较热	0.914	正常	-0.373	正常	0.112	正常
2009	1.448	较热	0.138	正常	-0.529	正常	0.932	正常
2010	-0.435	正常	-1.420	正常	-0.130	正常	0.039	正常

续表

地区	西藏		陕西		贵州		云南	
年份	评分	评价	评分	评价	评分	评价	评分	评价
2011	-1.326	较冷	-0.155	正常	1.197	正常	2.691	较热
2012	-1.576	较冷	0.124	正常	3.397	较热	2.463	较热
2013	-1.445	较冷	-0.445	正常	4.780	较热	3.904	较热
2014	1.306	较热	-2.741	较冷	4.624	较热	3.162	较热
2015	2.031	较热	-4.410	过冷	3.484	较热	-0.095	正常

地区	甘肃		青海		宁夏		新疆	
年份	评分	评价	评分	评价	评分	评价	评分	评价
2000	-0.001	正常	-1.602	正常	-4.813	较冷	1.585	正常
2001	-0.246	正常	-2.811	较冷	-4.163	较冷	4.859	过热
2002	1.108	正常	-2.883	较冷	-3.491	较冷	-2.293	较冷
2003	1.947	较热	3.217	较热	-1.119	正常	-1.595	正常
2004	2.268	较热	-1.116	正常	0.159	正常	-2.300	较冷
2005	0.935	正常	-2.247	较冷	0.066	正常	-2.515	较冷
2006	-0.179	正常	-1.570	正常	-0.456	正常	-1.477	正常
2007	0.853	正常	-1.918	正常	-0.449	正常	0.692	正常
2008	1.147	正常	1.433	正常	-0.843	正常	0.829	正常
2009	-1.943	较冷	1.909	正常	-0.584	正常	-1.500	正常
2010	-0.369	正常	1.549	正常	1.142	正常	0.986	正常
2011	0.765	正常	-0.228	正常	2.164	正常	1.871	正常
2012	1.927	正常	2.393	较热	2.718	较热	0.047	正常
2013	0.054	正常	1.161	正常	3.051	较热	1.443	正常
2014	-3.409	较冷	1.922	正常	3.313	较热	0.995	正常
2015	-4.857	过冷	0.792	正常	3.307	较热	-1.626	正常

注：为了评价的准确性，计算均值和方差时剔除了极端值。

从表4-7结果可以看出，2002年之前重庆、四川存在房地产投资总体偏热的情况。同时，青海、宁夏、贵州、广西却总体偏冷。2003~2011年西部地区大部分省区市房地产投资的状态为正常，只在个别年份出现暂时性偏离，没有出现持续过冷或过热的情况。但2012年以后，大部分省区市的房地产投资状态表现为不正常,只有广西、四川、新疆、青海四个省区维持了总体正常趋势,其余省区市都出现了偏离正常得分的情况,这种偏离主要分为三类:总体偏热、总体偏冷、剧烈波动。其中,房地产投资总体偏热的省区有三个,分别是宁夏、云南、贵州;房地产投资总体偏冷的省区市有四个,分别是重庆、内蒙古、陕西、甘肃。西藏房地产投资自2013年起波动较为剧烈,从较冷转为较热。

第三节 西部地区房地产投资与区域经济协调发展的指标评判

如果房地产投资与区域经济之间是协调发展的关系,那么房地产投资的规模与区域经济发展的水平是相适应的,并且房地产投资的发展速度与区域经济发展水平也要相适应。本节利用以下几个指标对西部地区房地产投资与区域经济发展的协调关系进行评判:房地产投资占全社会固定资产投资的比重、房地产投资占GDP的比重、房地产投资弹性系数。

一 房地产投资占全社会固定资产投资的比重

房地产投资占固定资产投资的比重是直接反映投资结构是否合理的一个基础性指标,也是衡量房地产市场与城市经济是否协调发展的重要指标之一。房地产投资作为固定资产投资的一个重要组成部分,如果房地产投资占全社会固定资产投资的比重过高,就有可能出现挤出效应。相反,如果房地产投资占固定资产投资的比重过低,即房地产投资数量较少,同样会影响城市经济的持续健康发展。由于房地产投资不足,房地产业对其他产业的带动作用和上下关联效应减弱,区域经济增长放缓,这对产业结构的均衡发展也是不利的。通过对历史经验数据的判断,房地产投资占固定资产投资比重的合理区间通常为15%~20%。考虑到我国正处于区域经济稳步增长时期,这一阶段房地产开发投资速度过快,因此,可以将房地产投资占全社会固定资产投资的比重在某些区域适当放大。

笔者计算了西部地区各省区市2001~2016年房地产投资占全社会固定资产投资的比重,并制作成表4-8。

表 4-8 2001~2016 年西部地区各省区市房地产投资占全社会固定资产投资的比重

单位：%

年份	广西	重庆	四川	贵州	云南	西藏
2001	8.48	28.22	16.58	12.50	11.91	1.80
2002	10.03	27.35	18.10	13.11	11.82	2.60
2003	13.06	28.23	19.30	14.03	11.50	1.49
2004	15.56	25.57	18.10	14.06	11.61	3.32
2005	17.26	26.78	19.57	15.44	13.89	3.32
2006	16.83	26.16	20.72	15.60	15.04	3.85
2007	18.24	27.17	23.53	16.77	15.33	4.32
2008	16.70	24.90	20.37	16.69	16.23	4.43
2009	15.54	23.76	13.97	15.39	16.29	4.16
2010	17.09	24.22	16.73	17.93	16.29	1.94
2011	18.99	26.96	19.82	20.62	20.68	0.99
2012	15.85	28.71	19.17	25.67	22.76	1.02
2013	13.56	28.87	18.96	26.34	24.96	1.11
2014	13.28	29.55	18.78	24.24	24.76	4.95
2015	11.76	26.14	18.86	20.15	19.77	3.86
2016	13.15	23.22	18.33	16.28	16.68	3.04
年份	内蒙古	陕西	甘肃	青海	宁夏	新疆
2001	13.04	12.90	6.81	7.82	12.13	13.87
2002	10.53	13.50	7.17	7.28	13.60	10.96
2003	7.73	15.68	8.20	8.73	16.01	10.53
2004	6.23	15.32	9.82	9.07	17.86	9.13
2005	6.13	15.88	9.95	8.83	16.87	7.59
2006	9.66	15.92	9.56	7.63	15.43	7.71
2007	11.45	15.68	10.28	7.09	15.52	9.09
2008	13.59	16.52	10.85	8.78	14.19	10.12
2009	11.11	15.07	8.64	9.13	15.13	8.65
2010	12.55	14.56	8.44	10.64	17.61	10.16
2011	15.35	14.96	9.25	10.08	20.44	11.15
2012	10.87	15.24	10.90	10.07	20.47	9.84
2013	10.40	15.05	11.10	10.49	21.08	10.68
2014	7.79	14.11	9.15	10.77	20.63	10.74

续表

年份	内蒙古	陕西	甘肃	青海	宁夏	新疆
2015	7.89	13.42	8.77	10.47	18.08	9.24
2016	7.52	13.14	8.8	11.25	19.19	8.98

资料来源：根据2001~2016年《中国统计年鉴》相关数据计算所得。

由表4-8可知，2001~2016年西部地区各省区市房地产投资占全社会固定资产投资的比重表现出较大的差异。依照该比重的高低，分为以下几种情形。①内蒙古、新疆、西藏、甘肃和青海长期以来房地产投资与全社会固定资产投资的比重低于合理区间的下限15%，房地产投资相对不足。②广西、宁夏、四川和陕西房地产投资占全社会固定资产投资的比重长期处于比较适当的合理区间（15%~20%），表现出"局部有起伏变化，整体保持稳定"的发展态势。③贵州和云南房地产投资占全社会固定资产投资的比重变化比较相似。2005年之前，贵州和云南房地产投资都相对不足，占全社会固定资产投资的比重都低于合理区间的下限水平，但2010年以后，这一比重均出现超合理区间上限20%的现象，房地产投资过热，2013年贵州该比重达26%，云南为25%。④重庆2001年以来房地产投资占全社会固定资产投资的比重就一直超过合理区间的上限。

为了将西部地区房地产投资占全社会固定资产投资的比重与中部和东部地区及全国进行对比，笔者收集了其他两个地区数据，计算了相关比例系数，以便与西部地区情况进行比较（见表4-9和图4-1）。

表4-9　2001~2016年全国东、中、西部地区房地产投资占全社会固定资产投资比重

单位：%

地区	2001年	2002年	2003年	2004年	2005年	2006年	2007年	2008年
东部	21.45	22.66	23.22	24.55	23.53	23.34	24.16	24.14
中部	10.50	11.48	12.93	13.63	13.94	13.85	14.00	13.79
西部	12.17	12.17	12.87	12.97	13.46	13.68	14.54	14.45
全国	14.71	15.44	16.34	17.05	16.98	16.96	17.57	17.46

地区	2009年	2010年	2011年	2012年	2013年	2014年	2015年	2016年
东部	22.79	25.54	28.74	28.37	29.07	29.38	28.63	29.14

续表

地区	2009年	2010年	2011年	2012年	2013年	2014年	2015年	2016年
中部	12.68	13.14	15.22	14.51	14.40	13.46	11.81	11.59
西部	13.07	14.01	15.77	15.88	16.05	15.73	14.03	13.30
全国	16.18	17.56	19.91	19.59	19.84	19.52	18.16	18.01

资料来源：根据《中国统计年鉴》（2001~2016年）计算所得。

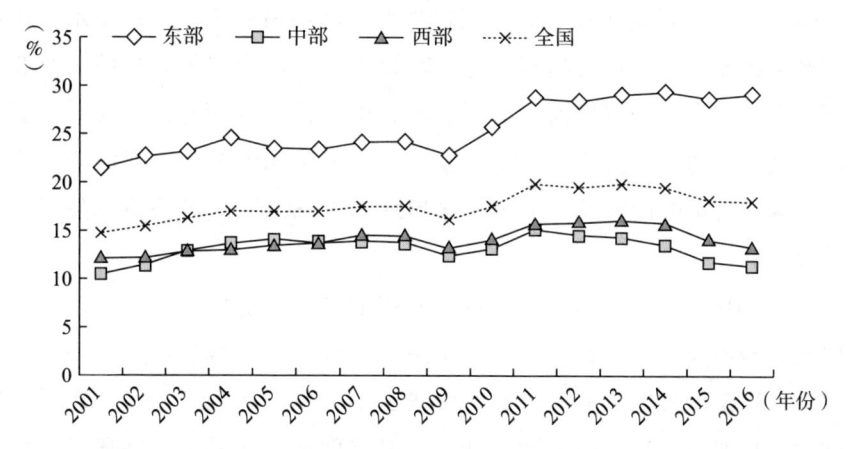

图4-1 2001~2016年全国东、中、西部房地产投资占全社会固定资产投资比重变化

从表4-9和图4-1可知，2001~2016年东部地区房地产投资占该地区全社会固定资产投资的比重一直高于全国，而中部地区和西部地区房地产投资占该地区全社会固定资产投资的比重则一直低于全国，并且东部地区的房地产投资占东部地区全社会固定资产投资的比重远高于西部地区，而西部地区房地产投资占该地区全社会固定资产投资的比重又略高于中部地区。

进一步比较发现，2001年以来东部地区的房地产投资占全社会固定资产投资的比重均在合理区间上限20%以上，2011年后更是维持在28%左右，表明东部房地产投资已经处于过热状态，与区域经济的发展水平不相适应，远高于合理区间的上限。中部地区历年来房地产投资占该地区全社会固定资产投资的比重均低于合理区间下限15%（2011年除外），表明中部地区房地产投资不足，房地产投资不能充分发挥拉动该地区经济发展的作用。西部地区2001~2010年该比重略低于15%，该时期西部地区的房地产投资规模偏低，但是 2011～2014 年，西部地区房地产投资占西部地区全社会固定资产投资的比重均在 16% 左右，处于合理区间 15%～20%，2015～2016 年这一比重有所下降，意味着近年来西部地区房地产投资在全社会固定资产投资中的占比是比较合理的。

二 房地产投资占 GDP 的比重

GDP 是一国或地区在一定时期内生产活动的最终成果，是显示一国或地区经济状况的一个重要指标。房地产投资是房地产市场发展的一个非常重要的指标。房地产市场的发展与它所在的经济基本面息息相关，不能脱离经济基本面的发展而独立发展，房地产投资占 GDP 的比重反映房地产投资对区域经济影响的权重，成为衡量房地产市场与区域经济协调发展的一个重要指标。

表 4-10 反映了在不同的区域和不同的经济发展阶段，房地产投资占 GDP 比重也有所不同。因此，要制定房地产投资与区域经济是否协调发展的判断标准是比较困难的，通常的做法是结合不同地区经济发展水平和产业结构的相似性，根据历史数据计算二者之间的比例系数，并通过横向比较判断房地产投资与 GDP 协调发展的合理范围。

表 4-10 各国房地产投资占 GDP 比重

国家	房地产投资占 GDP 比重	时间
日本	4%～6%	1970～1990 年
法国	3%～5%	20 世纪 80 年代
美国	2%～4%	20 世纪 70 年代后
中国	6%～9%	20 世纪 90 年代后

资料来源：吴康模《珠海房地产业与经济发展研究》，博士学位论文，吉林大学，2012。

结合表 4-10 的数据资料，根据以上不同国家经济发展水平的不同阶段，可以将房地产投资占 GDP 比重分为三个区间：欠发达地区的比重为 6%～8%，中等发达地区的比重为 4%～6%，发达地区的比重为 2%～4%。

笔者选取了 2001～2016 年西部地区各省区市房地产投资额与 GDP 的相关数据，对各省区市房地产投资占 GDP 的比重进行计算，计算结果见

表4-11。

表4-11 2001~2016年西部地区各省区市房地产投资占GDP比重

单位:%

年份	广西	重庆	四川	贵州	云南	西藏
2001	2.44	9.95	6.25	5.91	4.11	1.08
2002	2.98	11.01	7.29	6.68	4.16	1.71
2003	4.26	12.83	8.45	7.36	4.50	1.08
2004	5.60	12.95	8.00	7.25	4.86	2.45
2005	7.20	14.93	9.50	7.69	7.13	2.42
2006	7.80	16.12	10.52	7.99	8.33	3.06
2007	9.21	18.18	12.56	8.66	8.86	3.42
2008	8.94	17.1	11.52	8.74	9.80	3.48
2009	10.49	18.97	11.22	9.49	11.95	3.57
2010	12.60	20.44	12.77	12.10	12.46	1.77
2011	12.95	20.13	13.41	15.32	14.39	0.85
2012	11.93	21.98	13.68	21.42	17.29	0.98
2013	11.17	23.57	14.60	24.02	21.03	1.19
2014	11.73	25.45	15.35	23.61	22.21	5.75
2015	11.36	23.87	16.02	21.00	19.60	4.87
2016	13.09	21.00	16.04	18.25	18.18	4.22
年份	内蒙古	陕西	甘肃	青海	宁夏	新疆
2001	3.83	4.96	2.79	5.12	6.87	6.56
2002	3.84	5.48	3.06	4.97	8.18	5.44
2003	3.80	7.28	3.63	5.72	11.43	5.43
2004	3.66	7.28	4.27	5.63	12.51	4.74
2005	4.15	7.60	4.48	5.36	12.21	3.90
2006	6.57	8.32	4.29	4.81	10.60	3.97
2007	7.80	9.30	4.96	4.29	10.13	4.78
2008	8.76	10.42	5.87	5.03	9.77	5.47
2009	8.37	11.53	6.03	6.74	12.03	5.52

续表

年份	内蒙古	陕西	甘肃	青海	宁夏	新疆
2010	9.60	11.45	6.47	8.01	15.05	6.39
2011	11.08	11.28	7.31	8.66	15.99	7.81
2012	8.13	12.70	9.93	10.02	18.33	8.08
2013	8.74	13.82	11.45	11.67	21.69	9.78
2014	7.71	13.72	10.55	13.38	23.79	10.94
2015	6.06	13.84	11.31	13.90	21.76	10.71
2016	6.25	14.11	11.81	15.43	22.98	9.57

资料来源：根据2001~2016年《中国统计年鉴》相关数据计算。

西部地区总体属于我国的欠发达地区，因此，西部地区房地产投资占GDP的比重应保持在6%~8%，在这个区间的房地产投资与当地经济水平可视为协调。当房地产投资占GDP的比重低于6%时，表明可能存在房地产投资不足现象，需要通过增加房地产投资来刺激和拉动地区经济增长；当该项比重超过8%，通常表示该地区房地产投资过度，房地产市场偏热，房地产投资超过了该区域的经济发展需求，很有可能产生房地产投资的挤出效应，从而对经济的发展造成不良影响。因此，需要通过适当缩小房地产投资规模、调整房地产投资结构来减少房地产投资对其他投资的挤出效应。

从表4-11可知，2006年之后，西部地区大部分省区市的房地产投资开始升温，尤其是2012年以后，大部分地区的房地产投资占GDP的比重远高于8%。同时，各省区市房地产投资占GDP比重的发展趋势呈现明显的差异化特征。如2001年以来重庆房地产投资占GDP的比重就一直在8%以上，2010年以后这一比重甚至超过20%，表明重庆房地产投资有明显的投资过热现象。2012年以后广西、陕西、甘肃和青海房地产投资占GDP的比重就一直超过10%，这些地区的房地产投资都有升温现象。贵州和云南的房地产投资占GDP的比重自2012年开始就接近或超过20%，这两个地区的房地产投资近年来也呈过热状态。与之相反的是2001~2013年西藏房地产投资占GDP的比重一直较低，2014年后虽然这一比重有较大提升，但仍在6%以下，表明该地区的房地产投资严重不足。

表 4-12 和图 4-2 反映了 2001~2016 年全国和东部、中部和西部三大区域房地产投资额占该地区 GDP 比重的趋势关系。分区域来看，东部地区房地产投资占东部地区 GDP 的比重自 2002 年以来就在 8% 以上，2007 年以后更是逐年大幅上升，2013~2016 年这一比重均超 15% 以上，东部地区房地产投资与该地区的经济发展呈不协调的特征。中部地区房地产投资占中部地区 GDP 的比重自 2008 年才开始超 8%，但这一比值在 2008~2016 年较为稳定，表明中部地区房地产投资与中部地区的经济发展之间的关系虽然近年来有不协调的苗头，但总体看这种不协调的关系不是很明显。西部地区房地产投资占西部地区 GDP 的比重自 2007 年开始超过 8%，自 2010 年起在 10% 以上，在 2014 年更是达到了 15.35%，与中部地区逐渐拉开了距离。我们推测原因可能在于 2008 年金融危机使得中部和东部地区的经济发展水平受影响较大，而西部地区由于深处内陆，经济发展水平受波及较小，并且近年来东部沿海地区的房地产企业大规模布局西部地区，这些沿海来的企业资本实力较强，促进了西部地区的房地产投资规模，使得西部地区房地产投资占 GDP 的比重逐年上升。这样，近年来西部地区的房地产投资在迅速增长后，房地产开发投资规模与西部地区的经济发展水平也开始呈现出不协调的特征。

表 4-12 2001~2016 年全国和东、中、西部地区房地产投资占 GDP 比重

单位：%

地区	2001 年	2002 年	2003 年	2004 年	2005 年	2006 年	2007 年	2008 年
东部	7.52	8.11	9.00	9.88	9.64	9.88	10.42	10.67
中部	3.24	3.81	4.71	5.31	5.98	6.71	7.49	8.23
西部	4.99	5.40	6.31	6.60	7.21	7.70	8.51	8.74
全国	5.25	5.77	6.68	7.26	7.61	8.09	8.81	9.21
地区	2009 年	2010 年	2011 年	2012 年	2013 年	2014 年	2015 年	2016 年
东部	11.43	13.08	14.03	14.87	16.36	16.89	16.60	15.92
中部	9.23	9.92	10.34	11.00	11.95	11.78	11.31	11.37
西部	9.66	10.76	11.60	12.87	14.39	15.35	14.52	14.24
全国	10.11	11.25	11.99	12.91	14.24	14.67	14.15	13.84

资料来源：根据 2001~2016 年《中国统计年鉴》相关数据计算。

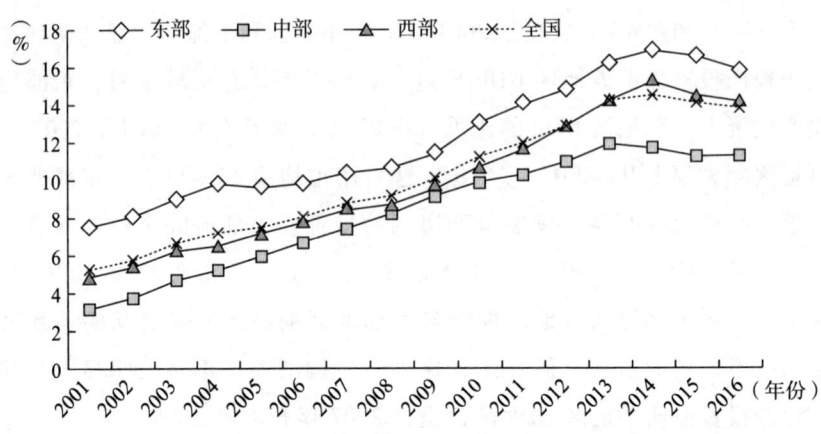

图 4-2　2001～2016 年全国和三大区域房地产投资占 GDP 的比重变化

三　房地产投资弹性系数

房地产投资弹性系数指的是在一段时期内一个国家或地区的 GDP 每增长一个单位所引起的房地产投资增长幅度，是房地产投资增长率与 GDP 增长率的比值。房地产投资弹性系数从发展速度的角度说明了房地产市场与所在地区的经济发展是否协调。如果房地产投资增速远远高于 GDP 的增速，就表明房地产市场的发展速度脱离了经济发展的速度，二者之间的关系可视为不协调。因此，房地产投资弹性系数可以作为判别房地产投资与区域经济之间协调关系的另一个重要指标。通常，房地产投资弹性系数在 0 和 1 之间，如果房地产投资弹性系数偏离 1 过大，说明房地产市场的发展速度与所在地区的经济发展速度不协调。

本部分选取了 2001～2016 年相关数据，计算出相应年份各省区市房地产投资弹性系数（见表 4-13）。从表中提供的数据分析可知，2001～2016 年西部地区各省区市的房地产投资弹性系数不稳定，有明显的波动。

表 4-13　2001～2016 年西部地区各省区市房地产投资弹性系数

年份	广西	重庆	四川	贵州	云南	西藏
2001	4.56	3.94	3.96	4.37	0.90	2.93
2002	3.31	1.93	2.83	2.46	1.15	5.15
2003	5.08	2.31	2.40	1.80	1.85	-1.95
2004	2.76	1.06	0.67	0.90	1.48	8.90

续表

年份	广西	重庆	四川	贵州	云南	西藏
2005	3.06	2.22	2.38	1.37	5.23	0.90
2006	1.52	1.71	1.72	1.27	2.28	2.84
2007	1.98	1.78	2.09	1.44	1.39	1.79
2008	0.83	0.69	0.49	1.05	1.65	1.13
2009	2.83	1.97	0.77	1.95	3.84	1.24
2010	2.07	1.44	1.78	2.83	1.29	-2.88
2011	1.15	0.93	1.27	2.38	1.83	-2.21
2012	0.22	1.75	1.17	3.37	2.46	2.16
2013	0.35	1.67	1.70	1.80	2.68	2.50
2014	1.64	1.77	1.68	0.87	1.73	34.64
2015	0.53	0.33	1.86	0.06	-0.99	-0.48
2016	2.84	-0.05	1.02	-0.21	0.08	-0.24

年份	内蒙古	陕西	甘肃	青海	宁夏	新疆
2001	3.98	2.31	1.92	1.00	3.40	7.51
2002	1.02	1.97	2.13	0.75	2.81	-1.28
2003	0.95	3.53	2.55	2.19	3.59	0.99
2004	0.83	1.00	2.03	0.91	1.55	0.13
2005	1.60	1.23	1.39	0.66	0.80	-0.16
2006	3.78	1.56	0.72	0.37	0.16	1.12
2007	1.81	1.66	1.99	0.42	0.79	2.50
2008	1.51	1.57	2.25	1.79	0.85	1.91
2009	0.65	2.01	1.42	6.88	3.09	1.41
2010	1.88	0.97	1.41	1.95	2.27	1.75
2011	1.83	0.92	1.73	1.42	1.32	2.25
2012	-1.78	1.94	4.21	2.33	2.43	1.28
2013	2.23	1.82	2.42	2.53	3.00	2.90
2014	-1.45	0.91	-0.05	2.87	2.53	2.33
2015	-61.27	1.49	-9.49	1.82	-0.56	-2.84
2016	2.92	1.27	1.77	2.82	1.69	-2.17

资料来源：根据 2001~2016 年《中国统计年鉴》相关数据计算。

同样，笔者收集了2001～2016年全国、东部、中部地区的房地产投资额和地区生产总值数据，计算了它们相应的房地产投资弹性系数，用于同西部地区的比较分析，计算结果见表4-14。

表4-14　2001～2016年全国和东、中、西部地区房地产投资弹性系数

地区	2001年	2002年	2003年	2004年	2005年	2006年	2007年	2008年
东部	2.66	1.87	2.56	1.88	1.01	1.31	1.52	1.29
中部	3.85	3.11	3.02	1.71	1.91	1.92	1.61	1.49
西部	3.40	2.02	2.11	1.85	1.72	1.59	1.64	1.31
全国	3.30	2.33	2.56	1.81	1.55	1.61	1.59	1.36
地区	2009年	2010年	2011年	2012年	2013年	2014年	2015年	2016年
东部	1.79	1.92	1.52	1.51	1.97	1.58	-18.94	1.01
中部	12.34	1.44	1.34	1.79	2.27	1.17	9.92	0.64
西部	2.34	1.40	1.24	1.80	2.13	4.12	-5.80	0.98
全国	5.49	1.58	1.36	1.70	2.12	2.29	-4.94	0.88

资料来源：根据2001～2016年《中国统计年鉴》相关数据计算。

如表4-14所示，2001～2016年全国和三大地区房地产投资弹性系数的波动趋势基本一致，可以分为两个阶段。一是2001～2011年全国及各个区域房地产投资弹性系数总体呈下降趋势。相比东部地区，西部地区和中部地区的降幅较大。其中，西部地区房地产投资弹性系数从3.40下降到1.24，中部地区从3.85下降到1.34。[①]东部地区则从2.66下降到1.52。二是2012～2016年，全国及各个区域的房地产投资弹性系数出现了升降起伏波动状态，尤其是2015年和2016年波动尤为剧烈。2015年东部和西部地区的房地产投资弹性系数首次出现了负值，分别为-18.94和-5.80，中部地区的房地产投资弹性系数则从2014年的1.17陡增至2015年的9.92，而2016年三个地区的房地产投资弹性系数又降至1.0左右。另外，2013年东、中、西部地区的房地产投资弹性系数在2.0左右，表明2012年以后我国各个区域的房地产投资增速过快，开始脱离各个区域的经济发展速度。

---

① 2009年中部地区房地产投资弹性系数出现奇异值，从2008年的1.49陡增至12.34，主要原因是当年山西和黑龙江的GDP增长率较低。

第四节 西部地区房地产投资与区域经济增长关系的实证研究

一 模型、变量的选取及数据

（一）模型设定

为检验房地产投资对中国不同地区经济增长的动态效应，笔者以我国大陆各省区市为横截面单位，然后将各省区市归入东部、中部和西部三个横截面，利用各横截面单元 2000~2012 年的样本组成面板数据，得到三个动态面板数据，以考察房地产投资对我国不同地区经济增长的动态效应。结合已有的研究和我国的实际情况，笔者设立计量模型（4.14）：

$$\ln gdp_{i,t} = \alpha_1 \ln gdp_{i,t-1} + \alpha_2 \ln rei_{i,t} + \alpha_3 \ln rei_{i,t-1} + \alpha_4 X_{i,t} + \varepsilon_{i,t} \tag{4.14}$$

式（4.14）中，i 和 t 分别代表省区市和年度，被解释变量 $gdp_{i,t}$ 表示各省区市在各个年份的经济增长；解释变量包括房地产投资 $rei_{i,t}$ 和其他一些影响经济增长 gdp 的控制变量向量 X。ln 是自然对数（对某些变量取对数是便于数据的比较及考察其不同的经济意义）。笔者用 gdp 的滞后项来控制初始条件对 gdp 的影响，用 rei 的滞后项反映前期房地产投资情况对当期经济增长的影响，$\varepsilon_{i,t}$ 为随机误差项。

（二）指标选取

（1）被解释变量：经济增长 gdp。已有研究常常使用人均 GDP 的增长率来反映经济增长水平，但经济增长是一个综合的概念，涉及许多因素，如果采用人均 GDP 这样的流量指标作为被解释变量，会影响拟合效果。因此，借鉴邵全权[①]的做法，笔者采用真实人均 GDP 来反映经济增长。

（2）解释变量：房地产投资 rei。实际上我国房地产业从 20 世纪 80 年代后期才起步，而房地产业的完全市场化要到 1998 年房地产改革之后才开始，因此没有达到发达国家那样的存量与增量均衡状态，笔者选取房地产企业本年已完成新增房地产开发投资作为解释变量。

---

① 参见邵全权《保险业结构、区域差异与经济增长》，《经济学》（季刊）2012 年第 1 期。

（3）控制变量。由于经济增长涉及众多因素，为比较精确检测房地产投资与经济发展之间的关系，需要选取合适的控制变量。结合已有的研究，控制变量主要选取以下指标：物质资本投资、人力资本投资、外贸发展水平等。同时，基础设施和城镇化扩张等因素也是影响房地产投资与经济增长关系的重要原因。① 笔者将所选控制变量 X 分为三种类型：宏观控制变量、基础设施变量及其他控制变量。物质资本、人力资本、政府行为和对外开放为宏观控制变量。基础设施变量主要涉及交通基础设施，包括铁路里程和公路里程两类。其他控制变量主要考虑城镇化水平和金融发展水平。表 4 – 15 给出了选取的控制变量的名称及其含义。

表 4 – 15　模型所涉及的控制变量的名称及含义

变量	名称	含义
K	物质资本	资本存量/GDP，反映实物投资状况
L	人力资本	平均受教育年限×劳动力数量，衡量各地区的人力资本状况*
$Open$	对外开放	进出口总额/GDP，反映各地区的开放程度或宏观环境
$Govern$	政府行为	政府财政支出/GDP，衡量各地区的政府支出规模
$rail$	铁路里程	铁路里程数，反映基础设施建设
$road$	公路里程	公路里程数，反映基础设施建设
$Urban$	城镇化水平	非农业人口/总人口，衡量城镇化水平
$Findev$	金融发展水平	金融机构贷款余额/GDP，衡量区域真实金融发展水平

注：* 劳动力采用各省区市历年从业人员数作为劳动投入量指标；平均受教育年限使用各个省区市的社会人口平均受教育年限作为人力资本水平的近似指标。

（三）数据来源、处理及描述性统计

本部分主要利用中国三大地区 30 个省区市② 2000 ~ 2012 年经济增长与房地产投资的相关面板数据进行分析，其数据主要来源于《中国统计年鉴》、《中国区域经济统计年鉴》和《中经网统计数据库》。物质资本、政府行为等以现价表示的名义变量，以居民消费价格指数将其调整为实际

---

① R. M. Braid, Spatial, "Growth and Redevelopment with Perfect Foresight and Durable Housing," *Journal of Urban Economics* 49 (2001): 425 – 452.
② 西藏的部分资料缺失，故此处计算不含西藏相关数据，下同。

值,居民消费价格指数选择 2000 年为基期。另外,对经济增长、房地产投资、不同类型房地产投资以及控制变量中的公路里程和铁路里程等数据取对数。①

所有变量的描述性统计如表 4 – 16 所示:解释变量包括房地产投资 rei,住房投资 $hi_{i,t}$,办公楼投资 $oi_{i,t}$,商业营业用房投资 $ci_{i,t}$ 及其他投资 $qita$。

表 4 – 16　变量的描述性统计

变量	观察个数	均值	方差	最小值	最大值
gdp	390	8.5229	1.0051	5.5797	10.7057
rei	390	5.9471	1.2897	3.3251	8.4402
hi	390	5.5702	1.3187	1.8956	8.0859
oi	390	2.5393	1.4363	-2.5215	5.7011
ci	390	3.8412	1.2602	0.0994	6.5905
$qita$	390	3.8677	1.3675	0.6048	6.8285
K	390	9.5218	0.8706	7.3586	11.4522
L	390	9.6005	0.8398	7.0935	11.0640
$Open$	390	0.3283	0.4125	0.0357	1.7214
$Govern$	390	0.1773	0.0789	0.0691	0.6121
$rail$	390	7.6514	0.7475	5.2983	9.1590
$road$	390	11.1465	0.8890	8.3663	12.5896
$Urban$	390	35.386	16.1877	14.46	89.76
$Findev$	390	1.0617	0.4953	0.0748	7.7283

二　估计方法说明

房地产投资能够促进经济增长,而经济增长同样对房地产投资有促进作用。因此,数据存在严重的内生性问题需要解决。另外,本部分选取了被解释变量的滞后项作为解释变量,这也可能导致解释变量与随机扰动项之间存在内生性问题(解释变量具有内生性)。为消除解释变量的内生性问

---

① 在模型中对变量取对数值,一方面可起到平滑数据作用,以减轻异方差所带来的影响;另一方面便于数据的比较及考察其不同的经济学意义。

题，Arellano 和 Bover[①] 提出了采用工具变量（IV）导出相应矩条件的广义矩（GMM）方法，即差分广义矩估计方法（Difference GMM）。该方法的基本思路是首先对回归方程进行一阶差分变换来消除个体固定效应，然后将一阶差分滞后项作为内生变量的工具变量来估计差分方程。然而，这种处理方法容易出现弱工具变量，并且可能导致严重的有限样本偏差问题。随后的研究者在此基础上提出了系统 GMM 估计方法（SYS-GMM）。本部分采用 SYS-GMM 估计动态面板数据模型。

另外，GMM 估计法可分为一步法（one-step）和两步法（two-step）。虽然两步法具有更好的渐进无偏特性，但是在样本有限的情况下，两步估计的标准误存在向下偏倚，因而一步 GMM（one-step GMM）估计法被使用的频率较高。鉴于数据的可得性，本部分采用一步系统广义矩估计（one-step system GMM）。但参数估计是否有效取决于工具变量的选择是否有效，由于一步估计法不能检验扰动项是否序列自相关，因此，本部分根据 Sargan 检验识别工具变量的有效性。

三 实证估计及结果分析

（一）单位根检验

为避免伪回归，首先需要对面板数据进行单位根检验。单位根检验有 LLC、IPS、ADF、PP 四种检验方法，本书分别运用这些检验方法进行单位根检验，检验结果见表 4-17。从检验结果来看，一阶差分后所有数据存在单位根的原假设都被拒绝。因此，可以认为所有数据都是一阶平稳的。

表 4-17 面板单位根检验

变量	LLC	IPS	ADF	PP
gdp	-0.68762 (0.2458)	6.93613 (1.0000)	44.9471 (0.9261)	43.8830 (0.9413)
rei	-6.56346 *** (0.0000)	1.96613 (0.9754)	67.1961 (0.2443)	151.072 *** (0.0000)

[①] M. Arellano, O. Bover, "Another Look at the Instrumental Variable Estimation of Error-components Models," *Journal of Economics* 68 (1995): 29-51.

续表

变量	LLC	IPS	ADF	PP
hi	-5.30499*** (0.0000)	1.16024 (0.8770)	67.0494 (0.2482)	122.060*** (0.0000)
oi	0.57205 (0.7164)	5.28677 (1.0000)	33.0776 (0.9982)	24.6151 (1.0000)
ci	-1.50146* (0.0666)	4.62596 (1.0000)	25.5738 (1.0000)	65.8552 (0.2815)
$qita$	0.13893 (0.5552)	5.52261 (1.0000)	21.1741 (1.0000)	62.8335 (0.3762)
K	9.9407 (1.0000)	10.4485 (1.0000)	54.6956 (0.6693)	0.0218 (1.0000)
L	3.95765 (1.0000)	4.92667 (1.0000)	42.1124 (0.9615)	44.8214 (0.9280)
$Open$	-2.41072*** (0.0080)	0.05942 (0.5237)	54.4952 (0.6763)	50.4011 (0.8068)
Gov	-2.4808*** (0.0066)	1.3922 (0.9181)	47.9510 (0.8690)	47.5461 (0.8779)
$rail$	3.34598 (0.9996)	4.49183 (1.0000)	39.1656 (0.9829)	108.694*** (0.0001)
$road$	-4.25150*** (0.0000)	1.16636 (0.8783)	47.4364 (0.8803)	48.9685 (0.8448)
$Urban$	-9.19486*** (0.0000)	-0.89709 (0.1848)	57.9044 (0.5527)	30.6892 (0.9994)
$Findev$	-2.53451*** (0.0056)	-0.06692 (0.4733)	55.3023 (0.6478)	70.0195 (0.1766)
$Dgdp$	-6.73224*** (0.0000)	-4.63100*** (0.0000)	115.061*** (0.0000)	147.255*** (0.0000)
$Drei$	-9.05362*** (0.0000)	-6.02378*** (0.0000)	140.478*** (0.0000)	146.092*** (0.0000)
Dhi	-10.2700*** (0.0000)	-6.79295*** (0.0000)	150.753*** (0.0000)	176.585*** (0.0000)
Doi	-5.00025*** (0.0000)	-5.01101*** (0.0000)	126.545*** (0.0000)	282.395*** (0.0000)
Dci	-3.51171*** (0.0002)	-2.58356*** (0.0049)	87.9722** (0.0108)	174.719*** (0.0000)
$Dqita$	-4.93456*** (0.0000)	-6.69375*** (0.0000)	150.386*** (0.0000)	366.318*** (0.0000)

续表

变量	LLC	IPS	ADF	PP
DK	-7.48781*** (0.0000)	-2.79121*** (0.0026)	112.116*** (0.0001)	148.784*** (0.0000)
DL	-6.74720*** (0.0000)	-7.47492*** (0.0000)	160.530*** (0.0000)	131.687*** (0.0000)
D$Open$	-13.4161*** (0.0000)	-8.93787*** (0.0000)	184.048*** (0.0000)	208.310*** (0.0000)
DGov	-16.2575*** (0.0000)	-8.8308*** (0.0000)	169.920*** (0.0000)	237.848*** (0.0000)
D$rail$	-4.02578*** (0.0000)	-6.60857*** (0.0000)	151.335*** (0.0000)	361.983*** (0.0000)
D$road$	-19.4231*** (0.0000)	-12.0223*** (0.0000)	229.933*** (0.0000)	243.886*** (0.0000)
D$Urban$	-28.7362*** (0.0000)	-5.84651*** (0.0000)	110.933*** (0.0001)	198.762*** (0.0000)
D$Findev$	-12.6601*** (0.0000)	-9.42392*** (0.0000)	192.943*** (0.0000)	269.515*** (0.0000)

注：①***表示在1%水平上显著，**表示在5%水平上显著，*表示在10%水平上显著，下同；②括号内的数值为t检验值，下同。

（二）实证结果分析

本书将全国的所有省区市作为样本，对全国房地产投资与经济增长总体关系进行估计，结果如表4-18所示。在表4-18中可以看到，对全国而言，上一年的人均GDP对当年人均GDP的影响系数约为0.66，且t统计量显著，表明上一期的经济增长对本期的经济增长具有显著的拉动作用。房地产开发投资对当年经济增长的影响系数为0.28，且t统计量显著，表明房地产开发投资对中国经济增长也具有显著的拉动效应。这一结果与国内现有的大多数文献研究结论一致。国内大部分学者认为房地产投资对中国经济增长有较强的拉动效应。例如，黄忠华等认为无论是在全国还是区域层面，房地产投资都能引起经济增长。① α_3度量了上一年度房地产开发投资对经济增长的动态效应。对全国而言，上一年度房地产开发投资对当年经济

---

① 黄忠华、吴次芳、杜雪军：《房地产投资与经济增长——全国及区域层面的面板数据分析》，《财贸经济》2008年第8期。

增长具有显著的负面影响,影响系数为 -0.15,即上一年度房地产开发投资每增加1%,当年GDP将下降约0.15%,表明滞后期的房地产开发投资对中国经济增长已呈现显著的抑制作用。

表 4-18 中国房地产开发投资规模与经济增长之间关系的检测

变量	全国	东部	中部	西部
$gdp(1)$	0.6583 *** (8.44)	0.9919 *** (14.03)	0.4805 *** (2.94)	0.6165 *** (8.01)
rei	0.2849 *** (6.10)	0.2025 *** (4.97)	0.0683 (0.48)	0.2049 *** (6.27)
$rei(1)$	-0.1477 *** (-2.96)	-0.1192 *** (-3.08)	-0.0102 (-0.09)	-0.0420 (-1.23)
K	0.0741 (1.23)	-0.1375 ** (-2.13)	0.3830 ** (2.19)	0.1100 ** (2.22)
L	0.0350 * (1.69)	0.0802 *** (3.33)	0.0251 (0.88)	0.0682 *** (3.53)
$Open$	0.1415 * (1.73)	0.0916 *** (2.80)	-0.0120 (-0.02)	0.0516 (0.42)
Gov	-0.4128 (-1.47)	-0.3844 (-0.92)	-2.2215 ** (-1.96)	-0.4385 *** (-3.55)
$Urban$	0.0063 * (1.85)	0.0030 (0.89)	-0.0034 (-0.37)	0.0042 ** (2.27)
$rail$	0.1258 *** (2.74)	0.0090 (0.25)	0.3141 * (1.82)	0.0712 * (1.68)
$road$	0.0196 (1.35)	-0.0094 (-0.44)	0.1765 ** (2.09)	0.0197 (1.38)
$Findev$	-0.0300 *** (-2.98)	0.0049 (0.33)	-0.0107 (-1.58)	-0.0890 *** (-2.62)
$Cons.$	-0.2504 (-0.51)	0.3674 (0.81)	-3.8232 * (-1.76)	-0.0875 (-0.23)
Wald chi2	90442.04 (0.0000)	57732.52 (0.0000)	15674.29 (0.0000)	72876.19 (0.0000)
Sargan test	44.17973 (0.1135)	46.49463 (0.3305)	22.58461 (0.1253)	50.10944 (0.2121)
样本量	360	132	96	132

这一结果说明当前的房地产开发投资的确对中国的经济增长有正面的

拉动和促进作用，但这也许只是一个表象，因为房地产开发投资的累积实际上对中国的经济增长已经产生了一定的负面和抑制作用。究其原因，可能有以下两点。其一，房地产业投资利润率远高于实体经济，如当前社会平均利润率在8%左右，而房地产业的平均利润率却可以达到30%，资本总是流向收益率高的地方，巨大的收益落差使房地产行业吸收了大量投资，实体经济受到挤出效应。国家发改委课题组的研究报告指出，2003年以来，我国房地产市场每年有不低于房地产投资额30%的社会资金流进。[1] 2010年底，这一比例达到51.14%。房地产投资的过度增长使社会资金对实体经济的投入减少与不足，由此产生的挤出效应会对经济增长造成负面影响。王重润和崔寅生的研究证实了这点，他们使用Feder模型对房地产投资的挤出效应进行分析发现，房地产投资对实体经济的挤出效应非常明显，已经对中国的经济增长造成了负面影响，并且房地产投资挤出效应在大中城市较为严重。[2] 其二，目前我国房地产开发投资还存在很大的结构性问题。房地产开发投资仍然偏重豪宅和大户型，针对中低价位的中小户型所占比例偏低。房地产有效供给不足导致房地产价格呈现加快上涨的趋势，房价涨幅的持续攀升又会推动房地产投资的过快增长，从而加重房地产投资的挤出效应对经济增长造成的负面影响。

另外，检验结果也给出了其他有趣的信息：人力资本、对外开放对经济增长的影响系数显著为正值，且通过了10%的显著性检验，表明人力资本和对外开放水平提升显著地促进了中国经济增长。衡量基础设施水平的铁路里程回归系数为正值，且通过1%水平的显著性检验，表明这些年中国的铁路建设对经济增长具有显著的正向促进作用。政府支出对经济增长的影响为负，并未能够通过至少10%水平上的显著性检验，表明政府支出并不能够解释中国的经济增长。而政府财政支出/GDP这一项的回归系数呈现负值，这是由于政府支出对经济效率有双向影响，政府支出若投入教育、健康、通信、交通的基础设施方面，可以促进经济增长，但当政府支出用

---

[1] 国家发改委宏观经济研究院经济形势分析课题组：《宏观调控：重点调整过剩流动性的流向》，《中国证券报》2007年4月26日。
[2] 王重润、崔寅生：《房地产投资挤出效应及其对经济增长的影响》，《现代财经》（天津财经大学学报）2012年第9期。

于行政管理等方面，会造成资源配置扭曲和效率损失。① 同时，政府投资的项目具有较长的周期，可能存在时滞效应。衡量金融发展水平的指标 $Findev$ 的回归系数为负值，且通过 1% 水平的显著性检验，表明金融发展对经济增长表现出负面作用，这证实了已有文献中提及的"金融破坏论"观点。其他控制变量中的城市化水平的回归系数虽然较小，但也通过显著性检验，表现出对经济增长有正向的促进作用。

由于房地产具有较强的区域性特征，为更加细致、精确地了解房地产开发投资与经济增长的关系，本部分将全国 30 个省区市划分为东、中、西部三大地区，分别进行实证研究。

各经济区域内，房地产开发投资与经济增长的关系的分析仍沿用前文所构造的模型，回归结果如表 4-18 所示，可以得到如下几点结论。

首先，各地区的经济增长在很大程度上取决于前期的经济增长水平，且较为显著。从上期经济增长对当期经济增长的影响系数来看，东部地区的弹性系数为 0.9919，分别高于中部、西部地区的 0.4805 和 0.6165。上一期经济增长对当期经济增长的影响是经济增长的黏性，可以看出东部地区黏性最大，西部地区次之，中部地区最小。

其次，各经济区域内当期房地产开发投资对当期经济增长均有拉动作用，但大小和显著性显现出较大的差异性。东部和西部各省区市当期的房地产开发投资均对两个地区经济的增长具有显著的促进作用，即在东部地区和西部地区，当期房地产开发投资每增长 1%，当年 GDP 将增长 0.2%；而中部各省市的房地产开发投资虽然在当期对该地区经济增长的影响有促进作用，但这种促进作用很微弱并且并不显著，这可能与中部地区房地产开发投资占 GDP 的比重较低有关。② 另外，在三个区域内，滞后期的房地产开发投资对各地区的经济增长均呈现负作用。东、中、西部地区房地产开发投资滞后期对经济增长的影响系数分别为 0.12、0.01 和 0.04，并且东部地区通过 1% 水平上的显著性检验。研究结果在一定程度上证实了王重润、

---

① 刘生龙、胡鞍钢：《基础设施的外部性在中国的检验：1988-2007》，《经济研究》2010 年第 3 期。
② 黄忠华、吴次芳、杜雪军：《房地产投资与经济增长——全国及区域层面的面板数据分析》，《财贸经济》2008 年第 8 期。

崔寅生的结论，即较中、西部地区而言，东部地区房地产开发投资的挤出效应较为显著。① 同时，中、西部地区房地产投资挤出效应的发展态势仍处于可控范围之内。

最后，其他要素对经济增长的影响存在区域差异。由于它们不是我们的研究重点，故在这里不再赘述。

第五节　本章小结

本章在梳理了房地产投资与区域经济之间的相互关系后，运用主成分分析方法对西部地区各省区市房地产投资状态进行了初步评价。随后，通过利用房地产投资占全社会固定资产投资的比重、房地产投资占 GDP 比重、房地产投资弹性系数三个指标对西部地区房地产投资与区域经济发展的协调关系进行评判。最后，实证检验了房地产投资与区域经济发展的数量关系，得到以下结论。

第一，2003~2011 年西部地区大部分省区市房地产投资的状态为正常。但 2012 年以后，大部分省区市的房地产投资状态表现为不正常，只有四川、新疆、青海、广西四个省区维持了总体的正常趋势，其余省区市都出现了偏离正常得分的情况，这种偏离主要分为三类：总体偏热、总体偏冷、剧烈波动。其中，房地产投资总体偏热的省份有三个，分别是宁夏、云南、贵州；房地产投资总体偏冷的省区市有四个，分别是重庆、内蒙古、陕西、甘肃。西藏房地产投资自 2013 年起波动较为剧烈，从较冷转为较热。房地产投资出现的过热、过冷或剧烈波动趋势为西部地区房地产市场与区域经济的协调发展带来了隐患。

第二，从西部地区房地产投资的发展规模来看，西部地区房地产投资占全社会固定资产投资的比重较为合理，但是西部地区的大部分省区市房地产投资占地区生产总值的比重 2008 年以后超过合理区间上限，表明近年来西部地区大部分省区市的房地产投资规模与西部地区的经济发展水平处于不协调的状态。

---

① 王重润、崔寅生：《房地产投资挤出效应及其对经济增长的影响》，《现代财经》（天津财经大学学报）2012 年第 9 期。

第三，从西部地区房地产投资的发展速度来看，西部地区大部分省区市房地产投资弹性系数大于1。因此，可以认为西部地区房地产投资与西部地区经济发展速度之间没有实现协调发展。

第四，西部地区房地产投资与区域经济增长的实证研究结果显示，西部地区的房地产投资对西部地区的经济增长有显著的拉动作用。同时，房地产开发投资的累积对西部地区的经济增长产生了一定的负面影响，进一步证明近年来西部地区的房地产开发投资出现了过量情况。

第五章

西部地区房地产价格与区域经济发展协调的实证分析

第一节 西部地区房价收入比的讨论

一 房价收入比的概念和内涵

（一）房价收入比的概念

房价收入比是衡量一个地区房价是否偏离经济水平的重要指标。1986年，联合国人居署将房价收入比作为城市管理项目的一个重要指标。1990年，世界银行将房价收入比作为房地产启动项目的一个重要指标。自此，居民的房地产支付能力可以用房价收入比来衡量的这一观点得到了广泛认可。事实上，居民房地产支付能力的衡量指标还有很多，Jensen指出，"没有一种支付能力指标对所有情况都是准确的……房地产收入比体现了家庭收入和房地产支出之间的关系，是支付能力指标中应用最广的"。[①] 1995年联合国"关于建立可持续发展指标体系的决议"提出，"房价收入比是房地产可支付能力的关键性指标，提供房地产市场的总体绩效信息，还能及时反映房地产市场的运作不良和政策失效"。在1996年的伊斯坦布尔会议上，房价收入比指标被列为反映房地产状况的十大指标之首。

[①] M. Jensen, "Housing-income Ratios," in W. van Vliet (ed.), *The Encyclopedia of Housing* (Thousand Oaks: Sage, 1998), pp. 278 – 279.

（二）国内外对房价收入比的定义与计算

由于房价收入比是由居民收入与房地产价格构成的复合性指标，所以具有明显的区域差异，各国学者对其定义有所不同。房价收入比的定义存在许多形式，一直饱受争议。Weicher 是早期正式使用房价收入比的学者之一。他计算了美国 25 年来新增房地产的房价收入比，这被认为是房价收入比作为支付能力指标的开端。[1] Angel 和 Mayo 认为房价收入比是反映房地产市场发展状况"最为丰富"的指标，但与此同时，他们指出房价收入比这个指标也存在一定的缺陷。[2] 世界银行在《中国：城镇房地产改革的问题与方案》中将房价收入比定义为"房地产平均价格与城镇家庭年平均收入之比"。与此不同，联合国人类居住中心将房价收入比定义为"居住单元的中等自由市场价格与中等家庭年收入之比"，这是国际上比较公认的一种房价收入比定义，得到了大量学者的运用与发展。与已有研究不同，他们不是用平均房价这个指标，而选择了中位房价，指出相对于平均房地产价格，中位价格更能真实反映房地产价格的平均水平，更能体现居民真实的房地产支付能力。

在国内的研究中，孙宏志认为房价收入比是一个"基础性概念"，应该将房地产分为旧房、新房、新旧房三种概念分别研究其房价收入比。[3] 包宗华认为房价收入比是一个较好的综合指标，将其定义为是一个国家或城市的平均房价与每户居民的平均收入之比，并认为对中国来说 3~6 倍的房价收入比是不适合的。[4] 沈久沄赋予了房价收入比全新的含义，即"是一个地区某期商品房的平均销售价格与相同时期对应收入档次的居民家庭户均年收入中可用于购房支出那部分的比值"。[5] 司武飞等把关于房价收入比的定义分为模糊型定义和精确型定义两种。模糊型定义的观点认为房价收入比即是"一套中等水平住宅的市场价格与中等收入家庭年收入的比例"，反映

---

[1] J. C. Weicher, "The Affordability of New Homes," *Real Estate Economics* 5 (1977): 209–226.
[2] S. Angel, and Mayo Kasean, "Urban Housing Sector Performance," in T. McGee and I. Robinson (eds.), *The Mega-Urban Regions of Southeast Asia* (Vancouver: UBC Press, 1996), pp. 109–132.
[3] 孙宏志：《"房价收入比"及衍生概念的解读》，《城市开发》2001 年第 8 期。
[4] 包宗华：《关于房价收入比的再研究》，《城市开发》2003 年第 1 期。
[5] 沈久沄：《对房价收入比科学涵义的再探讨》，《中央财经大学学报》2006 年第 6 期。

的是居民房地产支付能力；精确型定义的观点则认为房价收入比是平均每套住宅的市场价格占平均每户居民家庭年收入的比重，反映的是居民的购房能力。①

（三）房价收入比的合理区间讨论

由于定义、计算公式和衡量的标准不同，房价收入比具有很大的区域性差异，不仅各国房价收入比的合理区间各不相同，国内各城市的房价收入比合理区间也有所差异。目前国际上公认的房价收入比合理区间为3~6，西方国家普遍认可4~6，指出如果逾越了这个范围，房地产市场可能就有泡沫存在。但是，一般认为发展中国家的房价收入比普遍高于发达国家。因此，对目前的中国来说，直接套用这个区间显然是不合适的。

Renaud对9个发达国家和14个发展中国家的房价收入比数据进行了对比，"将房价收入比看作某给定时间段内销售的所有房地产的中位价值与同一个市场上的中位家庭年收入的比值……在快速城市化的国家，房价收入比通常比较高，在4到6之间；在已充分城市化的发达国家，这一比值要低得多，在2到4之间"。他认为发展中国家的房价收入比通常较高，而发达国家的房价收入比相对低。这就是房价收入比的合理区间为"4~6"这一标准的最原始出处。其后，他收集了更多国家的房价收入比并进行比较后，对之前的结论做出了修正，认为社会主义国家的房价收入比显著高于市场经济国家。②

1992年世界银行发布的报告指出，发展中国家的房价收入比一般为4~6，这对我国学者的研究产生较大影响，大量研究测算了全国和各个地区的房价收入比。车延杰充分考虑了增量房和存量房的交易，从而明确了房屋的平均销售价格，在此基础上测算出我国城镇居民家庭的房价收入比为3.79~7.58。③张清勇计算了我国1991~2005年各省区市的房价收入比，贵州、湖南、江西、西藏这四个省区的房价收入比在4以下，有25个省区市的房

---

① 司武飞、周浩：《对房价收入比指标的修正》，《统计教育》2007年第8期。
② Renaud B. Affordability, "Price - income Ratio and Housing Performance: An International Perspective," Working Paper No. 52, Centre of Urban Planning & Environmental Management, University Of Hong Kong, 1991.
③ 车延杰：《吉林省城镇居民住宅购买能力实证研究》，《当代经济研究》2001年第5期。

价收入比为 4~8。① 朱建君和贺亮认为江苏省的房价收入比为 4.7~16.5，这一范围是合理的。② 卢高文认为发达国家的房价收入比是 3~5，而发展中国家的房价收入比应更高一些，特别是中等发达程度的国家房价收入比最高。根据购房模型和国际经验，他得出结论：中国房价收入比的合理区间为 6~9。③ 吕江林的研究认为我国房价收入比的合理区间为 4.38~6.78。④ 丁祖昱的研究发现，因为经济发展水平不同等因素，房价收入比在各城市存在较大差异，一线城市为 11 左右，四线城市为 5 左右。⑤ 范超和王雪琪根据城市的发展水平和发达程度划分，将 35 个大中城市分类，研究得出一线城市的平均房价-持久收入比为 11.6，二线城市为 9.1，三线城市为 8.5，说明生活在越发达城市的居民购房压力越大。⑥

将国内外研究者对房价收入比合理区间的讨论进行整理后，得到表 5-1。综合来看，房价收入比的合理区间没有一个确定的数值，需要因地制宜，根据各地具体的经济发展状况、居民收入、房地产需求等因素来确定。由于西部地区特殊的地理位置，经济发展水平不及东部发达城市和沿海地区，房地产市场的发展也较慢，所以房价收入比应普遍低于东、中部地区。考虑到西部地区的现实情况，结合国内外学者对房价收入比合理区间的讨论，本书认为西部地区的房价收入比为 4~7 较为合理。

表 5-1 国内外对房价收入比合理区间的讨论

作者	研究对象	合理区间
Betrand Renaud	快速城市化国家（发展中国家）	4~6
	已充分城市化国家（发达国家）	2~4
世界银行	发展中国家	4~6
车延杰	仅选择我国新房价格计算房价收入比	4~8

---

① 张清勇：《中国城镇居民的房地产支付能力：1991—2005》，《财贸经济》2007 年第 4 期。
② 朱建君、贺亮：《房价收入比的计算及应用研究——基于江苏省的实证分析》，《建筑经济》2008 年第 4 期。
③ 卢高文：《上海市房价收入比研究》，硕士学位论文，复旦大学，2008。
④ 吕江林：《我国城市房地产市场泡沫水平的度量》，《经济研究》2010 年第 6 期。
⑤ 丁祖昱：《中国房价收入比的城市分异研究》，《华东师范大学学报》（哲学社会科学版）2013 年第 3 期。
⑥ 范超、王雪琪：《我国 35 个大中城市房价-持久收入比研究》，《统计研究》2016 年第 8 期。

续表

作者	研究对象	合理区间
张清勇	我国各省区市 1999~2005 年房价收入比	不存在房价收入比指标的国际惯例或国际警戒线
朱建君、贺亮	以借款人房地产贷款的月房产支出与收入比 50% 为上限、15% 为下限，计算我国房价收入比合理区间	下限：$\dfrac{2.8}{1-\text{恩格尔系数}}$ 上限：$\dfrac{9.8}{1-\text{恩格尔系数}}$
卢高文	以购房模型为基础，加入我国首付率、贷款利率、还款期限等变量讨论	6~9
吕江林	以"等额本息法"构建模型，并在模型中加入我国按揭利率、首付比例、期限等变量	上限不超过 7
丁祖昱	将我国地级以上城市分为五类，分类计算房价收入比	以某城市所在类别的所有城市的房价收入比的均值和中位数为参考
范超、王雪琪	假定购房家庭采取等额本息法还款方式，建立我国房价－持久收入模型	上限：7.6

二 房价收入比计算模型的确定

如果简单地以房价与居民收入的比值作为房价收入比模型来计算的话，并不能真实准确地反映一个地区的房价与居民收入协调程度。因此，国内外学者在此基础上对房价与收入这两个指标做出了一些修正与调整，并加入一些控制变量使房价收入比模型更加贴近实际情况、更具有说服力。

根据联合国人居署所提供的计算方法，房价和收入使用各自的中位数，房价收入比即一套居住单元的中位自由市场价格占中位家庭年收入的比重。由于中位数据较难获取，我国的统计数据以中位数进行统计的指标较少。联合国政策协调与可持续发展部提供了三种方法，包括当中位数数据不可得时，通过平均数估计中位数价格。通过其研究发现，许多国家房地产中位价格一般是平均价格的 70%。在实际应用中，当只能获得平均数数据而难以得到中位数数据时，联合国和世界银行在计算房价收入比时都转向利用平均数据。

张清勇给出了适合中国国情的房价收入比算法，认为采用平均数计算中国的房价收入比是可行的。因为中位数的微观数据在我国难以获得，且经过换算历史数据，中位数和平均数的房价收入比很相近。这样，选择平均数来计算房价收入比是可行的。可采用公式（5.1）计算房价收入比。

$$PIR = 套均住房市场价值/平均家庭年收入$$
$$= (住房平均销售价格 \times 套均销售面积)/(人均可支配收入 \times 户均人口数)$$
$$= 销售额/(销售套数 \times 人均可支配收入 \times 户均人口数) \quad (5.1)$$

张清勇对房价、房地产面积和收入这三个比较有争议的指标进行了讨论，认为二手房房价数据不真实，一手房价格比较有保障，因此可以考虑用新建房地产的平均价格来计算；房地产面积数应是实际交易面积的平均数；收入可直接采用城镇家庭人均人口数量乘以人均可支配收入，就能得到城镇居民年均家庭收入。[①]

刘海猛等也指出，由于我国收入中位数和房价中位数等统计数据是缺失的，因此，常用家庭平均收入与房地产平均价格来代替收入和房价的中位数据，二者的比值表示房价收入比见公式（5.2）。

$$PIR = \frac{HP}{HI} = \frac{AP \cdot AS \cdot N}{AI \cdot N} = \frac{AP \cdot AS}{AI} \quad (5.2)$$

其中，PIR 为房价收入比，HP 为每单位住宅商品房销售价格，AP 为住宅商品房单位面积平均销售价格，AI 为城镇居民人均可支配收入，AS 为城镇人均房地产建筑面积，N 为家庭平均人口数。并从国家层面、省级层面、市级层面对中国70个大中城市的房价收入比进行了深入研究。[②]

卢高文将利用综合修正系数对之前的房价收入比模型进行修正，得到修正的房价收入比模型见公式（5.3）。

$$修正的房价收入比 = \frac{销售住宅的自由市场价格平均数}{居民家庭年收入平均数} \times 综合修正系数 \quad (5.3)$$

卢高文通过借鉴国内外学者的经验，认为选择中位数能够更加准确地反映房地产市场的真实情况，由于中位数数据无法获得，所以利用中位数修正系数对平均数数据进行修正。并考虑到我国国情，对高自有房地产率、

---

① 张清勇：《房价收入比的起源、算法与应用：基于文献的讨论》，《财贸经济》2011年第12期。
② 刘海猛、石培基、潘竟虎、曹智、谢作轮：《中国城镇房价收入比时空演变的多尺度分析》，《地理科学》2015年第10期。

隐形收入、高储蓄率及亲属援助、外部购买力等现象通过综合修正系数，计算得到修正的房价收入比。①

谭峻和赵妍考虑到目前等额还款是个人房地产贷款最常见的方式，基于等额还款购房模型对北京和全国的房价收入比进行了测算，得到改良后的房价收入比计算公式（5.4）和公式（5.5）。

$$房价收入比 = \frac{单套房平均价格}{家庭平均年收入} = \frac{平均房价 \times 人均面积}{人均年收入} \tag{5.4}$$

$$R = \frac{p}{y} = \frac{m}{1-k} \times \frac{(1+i)^n - 1}{i(1+i)^n} \tag{5.5}$$

公式（5.5）中，R 为房价收入比，p 为单套房平均价格，y 为家庭平均年收入，m 为还款收入比，i 为房地产贷款利率，n 为贷款期限，k 为贷款首付比例。公式（5.4）和（5.5）表明房价收入比与还款收入比、还款期呈正相关，还款收入比越大、还款期越长，表明房价收入比越高。②

范超和王雪琪基于弗里德曼的"持久收入假说"理论，考虑到当前按揭贷款是我国个人购房者主要的购房方式，因此，在购房时通常不仅考虑当期的可支配收入，更多的是未来长期收入。这样，房价＝首付款＋房贷款折现值，收入不应该是"绝对收入"，而应是"持久收入"，建立了房价－持久收入模型（5.6）和模型（5.7）。

$$P_{it} = k_{it} \cdot P_{it} + \rho_{it} \sum_{n=1}^{N_{it}} \left[\frac{Y_{it}^p}{(1+r_t)^n} \right] \tag{5.6}$$

$$b = \left[\frac{\rho}{1-k} \right] \left[\frac{1-(1+r)^{-N}}{r} \right] \tag{5.7}$$

模型（5.6）中，P_{it} 表示第 i 户家庭在第 t 年购房时的房价；k_{it} 表示首付比例，ρ_{it} 表示第 i 户家庭持久收入中用于支付按揭贷款的比例；Y_{it} 表示第 i 户家庭在第 t 年的持久总收入；r_t 表示第 t 年的房屋贷款利率；N_{it} 表示第 i 户家庭按揭贷款的还款期限。并通过模型（5.7）测算出了房价收入比的合理上限。③

表 5-2 是国内外学者对房价收入比计算模型的整理，本书就各个计算

---

① 卢高文：《上海市房价收入比研究》，硕士学位论文，复旦大学，2008。
② 谭峻、赵妍：《房价收入比的实证研究——基于北京和全国整体数据的分析》，《中国土地科学》2012 年第 9 期。
③ 范超、王雪琪：《我国 35 个大中城市房价—持久收入比研究》，《统计研究》2016 年第 8 期。

模型的优缺点进行了分析。

表 5–2 国内外对房价收入比计算模型的讨论

来源	房价收入比计算公式	优点	缺点
联合国人居署	一套居住单元的中位自由市场价格/中位家庭年收入	中位数定义比平均数定义更能反映居民家庭的房地产支付能力	我国中位数数据难以获得
张清勇	销售额/(销售套数×人均可支配收入×户均人口数)	用平均数代替中位数数据,数据可得性较强	仅使用一手房的数据,不考虑二手房交易
刘海猛、石培基等	(住宅商品房单位面积平均销售价格×城镇人均房地产建筑面积)/城镇居民人均可支配收入	数据可得,计算简便	未考虑我国国民高储蓄率、隐性收入等因素,只能求得简单的房价收入比,不够真实准确
卢高文	(销售住宅的自由市场平均价格/居民家庭年收入平均数)×综合修正系数	考虑了我国国民高储蓄率、隐性收入等因素对房价收入比进行了修正,与国际标准统一口径	考虑因素较多,得到综合修正系数的过程较复杂
谭峻、赵妍	$\frac{m}{1-k} \times \frac{(1+i)^n - 1}{i(1+i)^n}$ m 为还款收入比,i 为地产贷款利率,n 为贷款期限,k 为贷款首付比例	考虑到目前等额还款是个人房地产贷款最常见的方式,对房价收入比计算公式进行了改良	相对于传统的房价收入比模型仅考虑了"贷款购房"这一个因素
范超、王雪琪	$P_{it} = k_{it} \cdot P_{it} + \rho_{it}$ $\sum_{n=1}^{N_{it}} \left[\frac{Y_{it}^P}{(1+r_t)^m} \right]$	考虑到当前我国居民购房常采用贷款形式,房价-持久收入模型不采用当期可支配收入,考虑未来长期收入	计算相对复杂

考虑到我国的国情与计算得到的房价收入比的真实准确性,本书在利用传统的房价收入比模型得到简单的房价收入比的基础上,借鉴卢高文的综合修正系数,考虑了高自有房地产率、隐性收入、高储蓄率等因素,对简单的房价收入比进行修正。①

三 西部地区房价收入比分析

为研究西部地区的房地产价格与西部地区居民收入的关系是否协调,

---

① 卢高文:《上海市房价收入比研究》,硕士学位论文,复旦大学,2008。

通过选择适当的房价收入比模型来测算西部地区的房价收入比,本书一方面通过历史时间的数据资料,观察西部地区房价收入比的变化情况与特征;另一方面将西部地区与东部和中部地区的房价收入比进行比较,寻找三者之间的差异与各自特征。

1998年国务院发布了房地产市场改革的相关通知,我国房地产市场从计划经济转向了市场经济,房地产的自由市场价格能更加真实地反映住宅的供给与需求,所以本书研究2000~2015年西部地区的房价收入比,但是由于2000年和2001年两年的数据缺失,故对西部地区2002~2015年的房价收入比进行讨论。

(一) 简单的房价收入比模型

通过前面对房价收入比模型的讨论,考虑到数据的可得性与计算结果的真实性,本书选择构建房价收入比模型(5.8),计算西部地区(除西藏自治区)的11个省会(首府)城市(直辖市)2002~2015年的房价收入比。

$$房价收入比 = \frac{住宅商品房平均销售价格 \times 人均住房面积}{城镇居民人均可支配收入} \quad (5.8)$$

其中,根据住建部的统计,2010年中国城镇人均房地产建筑面积为31.6平方米,为了简化计算,各地区的人均房地产面积均采用30平方米。住宅商品房平均销售价格和城镇居民人均可支配收入的数据均来自国家统计局和各省市统计局。

(二) 西部地区房价收入比现状

根据式(5.8)计算得出的西部地区各主要城市2002~2015年房价收入比(见表5-3)。

表5-3 2002~2015年西部地区各主要城市房价收入比

年份	成都	昆明	贵阳	重庆	西安	兰州	西宁	乌鲁木齐	银川	南宁	呼和浩特
2002	5.94	8.81	6.04	5.29	8.06	6.78	5.79	4.51	5.71	7.35	5.15
2003	5.94	8.01	6.17	4.91	7.44	7.07	6.31	4.95	6.21	7.10	4.65
2004	6.42	8.08	5.79	5.12	8.40	8.14	6.04	6.14	5.77	9.24	4.22
2005	7.58	7.92	5.44	5.57	8.37	8.23	6.17	5.39	5.85	7.78	3.80
2006	8.21	7.62	5.71	5.40	8.45	8.01	6.24	5.81	6.51	7.82	4.64

续表

年份	成都	昆明	贵阳	重庆	西安	兰州	西宁	乌鲁木齐	银川	南宁	呼和浩特
2007	8.48	7.43	6.15	6.17	7.62	8.53	6.52	6.67	5.49	8.27	4.36
2008	9.20	7.25	6.22	5.51	7.43	7.87	7.08	7.38	5.48	7.74	3.72
2009	8.30	6.52	6.97	6.22	5.93	8.23	6.53	7.54	6.15	8.24	4.35
2010	8.78	5.41	7.65	6.91	5.85	7.28	6.81	8.88	6.43	8.22	4.35
2011	8.28	6.21	7.09	6.66	6.73	7.95	6.61	9.24	6.22	7.49	4.23
2012	7.53	6.42	6.16	6.28	6.23	8.82	7.35	8.80	6.33	7.47	4.41
2013	6.72	5.94	5.76	6.82	5.83	7.97	6.46	8.33	6.32	7.44	4.34
2014	8.09	7.49	6.52	6.08	7.52	8.06	6.46	7.44	5.30	7.42	5.45
2015	7.54	8.17	6.06	5.52	7.06	7.69	5.63	7.01	5.36	7.07	4.85

从表 5-3 提供的 11 个城市房价收入比的数据中不难发现，整体上看，2002~2015 年西部地区大部分城市的房价收入比在 3.5~8.5 的区间内不断波动。成都和乌鲁木齐的房价收入比上涨幅度较大，2014~2015 年有下降的趋势；昆明和西安的房价收入比波动幅度较大，且昆明的房价收入比近年来在波动中有上升的趋势。总体来看，西部地区的房价收入比在近十几年内并未明显攀高。2002~2015 年西部地区各主要城市房价收入比的平均水平见表 5-4。

表 5-4 2002~2015 年西部地区各主要城市房价收入比均值

	呼和浩特	重庆	银川	贵阳	西宁	乌鲁木齐	西安	昆明	成都	南宁	兰州
房价收入比	4.47	5.89	5.94	6.27	6.43	7.01	7.21	7.24	7.64	7.76	7.90

西部地区 11 个主要城市的房价收入比均值在 4.47~7.90 区间内波动，其中呼和浩特的均值最低，为 4.47；兰州的均值最高，为 7.90。西部地区其他部分城市的房价收入比略微超过了本书设定的房价收入比合理区间 4~7。

表 5-5 是 2011~2015 年西部地区各主要城市房价收入比的平均水平。对比表 5-4 和表 5-5，呼和浩特、重庆、贵阳、西宁、兰州、乌鲁木齐地区的房价收入比在这五年的时间有不同程度的上涨，其中乌鲁木齐的涨幅最大；银川、西安、昆明、成都、南宁地区的房价收入比有所下降，其中

西安的跌幅最大。近五年，南宁、成都、兰州、乌鲁木齐的房价收入比都略超出房价收入比合理区间的上限。

表5-5 2011~2015年西部地区各主要城市房价收入比均值

	呼和浩特	银川	重庆	贵阳	西宁	西安	昆明	南宁	成都	兰州	乌鲁木齐
房价收入比	4.66	5.91	6.27	6.32	6.50	6.67	6.85	7.38	7.63	8.10	8.16

图5-1显示了2002~2015年西部地区整体的房价收入比发展趋势。从图中可以看出，2002~2015年西部地区整体房价收入比都在6~7的区间内波动，2002~2011年总体上升，从2011年开始有向下调整的趋势。在西部地区，虽然房地产价格在不断上涨，但是居民的购买力水平也在不断提升。总体来看，西部地区居民的购房支付能力较强。

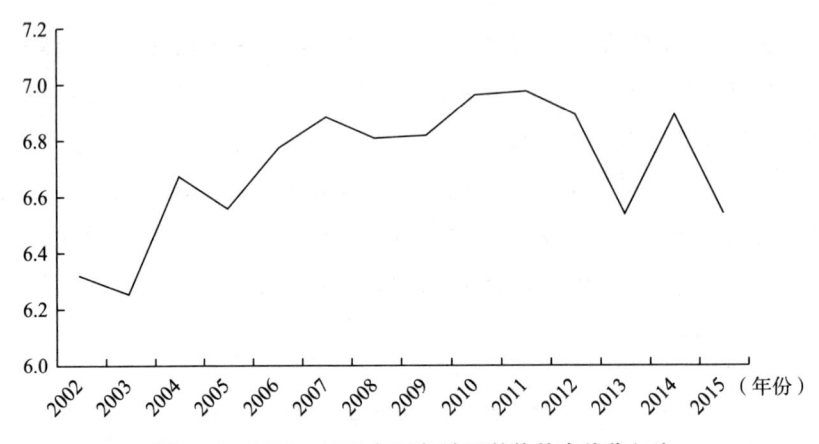

图5-1 2002~2015年西部地区整体的房价收入比

（三）西部地区与东、中部地区房价收入比的比较

依照西部地区房价收入比的计算方法，分别计算出东部和中部地区2002~2015年主要城市的房价收入比，然后计算出每个地区房价收入比的平均水平。我们发现，东部和中部地区房价收入比的变化趋势基本一致，在2010年出现拐点，即房价收入比整体水平在2002~2010年有所上升，2010~2015年略有下降。

由于经济发展水平和房地产市场发展程度不同，三个地区的房价收入比也有明显的差异，其中东部地区房价收入比最高，在8~11的区间内波动；其次是中部地区，房价收入比在 7~8.5 区间波动；相对于东部地区和中部地区，西部地区的房价收入比水平最低，且变化幅度不大，一直保持在 6~7 的范围内波动，属于合理区间，西部地区居民的购房压力并不大。东部地区的房价收入比整体水平最高，其次是中部地区，都突破了 4~7 的合理区间，表明相对西部地区的居民来说，东部和中部地区居民有较大的购房压力。

总的来说，将东、中、西部三个地区的房价收入比进行比较后发现，西部地区的房价收入比呈现两个较为明显的特点：第一，西部地区房价收入比总体上低于东部和中部，在 6~7 区间波动，表明西部地区居民对房地产的支付能力较强；第二，西部地区房价收入比的波动性整体上低于东部和中部，变化平缓。

（四）修正的房价收入比模型

简单的房价收入比模型未考虑到我国的国情，如高自有房地产率、隐性收入、高储蓄率等因素，使计算得出的房价收入比与真实情况存在一定偏差。为修正这些偏差，本书在简单的房价收入比模型基础上，借鉴卢高文的研究[①]，首先，对我国高自有房地产率的情况进行修正，因为我国约有 80% 的城市居民是拥有房地产的，这种情况在发达国家并不多见，而自有房地产率的高低会改变房地产市场的需求与居民的收入情况，进而改变房价收入比。其次，对收入进行修正。修正收入的原因源于以下三个方面：第一，因为联合国人居署是将税前收入作为家庭总收入的，而我国的可支配收入是税后的数额；第二，我国居民的收入包括显性收入与隐性收入，可支配收入只是显性收入部分，居民还可通过第二职业等许多渠道获得隐性收入，所以可支配收入低估了居民收入；第三，由于我国的高储蓄率及亲属援助、外部购买力等国情与西方国家有所不同，会在一定程度上改变居民的购房能力，需要对其进行修正。卢高文通过研究、对比与计算，得到的修正系数如下：（1）高自有房地产率：该项对房价的修正系数为 0.95；（2）所得税：该项对收入的修正系数为 1.08；（3）隐性收入：该项对收入修正系数中值为 1.1；（4）高储蓄率及亲属援助：该项修

[①] 卢高文：《上海市房价收入比研究》，硕士学位论文，复旦大学，2008。

正系数中值为 1.05。

在修正的房价收入比模型中将仍然使用平均数数据。虽然国内外不少学者认为，选择中位数能够更加准确地反映房地产市场的真实情况，但是房价与收入的中位数较难获得，且房价的平均数高于中位数的同时，收入的平均数也高于中位数，所以两者在进行除法运算的时候正好相抵，可以减少选择平均数带来的误差。修正的房价收入比模型见公式（5.9）和（5.10）。

$$综合修正系数 = \frac{高自有住房率修正系数}{所得税系数 \times 隐性收入系数 \times 高储蓄率及亲属援助系数 \times 外部购买力系数} \quad (5.9)$$

$$修正的房价收入比 = 房价收入比 \times 综合修正系数 \quad (5.10)$$

利用综合修正系数对表 5-3 的数据进行修正后，结果见表 5-6。

表 5-6　2002~2015 年西部地区各主要城市修正后的房价收入比

年份	成都	昆明	贵阳	重庆	西安	兰州	西宁	乌鲁木齐	银川	南宁	呼和浩特
2002	4.52	6.71	4.60	4.03	6.14	5.16	4.41	3.44	4.35	5.59	3.93
2003	4.52	6.10	4.70	3.74	5.66	5.39	4.81	3.77	4.73	5.41	3.55
2004	4.89	6.16	4.41	3.90	6.40	6.20	4.60	4.68	4.39	7.03	3.21
2005	5.77	6.03	4.15	4.24	6.37	6.27	4.70	4.11	4.46	5.93	2.90
2006	6.25	5.80	4.35	4.11	6.44	6.10	4.75	4.43	4.96	5.95	3.54
2007	6.46	5.66	4.68	4.70	5.80	6.49	4.97	5.08	4.18	6.30	3.32
2008	7.01	5.52	4.74	4.20	5.66	5.99	5.40	5.62	4.18	5.89	2.83
2009	6.32	4.97	5.31	4.74	4.52	6.26	4.97	5.74	4.68	6.27	3.31
2010	6.68	4.12	5.83	5.26	4.46	5.55	5.18	6.77	4.90	6.26	3.31
2011	6.31	4.73	5.40	5.07	5.13	6.06	5.04	7.03	4.73	5.71	3.22
2012	5.74	4.89	4.69	4.78	4.74	6.72	5.60	6.70	4.82	6.19	3.36
2013	5.11	4.52	4.39	5.19	4.44	6.07	4.92	6.35	4.81	5.67	3.31
2014	6.16	5.70	4.97	4.63	5.72	6.14	4.92	5.67	4.03	5.65	4.15
2015	5.74	6.22	4.62	4.20	5.38	5.85	4.28	5.34	4.08	5.39	3.69

2002~2015年修正后的西部地区房价收入比在4.7~5.4区间波动（见图5-2），属于合理的范围，略低于修正前的房价收入比水平。2002~2015年西部地区各主要城市房价收入比均值对比见表5-7。

图5-2 2002~2015年西部地区修正后的房价收入比

表5-7 2002~2015年西部地区各主要城市房价收入比均值对比

	呼和浩特	重庆	银川	贵阳	西宁	乌鲁木齐	西安	昆明	成都	南宁	兰州
修正前	4.47	5.89	5.94	6.27	6.43	7.01	7.21	7.24	7.64	7.76	7.90
修正后	3.40	4.48	4.52	4.77	4.90	5.34	5.49	5.51	5.82	5.91	6.02

根据对比，修正后西部地区各主要城市的房价收入比除呼和浩特外，均在4~7的合理区间内，再次证明了西部地区居民对房地产的支付能力较强，西部地区的房价相对于居民收入来说较为合理。

根据2016年中国一、二、三线城市分级名单，西部地区中重庆属于二线发达城市，成都、西安属于二线中等发达城市，南宁、昆明属于二线发展较弱城市，其余城市属于三线城市。重庆作为西部地区唯一的二线发达城市，却拥有较低的房价收入比（4.48），低于成都（5.82）和西安（5.49）两个二线中等发达城市，可见重庆的房价水平处于合理的范围内。南宁和兰州是西部地区房价收入比最高的两个城市，正常情况下应该低于二线发达城市，可见2002~2015年南宁和兰州的房价收入比偏高，过高的房价使当地居民购房压力较大。

总的来说，西部地区房价收入比是较为合理的，房价与居民收入协调良好发展。但我们也应看到，西部地区部分区域的房价波动较大，呈现房价水平较高、增速较快和房价向上波动的特征。如果任其发展下去，可以预计未来西部地区的绝大部分普通家庭将会面临购房压力较大的风险。

第二节 西部地区房价波动与经济增长关系的实证分析

一 模型构建

价格是市场最重要的反馈指标之一，房地产市场也不例外，房价在一定程度上与房地产市场的繁荣程度紧密相关，而房地产市场被称为宏观经济的"晴雨表"，因此房价与宏观经济之间存在重要的联系。房价与经济增长往往具有同步性，如2008年金融危机期间经济增速减缓，我国大部分省市房价上涨也同步减缓，2010年开始经济逐渐走出低迷开始复苏，大部分省市的房价涨势也开始复苏。另外，房价水平与区域经济发展水平同步，在经济较发达的东部地区房地产价格较高，而在经济欠发达的中部和西部地区，房地产价格则较低。

经济基本面是房价的支撑。作为一种商品，房地产价格应当是其价值的体现。房地产属于不动产，所处经济环境是其价值的重要组成部分，经济增长为当地房地产产品带来了交通、就业、教育、医疗、商业等方面价值的提升，在房价上也必然有所体现。另外，房价对经济增长也有重要影响。在我国，房地产是家庭财富的重要组成部分，对许多企业而言，厂房、土地等不动资产是企业资产构成中的重要组成部分，房价的变化必然通过财富效应对经济增长产生影响。此外，土地作为一项重要的生产要素，地价、房价上涨对当地产业结构会产生重要影响，现实当中高附加值的金融、高新产业逐渐向一线城市聚集，而低附加值的传统手工业逐渐转向房价较低的二、三线城市，这样的现象便体现了房价对产业结构的影响。而产业结构又必然会影响人口收入结构，以高端产业为主的地区人均GDP和收入通常较高，以低端产业为主的地区人均GDP和收入也通常较低。

由此看出房价与经济增长存在双向的影响关系，为探究西部地区房价和经济增长之间的关系，本书用人均 GDP 反映地区经济增长状况，建立了人均 GDP 与房价的关联模型。在探究房价与经济增长的关系时，房地产市场与金融业的密切关系不容忽视，金融机构贷款为房地产业提供了开发资金，也为购房者提供了购房消费资金。房地产开发的资金来源主要包括国内贷款、利用外资、自筹资金和其他资金四个渠道。国内贷款主要由银行提供，而其他资金事实上主要由非银行的金融机构提供，而西部地区这两项资金来源在房地产开发的资金来源中占比总和通常超过 60%。按照近年购房政策，购房首付比例虽有起伏，但大多数年份维持在 50% 以下，因此在消费者的购房资金中，银行按揭贷款也占了很大一部分。为检验以上观点，本书建立两个模型。

模型一：

$$PRI = C(1) + C(2) \cdot POPD + C(3) \cdot GDP + C(4) \cdot LOA + C(5) \cdot PRI(-1) \quad (5.11)$$

模型二：

$$GDP = C(6) + C(7) \cdot PRI + C(8) \cdot EMP + C(9) \cdot FHI + C(10) \cdot GDP(-1) + C(11) \cdot GDP(-2) + C(12) \cdot LOA \quad (5.12)$$

其中，内生变量为房价的对数 PRI 和人均 GDP 的对数 GDP，外生变量包括人口密度的对数 $POPD$，金融机构贷款余额的对数 LOA（用于表示金融机构对房地产市场的支持），社会从业人数的对数 EMP，社会固定资产投资以上一年为基准的增长率 FHI，PRI 的一阶滞后项 $PRI(-1)$，GDP 的一、二阶滞后项 $GDP(-1)$、$GDP(-2)$。为消除通货膨胀的影响，本书假定 1999 年居民消费价格指数为 100，计算出各地区 2003~2014 年相对 1999 年折算指数，对 PRI、GDP、FHI 及其滞后项进行了折算。样本数据来源于《中国城市统计年鉴》《中国区域经济统计年鉴》，由于 2003 年前金融机构贷款余额缺失，均采用 2003~2014 年西部地区除拉萨以外 11 个省会城市的数据，由于西部地区房地产市场主要集中在经济较发达的地区，因此本书采用各城市辖区的数据。

二 单位根检验

为避免伪回归，首先需要对各变量进行单位根检验，检验结果见表 5-8。

表 5-8 单位根检验结果

变量	LLC	IPS	ADF	PP
GDP	-7.0855***	-3.6926***	46.5023***	51.8561***
EMP	1.2929	4.4596	11.9210	10.9719
FHI	-6.7800***	-3.8961***	51.4397***	108.722***
LOA	-3.8074***	-1.5911*	32.2407*	27.3783
POPD	-110.427***	-26.1169***	41.4999***	36.1700**
PRI	-2.3045***	-0.6420	25.3786	24.4849

注：*** 表示在 1% 显著性水平下通过检验，** 表示在 5% 显著性水平下通过检验，* 表示在 10% 显著性水平下通过检验，下同。

可以看出六项数据中 GDP、FHI、POPD 都通过了检验，EMP、PRI、LOA 没有通过检验，不能拒绝有单位根的原假设。对所有数据进行一阶差分后结果见表 5-9。所有变量都拒绝了含有单位根的原假设，可以看作一阶单整。

表 5-9 一阶差分数据单位根检验结果

变量	LLC	IPS	ADF	PP
GDP	-17.1125***	-8.58066***	84.8514***	130.494***
EMP	-8.34352***	-2.73522***	49.6113***	64.3931***
FHI	-13.0942***	-8.62504***	96.9883***	184.197***
LOA	-9.72614***	-3.84055***	52.242***	70.2836***
POPD	-8.72083***	-3.3612***	56.5737***	120.412***
PRI	-9.22625***	-4.18701***	62.5018***	94.5712***

三 协整检验

为避免伪回归，实证分析前还需要对各数据进行协整检验。Eviews 8.0 软件中包含了面板数据的 Pedroni 检验、Kao 检验，采用这两种方法对除滞后项以外的模型一中的三对数据关系、模型二中的四对数据关系进行面板数据协整检验，滞后期数仍然由 SIC 原则确定，检验结果见表 5-10 和表 5-11。

表 5-10　模型一的协整检验结果

检验方法	指标	统计值
Kao	P	-7.484452***
Pedroni	Panel v	0.884616
	Panel PP	-1.350286***
	Group PP	-4.575718***
	Group ADF	-5.518671***

表 5-11　模型二的协整检验结果

检验方法	指标	统计值
Kao	P	-7.484452***
Pedroni	Panel v	-0.445023
	Panel PP	-10.07079***
	Group PP	-12.99507***
	Group ADF	-7.739872***

从协整检验结果可以看出大部分统计结果支持两个模型中的数据存在协整关系。

四　实证结果及分析

由于内生变量 *PRI* 和 *GDP* 相互影响，存在内生性，采用 OLS 回归结果是有偏的。本书选用 EVIEWS 8.0 中的系统估计法，选取所有外生变量为工具变量，对上述联立方程模型中的参数进行实证分析，结果见表 5-12。

表 5-12　联立方程模型的参数估计结果

模型一		模型二	
变量	coef	变量	coef
截距项	0.787773***	截距项	-0.26631
	(-0.254675)		(0.523205)
人口密度	0.000855	房价	0.319184**
	(-0.011197)		(0.144958)

续表

模型一		模型二	
变量	coef	变量	coef
人均 GDP	0.062795*	就业人口	-0.122046***
	(-0.035987)		(0.043468)
金融机构贷款余额	0.052025***	固定投资增长率	-0.056465
	(-0.01424)		(0.049643)
房价滞后项	0.717115***	GDP 一阶滞后	0.302184***
	(-0.059026)		(0.09116)
		GDP 二阶滞后	0.42514***
			(0.100963)
		金融机构贷款余额	0.068472
			(0.047124)

注：括号内为标准差，两个模型的 R^2 分别为 0.9137 和 0.8457，D、W 值分别为 2.2443 和 1.8916。

两个模型的 R^2 都较高，说明模型拟合程度较高，D、W 值较为理想，说明模型不存在自相关，滞后项的选取是适当的。

模型一表示人均 GDP 对房价的影响。从回归结果来看，人均 GDP 在 10% 的显著水平下对房价有促进作用，影响系数为正值 0.0628，这与理论分析的结论符合。其他控制变量方面，人口密度 POPD 不显著；金融机构贷款余额 LOA 在 1% 的水平下显著，影响系数为 0.052，可以看出金融贷款对房价的影响较小，对此本书认为，金融贷款一部分流入房地产开发企业，增加了房地产供给，使房价有下降的趋势；但另一部分贷款以按揭的方式流向了购买者，增加了房地产需求，使房价有上升的趋势，两种趋势共同作用于房价，导致房价的变化较小。房价的滞后项 PRI (-1) 在 1% 的水平下显著，影响系数达 0.7171，远远大于其他因素，说明西部地区房地产市场主要以上一期市场反馈信息来决定当期的行为。

模型二表示房价对人均 GDP 的影响。从回归结果来看，房价在 5% 的显著水平下对人均 GDP 也有正向影响，影响系数为正值 0.3192，符合先前的理论分析，并且影响系数较大，说明西部地区房地产市场对区域经济的拉动作用较强。值得注意的是，房价对人均 GDP 的影响大于人均 GDP 对房价的影响，主要原因在于房地产业产业链长、涉及面广，房地产市场的火热能带动许多上、中、下游行业繁荣。因此，房价对人均 GDP 有较强影响。其他控制变量方面，回归结果未支持固定资产投资增长率和金融机构贷款余额对人均 GDP 有显著影响，就业人口对人均 GDP 的影响系数显著为负，这可以用劳动的边际产出递减来解释。

结合两个模型的回归结果可以得出结论，西部地区房价与人均 GDP 存在互相促进的关系，尤其是房价对人均 GDP 有较强影响，证实了房地产市场在西部地区经济中的重要地位。

第三节　本章小结

本章着重于两个方面的工作：一是利用指标法——房价收入比，初步对西部地区房地产价格是否合理进行判断；二是利用计量经济学模型对西部地区房价波动与经济增长之间的数量关系进行检验，以评判西部地区房价与该地区经济发展之间的协调关系。

通过对 2002~2015 年西部地区房价收入比的计算和讨论，本书发现西部地区整体房价收入比在 6~7 的区间内波动，并且西部地区房价收入比及其波动总体上低于东部和中部地区，可以认为西部地区居民对房地产的支付能力较强，房价相对居民收入来说较为合理。

对西部地区房地产价格与区域经济发展数量关系的检验发现，西部地区的房地产价格与该地区的经济增长之间具有相互影响关系：一方面，西部地区的经济增长刺激了西部地区房价的上涨；另一方面，西部地区房价的上涨也促进了西部地区的经济增长。同时，西部地区房价对该地区经济增长的影响大于西部地区经济增长对该地区房价的影响。

第六章

西部地区房地产结构与区域经济发展协调的实证分析

房地产结构与区域经济发展存在密切关系。近年来我国商品房空置率较高,但许多区域又出现了有效供给不足的问题。房地产开发商通常更倾向于将资金投入利润率和回报率较高的房地产类别,例如别墅和高档住宅,而消费者由于无法负担高档房地产的价格,对普通住宅及经济适用房的需求往往更高。当房地产内部结构极不合理时,真正有居住需要的占社会大多数的中低收入群体无法买到合适的房地产产品,房地产投机行为却可能趁机抬头,如此对宏观经济和区域经济的稳定和发展显然会产生不利的影响。

房地产市场极具区域特性,不同区域的房地产结构可能有较大差异,对区域经济产生的影响也会有所不同。本章对西部地区的房地产结构进行考察,并实证检验西部地区房地产结构与区域经济发展之间的关系,主要包括西部地区房地产结构对居民消费、其他产业投资、区域经济增长的影响。

第一节 西部地区的房地产市场结构状况

一 房地产结构的类型

房地产结构依据不同角度可以有多种划分方式,例如房地产产品结构、房地产市场层次结构、房地产投资主体结构、房地产时空结构等。本章主要研究房地产产品结构和房地产市场层次结构。

(一) 房地产产品结构

房地产产品结构是指房地产内部各类产品组成及其相互之间的比例关系。根据我国的统计口径，按功能特点和用途分类，房地产市场上产品分为四类：住宅、办公楼、商业营业用房和其他用房。[①] 其中，住宅按照用途又可以划分为普通住宅、别墅高档公寓[②]和经济适用房等；按照户型结构划分为 90 平方米以下房地产产品、144 平方米以上房地产产品等。

房地产产品结构从供求角度可划分为产品供给结构和产品需求结构，简称为产品供求结构。房地产产品的供给结构，是在一定时期内房地产市场上各种类型的产品及其数量比例关系。供给结构还可进一步划分为供给的时间结构与供给的空间结构。房地产产品的需求结构，是指在一定时期内，房地产市场上各种类型的消费者在一定的预算条件下，愿意购买的各种类型的房地产产品及其数量的比例关系，往往通过房地产销售情况来反映。

(二) 房地产市场层次结构

依照市场层次划分，参见周晓蓉的研究[③]，可将房地产市场划分为如图 6-1 所示。

二 西部地区房地产市场结构均衡分析

(一) 西部地区房地产市场产品结构均衡分析

1. 西部地区房地产产品结构现状分析

本章分别从西部地区房地产产品供给结构、产品需求结构、产品供求均衡三个角度分析西部地区房地产产品结构现状。

---

① 住宅指专供居住的房屋，包括别墅、公寓、职工家属宿舍和集体宿舍（职工单身宿舍和学生宿舍）等，但不包括住宅楼中作为人防用、不住人的地下室等。办公楼指企业、事业、机关、团体、学校、医院等单位使用的各类办公用房（又称写字楼）。商业营业用房指商业、粮食、供销、饮食服务业等部门对外营业的用房，如度假村、饭店、商店、门市部、粮店、书店、供销店、饮食店、菜店、加油站、日杂等用于对外对外营业的用房。其他用房指不属于上述各项用途的房屋建筑物，如厂房、仓储、中小学教学用房、幼儿园等。
② 别墅高档公寓指建筑造价和销售价格明显高于一般商品住宅的商品住宅。其中，别墅一般指地处郊区、独立成栋的商品住宅；高档公寓一般指地处市内高档社区，高层或多层的商品住宅。别墅、高档公寓的确定标准：一是经有房地产投资计划审批权的主管部门审批建设的别墅、高档公寓开发项目；二是销售价格高于当地同业、机关、团体、学校、医院等单位使用的各类办公用房（又称写字楼）。
③ 周晓蓉：《中国西部地区房地产业结构调整研究》，硕士学位论文，四川大学，2003。

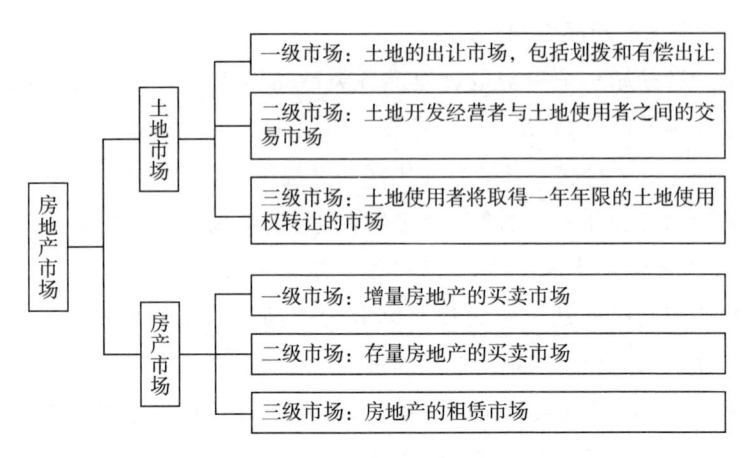

```
房地产市场 ┬ 土地市场 ┬ 一级市场：土地的出让市场，包括划拨和有偿出让
          │          ├ 二级市场：土地开发经营者与土地使用者之间的交易市场
          │          └ 三级市场：土地使用者将取得一年年限的土地使用权转让的市场
          └ 房产市场 ┬ 一级市场：增量房地产的买卖市场
                     ├ 二级市场：存量房地产的买卖市场
                     └ 三级市场：房地产的租赁市场
```

图 6-1 房地产市场层次结构

（1）西部地区房地产产品供给结构

表 6-1 列出了 2001~2016 年西部地区房地产企业新开工面积与完成投资额，大致反映了 2001~2016 年西部地区房地产产品的供给情况。总体来看，西部地区房地产供给量呈现较快增长趋势，新开工房屋面积年均增长 11.8%，房地产开发完成投资额年均增长 23.2%。

表 6-1 西部地区房地产企业新开工面积与完成投资额

单位：万平方米，亿元

年份	新开工面积	完成投资额	住宅		办公楼		商业营业用房	
			新开工面积	投资额	新开工面积	投资额	新开工面积	投资额
2001	7802.92	1010.17	6223.03	650.31	245.80	44.62	1061.45	148.36
2002	8859.30	1218.91	7084.89	772.86	264.20	49.19	1201.71	187.77
2003	12178.85	1626.60	9577.85	1031.73	297.76	70.14	1806.56	267.68
2004	12525.41	1985.26	9774.22	1218.15	303.655	74.16	1964.99	364.30
2005	14660.35	2666.22	11966.62	1748.19	277.21	81.70	1905.71	438.50
2006	18101.88	3488.59	15033.48	2451.23	350.32	94.16	1932.14	427.62
2007	22406.68	4863.14	18946.48	3433.61	317.82	102.52	2099.93	472.85
2008	24288.72	6042.48	20405.99	4344.74	414.31	130.73	2189.57	568.08
2009	28297.36	7198.12	22841.77	5191.79	576.88	176.32	3089.05	735.47
2010	41008.98	9743.35	33040.44	6948.88	728.25	249.27	4143.94	995.24

续表

年份	新开工面积	完成投资额	住宅		办公楼		商业营业用房	
			新开工面积	投资额	新开工面积	投资额	新开工面积	投资额
2011	46585.80	12876.82	35828.64	9231.07	1075.73	387.52	5463.20	1560.75
2012	45776.03	15499.61	33496.16	10661.79	1357.13	548.82	6048.18	2062.29
2013	52388.77	18997.06	37397.18	12989.22	1462.15	857.52	7586.82	2830.47
2014	47404.07	21432.76	31717.92	14323.04	1930.72	1024.90	7446.57	3702.83
2015	41205.57	21709.44	26459.61	14199.19	1685.15	1193.54	7421.31	3966.26
2016	41509.10	23061.16	27100.63	14604.62	1385.40	1261.78	7066.19	4549.22

资料来源：根据国家统计局网站 2001~2016 年相关数据整理，http://data.stats.gov.cn/。

三种主要房地产产品类型中，住宅的供给增速最慢，新开工面积年均增长 10.3%，完成投资额年均增长 23.1%；办公楼的供给增速分别为 12.2% 和 25.0%，商业营业用房为 13.5% 和 25.6%。

从新开工面积来看，2010 年以前西部地区房地产产品供给增长较为平稳，2010 年以后波动则开始加剧（见图 6-2）。在三种主要产品类型中，住宅的供给波动最大，2010 年供给量大幅增长，新开工面积较前一年增长 45%，但 2012 年、2014 年、2015 年出现了下滑，尤其是 2015 年住宅新开工面积下跌幅度达 16.6%，这可能与 2009 年后中央政府出台了频繁的楼市调控政策有关。由于住宅占房地产供给总量的 60% 以上，从图 6-2 也能看出，西部地区新开工面积总量的变动趋势与西部地区住宅新开工面积的变动趋势基本一致。

从图 6-3 反映的西部地区房地产企业完成投资额变化趋势来看，2001~2016 年西部地区房地产开发投资额呈逐渐上升态势。其中，住宅、办公楼、商业营业用房的投资额也在持续增长。2010~2014 年，这三类产品的投资额都以较大幅度增长，2015 年以后增长开始放缓。

要研究西部地区房地产产品供给结构，就要分析该地区住宅、办公楼、商业用房等各类房地产产品供给数量之间的比例关系。在将住宅进一步划分为别墅与高档公寓、普通住宅、经济适用房三类后，计算出各类产品供给数量之间的比例关系（见表 6-2 和表 6-3）。由于 2011 年起国家统计局对房地产产品的统计口径有所变化，表 6-2 和表 6-3 各自包含两张分表。

通过观察表 6-2 和表 6-3 中历年来的数据，可以发现住宅在整个房地

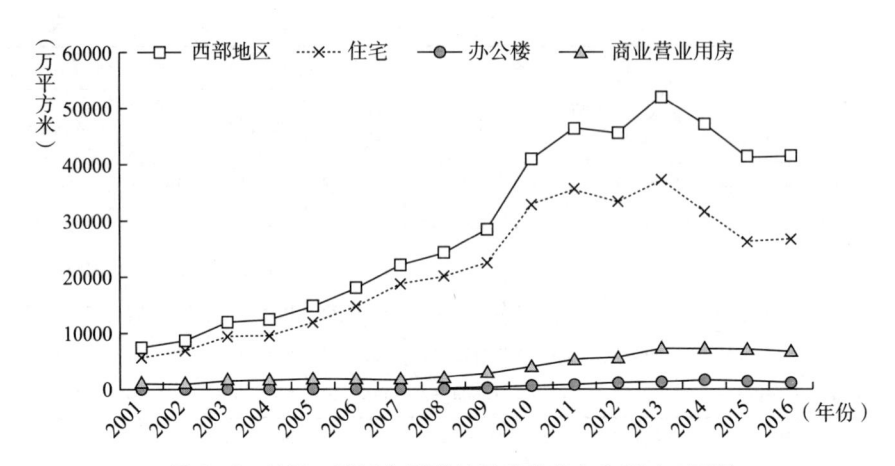

图 6-2　2001~2016 年西部地区房地产企业新开工面积

资料来源：参见国家统计局网站 2001~2016 年相关数据，http://data.stats.gov.cn/。

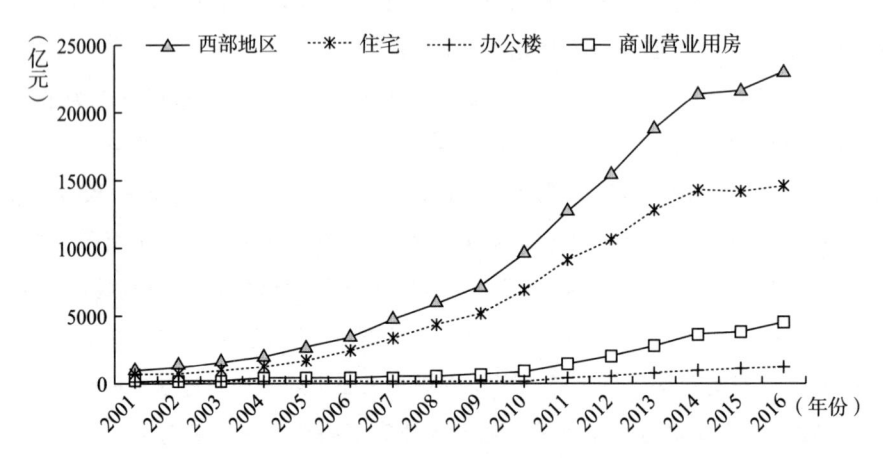

图 6-3　2001~2016 年西部地区房地产企业完成投资额

资料来源：参见国家统计局网站 2001~2016 年相关数据，http://data.stats.gov.cn/。

产产品供给结构中的比重始终为 60% 以上，虽然近几年住宅在房地产供给中所占比例有所下降，但仍然是房地产产品中绝对的主体。而住宅内部不同产品类型之间的比例关系从 2001 年至 2010 年发生了明显的变化。别墅、高档公寓的供给比例变化不大，维持在 5% 左右，但是经济适用房的比例从 2001 年至今出现了急剧的减少，从 2001 年的 23% 下降到 2010 年的 3%，2011 年及以后国家统计局不再将经济适用房作为住宅中单独的一类进行统计。与之相对应的是普通住宅的比例由 50% 左右上升到 70% 左右。由于我国目前仍然是中低收入群体居多的国家，经济适用房比例的下降可能会导致中低收入者的房地产问题加剧。经济适用房比例急剧下降的原因在于：一方面，随着居民可支配收入的提高，越来越多的居民选择并且能够负担起普通住宅的购买；另一方面，由于经济适用房在实施过程中存在一些弊端，不能真正保证低收入群体的利益，对此我国目前已经在部分城市推行"三房合一"试点，即将经济适用房、廉租房、公租房三种保障房归并为公共租赁房地产，房源是政府投资兴建或回购，只租不售。

表6-2　2001~2016年西部地区房地产新开工面积结构

单位：%

表6-2-1

年份	别墅、高档公寓	普通住宅	经济适用房	办公楼	商业营业用房	其他
2001	4	54	23	3	14	3
2002	6	57	18	3	13	3
2003	5	61	13	2	15	4
2004	—	—	—	2	16	4
2005	5	71	7	2	13	3
2006	6	70	8	2	11	4
2007	5	74	6	1	9	5
2008	4	73	7	2	9	5
2009	4	73	5	2	11	6
2010	3	76	3	2	10	8

表6-2-2

年份	住宅	其中：别墅	其中：非别墅住宅	办公楼	商业营业用房	其他
2011	77	2	75	2	12	9
2012	73	2	71	3	13	11
2013	71	2	70	3	14	11
2014	67	2	65	4	16	13
2015	64	2	62	4	18	14
2016	65	2	63	3	17	15

资料来源：参见国家统计局网站2001~2016年相关数据，http://data.stats.gov.cn/。

表 6-3　2001~2016 年西部地区房地产投资结构

单位：%

表 6-3-1

年份	别墅、高档公寓	普通住宅	经济适用房	办公楼	商业营业用房	其他
2001	5	44	16	4	15	17
2002	6	46	13	4	15	17
2003	6	48	9	4	16	16
2004	—	—	7	4	18	17
2005	5	56	4	3	16	15
2006	6	59	5	3	12	15
2007	5	61	4	2	10	18
2008	5	63	4	2	9	17
2009	4	64	4	2	10	15
2010	4	65	2	3	10	16

表 6-3-2

年份	住宅	其中：别墅	其中：非别墅住宅	办公楼	商业营业用房	其他
2011	72	4	68	3	12	13
2012	69	4	65	4	13	14
2013	68	3	65	5	15	12
2014	67	3	64	5	17	11
2015	65	3	63	5	18	12
2016	63	3	60	5	18	14

资料来源：参见国家统计局网站 2001~2016 年相关数据，http://data.stats.gov.cn/。

与住宅相比，办公楼与商业用房所占比例波动相对较小，但二者都在 2008 年经历了一个低峰，图 6-4、图 6-5、图 6-6 较直观地展现了这一变化过程。2000 年办公楼新开工面积和投资额还分别占 3% 和 5%，而 2008 年两个数值都下降到了 2%；商业营业用房占比则从 2000 年的 13% 和 15% 均下降到了 2008 年的 9%，这说明 2008 年金融危机无论是对我国的工商业，还是居民的工作和生活都产生了明显的消极影响，经济的不景气在房地产市场结构中得到体现。

除上述几种房地产产品外的房屋建筑都被归入"其他用房",该类别每年新开工面积与开发投资额占比出现了背离。"其他用房"的新开工面积从2000年起呈现稳定上升趋势,而"其他用房"的开发投资额却有小幅下降趋势。"其他用房"涵盖了厂房、仓库、教学楼、幼儿园、图书馆、公园、运动场等各种用途的房屋,其中有较大一部分属于公共资源或公共基础设施,如幼儿园和图书馆。显然,一个地区的公共资源和公共基础设施是需要大量建设和不断更新完善的,所以新开工面积所占比例会持续增长。而公共资源的性质决定了这些房屋的开发并不一定以赚取利润为目的,因此,政府相关部门通常会以低于办公楼、商业用楼甚至住宅的价格出让土地使用权,且这个价格随着时间的推移不会像其他产品类别那样出现很大幅度的增长,这样房地产开发企业在该类别房屋上的投资额相比其他类别会比较少,所占比例也就出现了下降趋势。

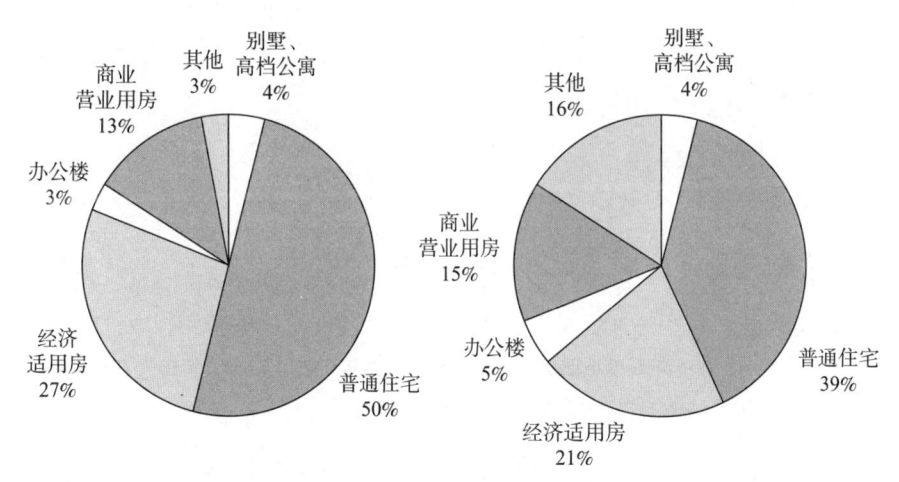

图6-4 2000年西部地区房地产新开工面积结构(左)与投资结构(右)

资料来源:国家统计局网站,http://data.stats.gov.cn/。

(2)西部地区房地产产品需求结构

产品的需求结构,可以通过产品的销售情况来反映。从表6-4中可以看出,与供给结构类似,西部地区住宅销售面积占房屋总销售面积的80%以上,个别年份超过90%,住宅在西部地区房地产消费中居于绝对主导地位。住宅内部需求结构也基本与供给结构相对应,经济适用房占比不断降

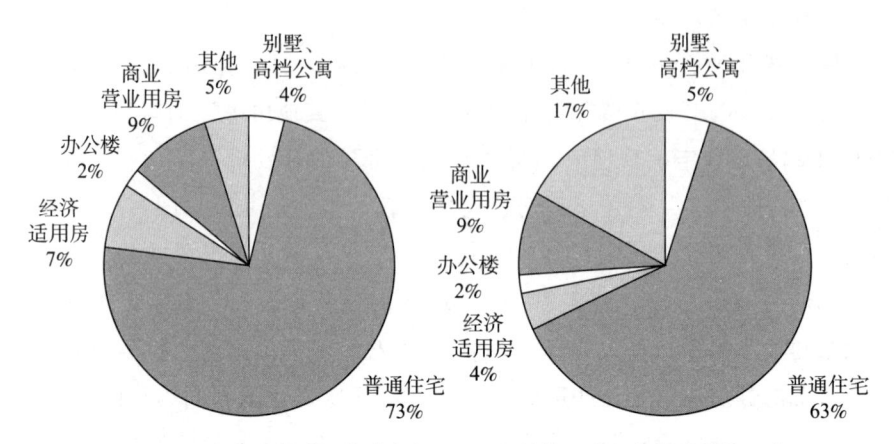

图 6-5 2008 年西部地区房地产新开工面积结构（左）与投资结构（右）

资料来源：国家统计局网站，http://data.stats.gov.cn/。

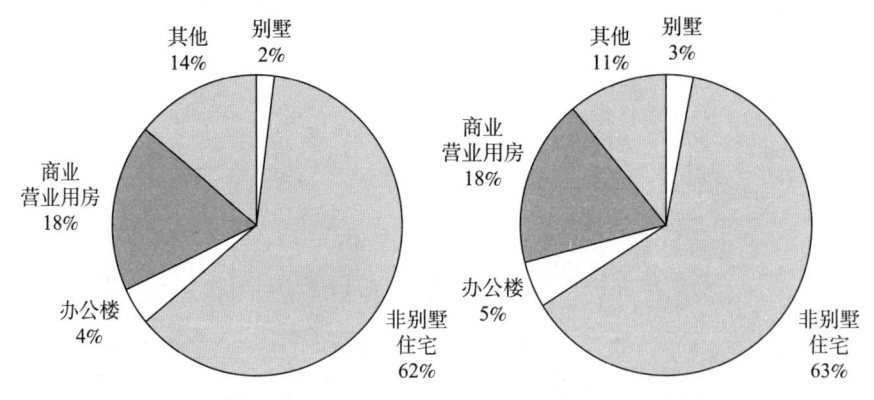

图 6-6 2015 年西部地区房地产新开工面积结构（左）与投资结构（右）

资料来源：国家统计局网站，http://data.stats.gov.cn/。

低，普通住宅占比持续增长，别墅和高档公寓占比变化不大，在住宅中仅占很小一部分。办公楼、商业营业用房在房屋销售中所占比例较低，其比例在不同年份虽有波动，但从长期看波动较小，除了 2008 年前后受全球金融危机影响外，办公楼销售面积占比基本维持在 1.5% 左右，而商业用房销售面积占比基本维持在 7% 以上。总体上看，西部地区房地产市场需求还是以普通商品住宅为主，而对别墅和高档公寓的需求则要小得多，几乎只占市场总需求的 3% 左右。

表6-4 2001~2016年西部地区房地产不同产品销售面积及占比

单位：万平方米，%

年份	房屋销售面积	住宅		办公楼		商业营业用房		其他用房	
		销售面积	占比	销售面积	占比	销售面积	占比	销售面积	占比
2001	4649.94	4103.15	88.2	104.16	2.2	396.92	8.5	45.72	1.0
2002	5821.94	5138.66	88.3	108.02	1.9	525.00	9.0	50.26	0.9
2003	7622.30	6701.06	87.9	145.84	1.9	720.52	9.5	54.88	0.7
2004	7811.69	6853.49	87.7	115.15	1.5	748.67	9.6	94.38	1.2
2005	12829.04	11470.96	89.4	169.56	1.3	1095.28	8.5	93.24	0.7
2006	14915.39	13522.53	90.7	164.97	1.1	1077.72	7.2	150.17	1.0
2007	19548.37	17987.64	92.0	244.96	1.3	1115.83	5.7	199.94	1.0
2008	16910.36	15532.55	91.9	199.75	1.2	972.21	5.7	205.85	1.2
2009	24066.68	22339.41	92.8	222.19	0.9	1196.28	5.0	308.80	1.3
2010	27400.62	24983.95	91.2	317.13	1.2	1528.37	5.6	571.20	2.1
2011	27940.04	26346.73	94.3	326.45	1.2	1975.70	6.8	849.46	3.0
2012	29498.37	24901.77	84.4	466.45	1.6	1906.98	7.0	664.86	2.3
2013	31883.26	28482.53	89.3	494.58	1.6	2074.64	8.3	831.51	2.6
2014	32068.46	27736.77	86.5	580.18	1.8	2633.58	9.3	1117.91	3.5
2015	33172.76	28265.84	85.2	620.44	1.9	2986.55	6.0	1299.92	3.9
2016	38346.48	32596.47	85.0	698.97	1.8	3369.10	8.8	1681.92	4.4

资料来源：国家统计局网站，http://data.stats.gov.cn/。

（3）西部地区房地产产品供求均衡分析

空置率是衡量房地产市场供求关系和房地产市场健康程度的重要指标，它等于某一时期内空置房屋面积在建成房屋总面积中的占比。根据国际上通行的惯例，商品房空置率应保持在5%~10%的范围之内，此时可认为房地产市场的供给与需求之间是平衡的，房地产市场结构与区域经济的发展是相适应的。如果商品房空置率超过10%，就需加大商品房销售的力度，采取一定措施去库存；如果商品房空置率超过20%，表明商品房积压严重，有存在房地产泡沫的可能性。

目前国家统计局尚未公布有关房屋空置面积和空置率等相关指标的计算方法，而关于空置率的计算方法在学术界也争议不断。刘琳等指出国外房屋空置率的计算方法是针对存量市场而言的，而我国房屋空置率的计算则是针对增量市场而言的，因而会造成国内统计范围偏小。① 台玉红认为应对存量市场空置率与增量市场空置率做出区分。存量市场空置率是一个总体的数据，它指某一时刻所有空置房面积在全部房屋总面积中的占比，其中既包括第一次进入市场的新房屋，也包括由于当前房屋使用者迁移或临时空置后留下的空房，只要未确定新的使用者，都可视为空置房屋；增量市场房地产空置率是一个截面的数据，它指的是某一时刻，新建房屋的空置房屋面积在新建房屋总面积中的占比，强调第一次进入市场的新房屋。② 2010年国家统计局将售出后处于闲置无人居住状态的房地产定义为空置房地产。在较长时间内，学术界常用的空置率计算方法有以下三种：（1）商品房空置率 = 空置商品房面积/最近三年内商品房竣工面积 × 100%；（2）商品房空置率 = 空置商品房面积/社会全部商品房面积 × 100%；（3）商品房空置率 = 报告期商品房空置数量/报告期可供销售和出租的商品房面积 × 100%。③

针对空置率的不同计算方法可能会高估或低估真实的结果，但对不同方法优劣的讨论已经超出本书研究范围，这里不再详细列举，仅选用第一种方法对西部地区房地产空置率进行计算和分析。

表6-5和图6-7反映了2005~2016年西部地区不同类型房地产产品的空置率变动情况。从表6-5的计算结果中可以看出，2005~2007年，西部地区房屋空置率，包括住宅、办公楼、商业营业用房均呈下降趋势；但2008~2016年，西部地区房屋空置率又总体呈现上升趋势。其中，2011年开始西部地区房屋空置率超过一般国际上认为的空置率警戒线10%。由此可推断2008年金融危机前后，房地产市场经历了一个由火热到冷清再逐渐回暖的过程，这在西部地区的房价走势中有更直观的体现：2006~2007年西部地区房屋平均售价上涨12.64%，2007~2008年却下降0.15%，这是2000年来西部地区房价首次出现负增长，而2008~2009年西部地区房价又重新走高，上涨14.94%。

在西部地区众多房地产产品类型中，住宅所占比例最高，空置率最低。

---

① 刘琳、刘长滨、张明杰：《房地产市场的自然空置率研究》，《城市开发》2002年第2期。
② 台玉红：《房地产空置率对住宅价格的影响分析》，《经济问题》2009年第8期。
③ 陈洋：《国内外住宅空置问题研究综述》，《财经政法资讯》2015年第2期。

2005~2012年,西部地区住宅空置率均低于房屋总体空置率,但2013年起西部地区住宅空置率超过10%。西部地区的办公楼、商业营业用房和其他用房空置率长期以来都远远高于房屋总体空置率,甚至长期处于严重积压状态,即空置率超过20%,这说明写字楼、商业用房等在供给和需求方面存在较为严重的非均衡现象。事实上,从房价上看办公楼和商业用房的平均售价远高于住宅,房地产开发企业可能从中获取更高额的利润,但同时承担着更大的风险。

在住宅分类中,别墅和高档公寓空置率一般低于住宅空置率。然而,近几年西部地区别墅及高档公寓空置率却出现跳跃式增长,2013年飙升到20%以上,这在一定程度上反映了西部地区房地产市场的火热现象。另外,2011年后经济适用房开始逐步取消,但从之前几年的数据中也可以看出,以满足中低收入群体购房需求为目标的经济适用房,其空置率在多个年份与住宅总体空置率相当,说明该政策没有达到理想的效果。

不可否认的是,近年来西部地区乃至全国商品房积压现象日趋严重,采取调控措施消化多余库存是非常有必要的,尤其是别墅和高档公寓、办公楼、商业营业用房,这些房地产产品更应作为西部地区政府去库存的重点对象。

表6-5 2005~2016年西部地区不同类型房地产产品空置率变动情况

单位:%

年份	房屋总体	住宅	其中:别墅和高档公寓	其中:经济适用房	办公楼	商业营业用房	其他用房
2005	12.21	8.88	—	5.88	25.65	29.59	21.62
2006	11.09	7.75	6.5	7.2	24.34	28.10	22.94
2007	9.03	5.53	3.08	4.91	19.82	26.27	24.68
2008	9.76	6.44	3.15	4.09	21.08	29.35	22.24
2009	9.92	6.83	4.57	6.51	21.26	29.78	25.08
2010	9.16	6.22	5.38	8.88	19.02	27.70	23.96
2011	10.03	7.76	8.12	—	17.56	22.71	20.13
2012	11.55	9.14	10.56	—	24.60	23.53	21.04
2013	16.08	13.35	22.79	—	26.00	28.96	25.40
2014	18.94	15.56	—	—	33.09	33.16	27.89

续表

年份	房屋总体	住宅	其中：别墅和高档公寓	其中：经济适用房	办公楼	商业营业用房	其他用房
2015	23.45	19.06	—	—	36.91	41.49	31.23
2016	24.39	19.15	—	—	33.69	43.89	31.77

资料来源：根据国家统计局网站（http://data.stats.gov.cn）相关数据，按照公式"商品房空置率=空置商品房面积/最近三年内商品房竣工面积×100%"对西部地区房地产空置率计算整理而得。

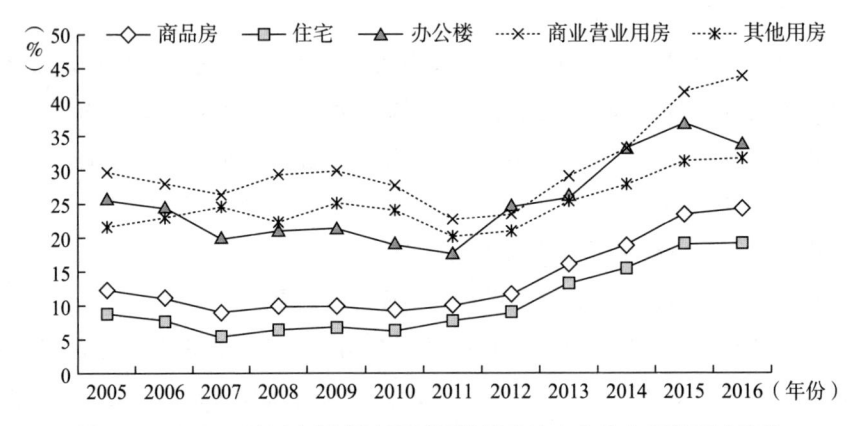

图 6-7　2005~2016 年西部地区不同类型房地产产品空置率变动趋势

2. 东、中、西部地区房地产产品结构对比分析

我国东、中、西部三个地区经济发展水平有一定差异。改革开放以来，东部地区率先发展起来，以北京、上海、广州、深圳等城市为中心，逐渐形成京津冀、长三角、珠三角三大经济带。相比东部地区，中部和西部地区的经济发展水平相对滞后，但近年来在西部大开发和中部崛起战略的带动下，中部地区和西部地区的经济发展尤为迅速，房地产市场也取得了快速的发展。

2001~2016 年中部和西部地区房地产投资额与销售额的年均增速总体要高于东部地区。从房地产开发投资的情况来看，中部和西部地区大部分省份房地产投资额年均增速在 20% 以上，而东部地区北京、天津、上海、浙江、广东以及东北三省房地产投资的年均增速都低于 20%。从房地产销售的情况来看，也存在类似的情形，即中部和西部地区有多个省区市销售额年均增速超过 25%，如广西、贵州、湖南、湖北、安徽、河南等，而东部地区的大部分省区市房地产销售年均增速低于 20%，这与东、中、西部三个地区本身的经济实力有关。由于东部地区经济发展较早，经济体量较大，因而增长速度有所放缓，而中部和西部地区经济体量和房地产投资和销售总量虽然无法与东部地区相比，却具有后发优势，表现为这两个区域的经济发展及房地产市场发展更为迅速。

表6-6列示了2016年东、中、西部地区的房地产总投资额及投资结构。全国除北京、上海、贵州、青海、宁夏和新疆外，其他省区市的住宅投资额占总投资额的比重均超过了60%，说明住宅在全国房地产市场中占主要地位。但就住宅的内部结构而言，东、中、西部三个地区则表现出较大差异。东部地区河北、辽宁、浙江、福建和山东五省的别墅和高档公寓投资占住宅投资比例低于4%，上海和海南的别墅和高档公寓投资占住宅投资比例则超过了10%；中部地区的别墅和高档公寓投资占住宅投资比例全部低于4%，其中，山西和河南低于1%；西部地区云南、西藏、重庆和新疆的别墅和高档公寓投资占住宅投资比例超过4%，但甘肃省占比仅有0.36%，为全国最低。可见东部地区仍是高档住宅开发的主要市场，而中部和西部地区居民对高档住宅需求较低。当然，别墅类住宅的数量可能与一个地区的自然风光、旅游资源有较大的关联，因而高档住宅的占比不能完全反映一个地区房地产市场的真实情况。

表6-6 2016年东、中、西部地区房地产投资额及投资结构

单位：亿元，%

地区	省区市	房地产总投资额	住宅投资	别墅和高档公寓投资	住宅投资占总投资额	别墅和高档公寓投资占住宅投资
东部	北京	4000.57	1925.86	187.71	48.14	4.69
	天津	2300.01	1598.27	92.75	69.49	4.03
	河北	4695.63	3475.48	52.71	74.02	1.12
	辽宁	2094.85	1505.42	39.65	71.86	1.89
	上海	3709.03	1965.43	416.50	52.99	11.23
	江苏	8956.37	6628.87	485.17	74.01	5.42
	浙江	7469.37	4806.64	273.58	64.35	3.66
	福建	4588.83	2999.29	120.56	65.36	2.63
	山东	6323.38	4690.22	136.45	74.17	2.16
	广东	10307.80	6977.66	461.12	67.69	4.47
	海南	1787.60	1317.73	184.16	73.72	10.30

续表

地区	省区市	房地产总投资额	住宅投资	别墅和高档公寓投资	住宅投资占总投资额	别墅和高档公寓投资占住宅投资
中部	山西	1597.35	1141.08	9.40	71.44	0.59
	吉林	1016.76	710.69	16.43	69.90	1.62
	黑龙江	864.84	597.96	17.35	69.14	2.01
	安徽	4603.56	3069.36	95.74	66.67	2.08
	江西	1770.94	1247.58	52.26	70.45	2.95
	河南	6179.13	4558.07	41.80	73.77	0.68
	湖北	4296.38	3012.35	78.88	70.11	1.84
	湖南	2957.04	1871.30	55.98	63.28	1.89
西部	内蒙古	1133.48	793.70	28.27	70.02	2.49
	广西	2397.99	1725.29	36.88	71.95	1.54
	重庆	3725.95	2319.97	178.83	62.27	4.80
	四川	5282.64	3185.64	114.32	60.30	2.16
	贵州	2148.96	1243.60	36.58	57.87	1.70
	云南	2688.34	1635.38	148.52	60.83	5.52
	西藏	48.54	39.14	1.98	80.63	4.08
	陕西	2736.75	1916.13	58.17	70.01	2.13
	甘肃	850.03	563.75	3.08	66.32	0.36
	青海	396.92	227.78	2.77	57.39	0.70
	宁夏	728.16	435.41	13.1	59.80	1.80
	新疆	923.40	518.83	38.02	56.19	4.12

资料来源：国家统计局网站 2016 年相关数据，http://data.stats.gov.cn/。

另外，不仅东、中、西部三个地区的房地产投资结构有所差别，各地区不同省区市乃至各省区市不同区县的房地产投资结构也存在差异。以西部地区为例，2015 年四川、重庆、云南三地的房地产投资额占西部地区房地产投资总额的 51.74%，而别墅及高档住宅投资额占整个区域的 68.93%。同省范围内也存在类似情形，云南仅昆明房地产投资就占该省房地产全部投资额的近 50%，而重庆主城九区商品房施工面积占全市总施工面积的 55% 以上。此类情况在各地均较为普遍，在此不一一列举。可见在三大区域内部，房地产投资也主要集中于该区域经济相对发达的城市或区县。

图 6-8 至图 6-12 呈现了 2005~2016 年东、中、西部三个地区各类房地产产品空置率情况，可以看出在大多数年份，西部地区各类房地产产品的空置率都低于东部和中部地区，房地产库存积压问题相对东部和中部地区要轻。

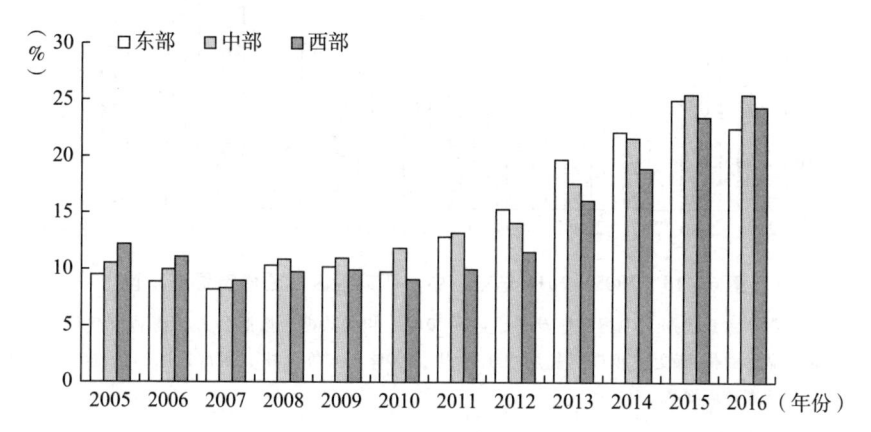

图 6-8 2005~2016 年东、中、西部地区房地产总体空置率比较

资料来源：根据《中国房地产统计年鉴 2017》相关数据，按照公式"商品房空置率=空置商品房面积/最近三年内商品房竣工面积×100%"对东、中、西部地区的房地产空置率进行计算整理而得。

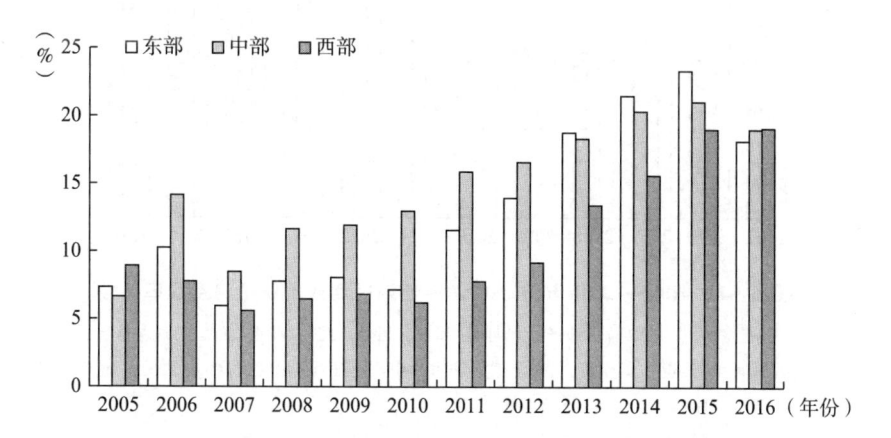

图 6-9 2005~2016 年东、中、西部地区住宅空置率比较

资料来源：根据《中国房地产统计年鉴 2017》相关数据，按照公式"商品房空置率=空置商品房面积/最近三年内商品房竣工面积×100%"对东、中、西部地区的房地产空置率进行计算整理而得。

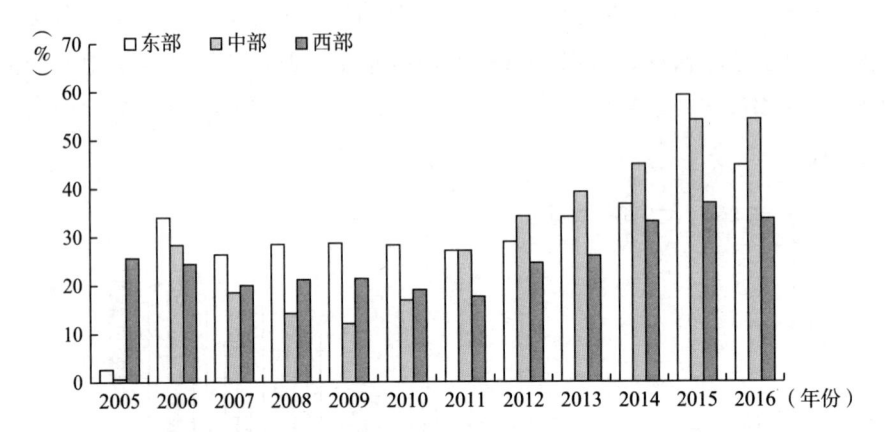

图 6-10 2005~2016 年东、中、西部地区办公楼空置率比较

资料来源：根据《中国房地产统计年鉴 2017》相关数据，按照公式"商品房空置率 = 空置商品房面积/最近三年内商品房竣工面积×100%"对东、中、西部地区的房地产空置率进行计算整理而得。

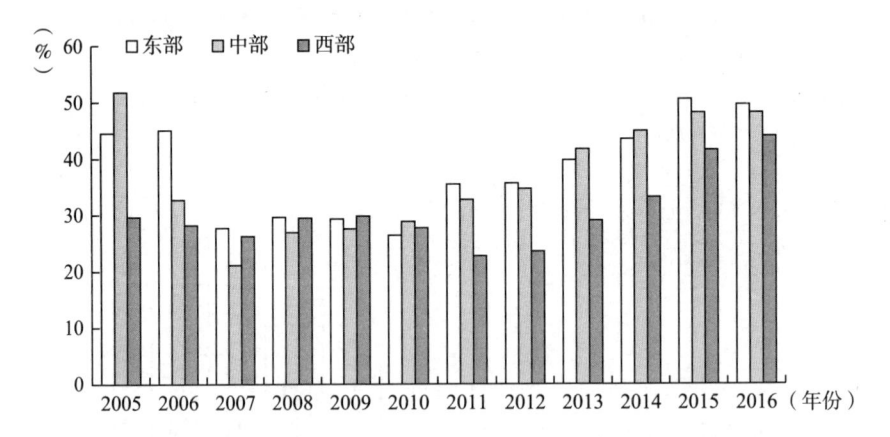

图 6-11 2005~2016 年东、中、西部地区商业营业用房空置率比较

资料来源：根据《中国房地产统计年鉴 2017》相关数据，按照公式"商品房空置率 = 空置商品房面积/最近三年内商品房竣工面积×100%"对东、中、西部地区的房地产空置率进行计算整理而得。

（二）西部地区房地产市场层次结构均衡分析

1. 土地市场

土地市场也称为房地产一级市场，是土地使用权出让的市场。在我国，土地市场被政府垄断，房地产开发需要的土地都是由政府部门将城镇国有

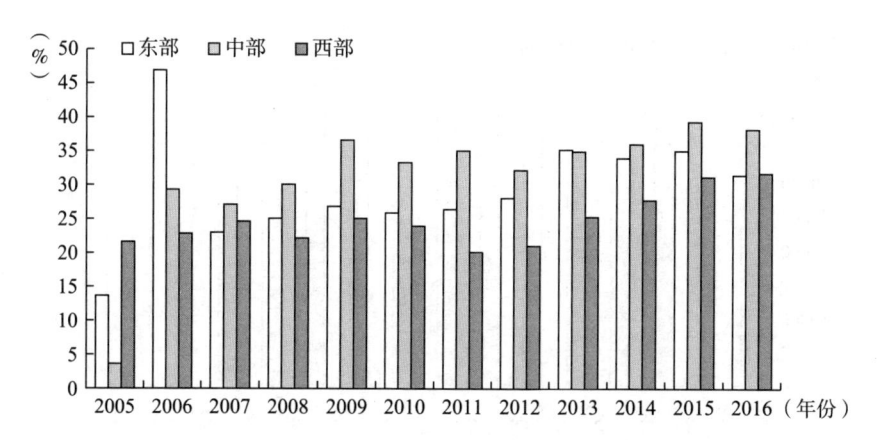

图 6-12　2005~2016 年东、中、西部地区房地产其他用房空置率比较

资料来源：根据《中国房地产统计年鉴2017》相关数据，按照公式"商品房空置率=空置商品房面积/最近三年内商品房竣工面积×100%"对东、中、西部地区的房地产空置率进行计算整理而得。

土地或农村集体土地征用为国有土地后出让所得，因此，土地市场也就成为中央政府或地方政府调控房地产供给的一个主要手段。

图 6-13 反映了 2001~2016 年我国东、中、西部三大地区房地产开发企业土地购置的情况。从图 6-13 中可以看出，东部地区房地产企业土地购置面积长期以来位于三大区域之首，且远远超出中部和西部地区；中部和西部地区历年来的土地购置面积较为接近，虽然在较长时间内，西部地区的土地购置面积略少于中部，但近年来西部地区的土地购置面积开始反超中部地区，并且东、中、西部三个地区房地产开发企业土地购置面积的差距呈逐年缩小的趋势。2000 年，东、中、西部地区的土地购置面积分别为 10108.82 万平方米、3068.25 万平方米和 3728.2 万平方米，东部地区远超中部和西部地区二者之和，而 2015 年东、中、西部三个地区的土地购置面积分别为 9824.33 万平方米、6386.36 万平方米和 6600.11 万平方米，可见东部地区与中、西部地区土地购置面积之间的差距正大大缩小。

2. 房地产增量市场和房地产存量市场

房地产增量市场，即"房地产二级市场"或"房屋一级市场"，是新建房地产产品出售或出租给用户的市场。房地产存量市场，又称"房地产三级市场"或"房屋二级市场"，是已建成存量房地产再转让的市场，俗称

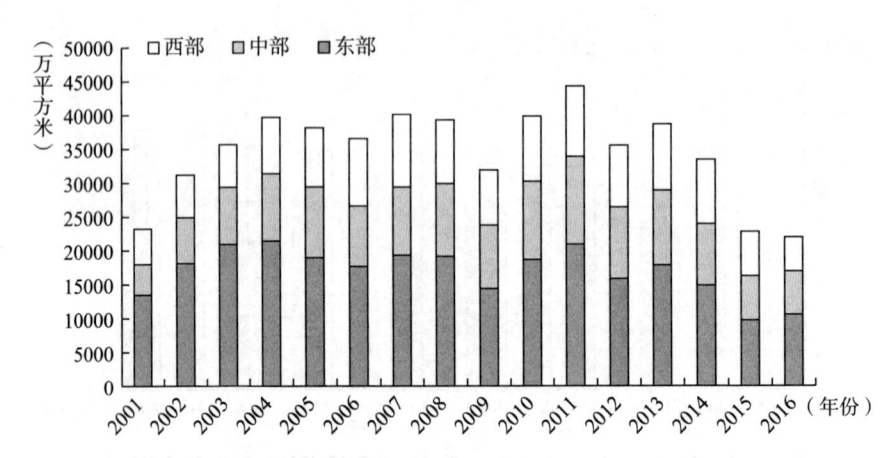

图 6-13　2001~2016 年东、中、西部房地产开发企业土地购置面积

资料来源：《中国房地产统计年鉴 2017》。

二手房市场。在房地产市场中，新房与二手房可以在一定程度上相互替代。当新房价格较高时，购房者就会选择在存量市场购买旧房；当新房价格较低时，购房者则更倾向于购买新房。因此，新增房屋的价格会受到存量市场价格机制与竞争力量的制约。在一般情况下，房地产市场的存量市场是市场交易的主体。事实上，在成熟的国家或地区，房地产存量市场的房屋交易量非常大。但在我国，由于观念和社会习俗的差异，以及房地产市场的发展时间较短，增量市场占有更重要的地位。

二手房市场的完善与否是影响房价的重要因素。自 1999 年基本明确开放二级市场的政策实施以来，我国房屋二级市场也有了较为明显的发展，近几年在一些房地产市场较为发达的大中城市，二手房交易量已经逐渐超过新房交易量。中国指数研究院的统计数据显示，2016 年前 4 个月，北京、上海和深圳的二手房成交面积分别为 791.7 万平方米、1089.03 万平方米和 421.74 万平方米，是新房成交面积的 3.5 倍、2 倍和 2.3 倍，可见一线城市的房地产市场已逐渐步入以存量房交易为主的阶段。但我国房地产存量市场发展程度与欧美发达国家相比还有较大差距，在美、德、英、法及日本等发达国家，存量房与新房的交易比为 8~10，对房地产市场发展本身相对落后的西部地区而言，存量市场的发展可能要经历一个更长的过程。正是二手房市场的欠发达，才迫使大量的市场需求投向增量市场，加大了新房市场的压力，也使新房房价一路攀升。而真正成熟的市场模式是小部分

"升级换代"的消费者选择购买新房,其余大部分人选择在存量房市场中购买二手房来满足住房需求。因此,通过采取一些有效措施,加快西部地区二手房市场的发展,进一步敞开供应以抑制房地产市场价格的快速上涨是十分必要的。

3. 房地产租赁市场

房屋租赁与房屋购买之间同样存在相互替代关系。当房地产销售价格过高时,部分购房需求会转入房地产租赁市场变为租房需求,从而使购房市场降温。但如果居民更倾向于选择购房居住,这种互替关系也并不是必然发生的。本书通过房价租金比和房屋销售与租赁面积之比来考察西部地区购房与租房之间的关系。

房价租金比,是指在一定时期和一定区域范围内,每平方米"房价"与每平方米"月租金"之间的比值。一般认为房屋租赁难以进行市场投机,因而市场均衡状态下的租金往往较为真实地反映了房地产市场整体的供需关系;而居民的购买行为往往具有潜在的投资性,使房屋买卖的行为带有投机性,房价可能背离其价值而产生泡沫,所以房价租金比是衡量房地产市场泡沫的一个重要指标。

表6-7列出了朱仁友、韦江江经过计算所得出的西部地区2005~2010年房价租金比[①]。他以2005~2011年发行的五年期国债利率平均值和最高值分别作为投资回报率的上下限,对西部地区房价租金比合理性标准进行估算,将房价租金比的合理区间设定为200~250。当数值大于上限250时,说明房价相对过高,购房后再出租的投资回报率较低,房地产市场存在过度投资和投机成分。相反,当房价租金比小于下限200时,说明出租房屋的资本回报率较高,对消费者而言选择购房可能更优于租房。从表6-7中可以看出,西部地区房价租金比大致上呈上升趋势,2005年西部有六个省区市未达到房价租金比合理区间的下限,仅有云南一省超出合理区间上限;2010年西部仅有内蒙古低于合理区间下限,却有十个省区市突破了合理区间上限,反映出西部地区房地产市场存在一定程度的非理性投机。

---

① 文中的房价租金比采用的计算公式为每平方米新增商品住宅价格除以每平方米月租金价格,即房屋销售价格除以月租金,是出租房屋月投资回报率的倒数。

表 6-7 2005~2010 年西部地区 12 省区市房价租金比

省区市	2005 年	2006 年	2007 年	2008 年	2009 年	2010 年
内蒙古	155	162	171	176	170	172
广西	190	191	238	236	245	232
重庆	172	174	214	193	233	253
四川	191	233	319	299	282	283
贵州	179	202	211	203	283	282
云南	295	299	273	264	231	277
西藏	233	220	339	391	217	304
陕西	236	246	239	224	245	260
甘肃	204	190	223	175	239	258
青海	202	225	275	238	247	251
宁夏	199	168	172	166	200	210
新疆	211	193	213	215	230	256
西部地区	206	209	241	232	240	253

资料来源：朱仁友、韦江江《西部地区房价租金比的动态变化及对策建议》，《价格月刊》2013 年第 7 期。

表 6-8 列出了 2005~2016 年我国三大地区房地产销售面积与租赁面积之比，可以进一步说明西部地区乃至全国房地产市场存在的非理性现象。从表 6-8 中可以看到，2010 年以来，随着房地产销售价格的持续上涨，房地产出租面积却持续下降，销售面积与租赁面积之比整体呈上升趋势，尤其是中、西部地区上升幅度较大。而东部地区作为率先发展起来的经济带，出租面积占全国的 70% 以上，但销售面积与租赁面积之比相对较为稳定。这一方面反映出中、西部地区房地产租赁市场发展还不够完善，另一方面也说明中、西部地区房地产市场存在一定程度的非理性投机，造成了房屋销售和租赁比例的失衡。

表 6-8 2005~2016 年东、中、西部地区房地产出租面积及销售面积与出租面积之比

单位：万平方米

年份	东部		中部		西部	
	出租面积	销售/出租	出租面积	销售/出租	出租面积	销售/出租
2005	3027.738	10.26	542.0553	21.39	677.5208	18.94

续表

年份	东部		中部		西部	
	出租面积	销售/出租	出租面积	销售/出租	出租面积	销售/出租
2006	3131.819	10.58	367.9318	37.52	765.5759	19.48
2007	3518.966	11.21	404.4205	45.44	668.9004	29.22
2008	4404.697	7.42	801.1242	20.43	864.7315	19.56
2009	3602.207	13.55	411.0036	53.22	693.8454	34.69
2010	3840.267	13.29	512.6793	51.37	705.2777	38.85
2011	3537.778	14.23	355.9626	82.97	607.376	48.57
2012	3446.864	15.44	308.5926	97.67	424.3252	65.85
2013	3035.053	20.91	354.9955	99.13	372.5379	85.58
2014	2543.768	21.53	332.165	101.83	393.1454	81.57
2015	2488.99	23.88	151.2281	237.37	335.2455	98.95
2016	2549.501	28.59	250.0732	184.38	481.4174	79.65

资料来源：根据国家统计局网站 2001~2016 年相关数据整理，http://data.stats.gov.cn/。

第二节　西部地区房地产结构与区域经济发展的实证分析

房地产业作为目前我国支柱性产业之一，对经济增长的拉动作用可直接从房地产投资与房地产消费两方面得到体现。但如果存在房地产结构不合理的情况，如别墅和高档公寓投资过多，也可能产生两方面的不利影响。

一是对消费的挤出效应。高档住宅本身价格较高，当该类房地产投资比例过高时，整体房价容易被推高，同时中低档住宅供给比例下降，需求却很旺盛，导致该类房地产价格也会上涨。而房价攀升最直接的影响就是造成房地产消费的减少；另一方面，虽然对有房者来说房价上涨可能会带来资产升值的财富效应，但也有相当一部分居民为存钱买房或偿还房贷会减少其他（非房地产）方面的消费。对此已有多位学者进行过实证检验，张存涛的研究发现，我国房价上涨对社会消费产生了负向的抑制作用。[1] 骆

---

[1] 张存涛：《中国房地产财富效应——基于1987~2005年数据的实证分析》，《世界经济情况》2007年第11期。

骆祚炎认为，中国经济转型正在发生深刻的变化，房地产价格的快速增长加剧了居民减少当前消费而增加储蓄的心理。①

二是对投资的挤出效应。结构不合理导致的房价高涨和楼市过热，对房地产投资本身有一定的正向影响，但对其他产业的投资则会产生负面的挤出效应。金通和倪焱认为投资的趋利性促使社会资金流入利润率高的房地产业，从而减少了非房产的投资活动；另外，高房价直接提高了产业投资的经营成本，从而抑制了社会投资活动。②

一 西部地区房地产结构对居民消费的影响分析

（一）模型设计和变量选取

在所有房地产产品类型中，别墅和高档公寓、办公楼、商业用房的销售价格远远高于其他类别，若这三者的投资比例出现明显增长，则更容易导致整体房价的上涨。近年来，这三者特别是办公楼和商业用房在整个房地产投资中所占比重确实有上升趋势，因此，本书提出以下假设。

H_1：别墅/办公楼/商业用房投资比例的上升会对居民消费产生显著的挤出效应，且这种挤出效应会抵消房价上涨产生的财富效应。

为检验假设，利用 2000～2012 年③西部地区 11 个省区市④房地产投资和居民收支情况的相关面板数据，以居民人均消费支出为被解释变量，以居民可支配收入和别墅、办公楼、商业用房投资各自占房地产总投资的比重为解释变量建立计量方程：

$$\ln xf_{i,t} = \alpha_1 + \alpha_2 \ln sr_{i,t} + \alpha_3 fdc_{i,t} + \varepsilon_{i,t} \tag{6.1}$$

方程（6.1）中，$fdc_{i,t}$ 分别用 $pbs_{i,t}$、$pbg_{i,t}$、$psy_{i,t}$ 代入做三次回归，通过固定效应模型的 F 检验和 Hausman 检验选择回归模型为混合 OLS 模型、固定效应模型或随机效应模型，表 6-9 列出了模型中各变量具体的经济含义。

---

① 骆祚炎：《基于流动性的城镇居民住房资产财富效应分析——兼论房地产市场的平稳发展》，《当代经济科学》2007 年第 4 期。
② 金通、倪焱：《房地产泡沫化对消费与投资的挤出效应》，《浙江经济》2003 年第 21 期。
③ 由于 2013 年后居民可支配收入统计口径发生变化，因而数据仅取到 2012 年。
④ 西藏自治区由于数据缺失问题较为严重，暂不纳入模型。

第六章 西部地区房地产结构与区域经济发展协调的实证分析

表 6-9 各变量具体经济含义

变量名	经济含义
xf	常住人口平均消费支出
sr	居民人均可支配收入①
pbs	别墅和高档公寓投资占房地产投资的比重
pbg	办公楼投资占房地产投资的比重
psy	商业住宅投资占房地产投资的比重

数据主要来源于《中国统计年鉴》《中国固定资产投资年鉴》《中国房地产统计年鉴》，对于以现价表示的名义变量，采用各地区相应年份的价格指数将其调整为实际值，以 2000 年为基期，人均消费支出与人均可支配收入的单位都是元。各变量描述性统计见表 6-10。

表 6-10 各变量描述性统计

变量	样本个数	均值	中位数	最大值	最小值	标准差
xf	132	4658.10	4172.65	11135.95	2018.27	1903.11
sr	132	9480.20	9029.67	17359.90	5175.88	2843.33
pbs	132	0.04	0.03	0.16	0.00	0.04
pbg	132	0.03	0.03	0.11	0.01	0.02
psy	132	0.14	0.13	0.33	0.06	0.05

（二）面板数据的平稳性检验

为判断各变量序列的平稳性，首先进行面板单位根检验。笔者选取 LLC、IPS、ADF 和 PP 四种检验方法。检验次序为首先检验含有截距项和趋势项的模型，再检验只含截距项的模型，最后检验二者都不含的模型。只有三个模型的检验结果都不能拒绝原假设时，才认为该序列是非平稳的。方程（6.1）中各变量单位根检验结果见表 6-11。

表 6-11 单位根检验

变量	LLC	IPS	ADF	PP
$\ln xf$	非平稳	非平稳	非平稳	非平稳

---

① 人均消费支出和人均可支配收入已根据居民消费价格指数进行了调整。

续表

变量	LLC	IPS	ADF	PP
lnsr	非平稳	非平稳	非平稳	非平稳
pbs	平稳（***）	平稳（***）	平稳（***）	平稳（***）
pbg	非平稳	非平稳	非平稳	非平稳
psy	非平稳	非平稳	非平稳	非平稳
Dlnxf	平稳（***）	平稳（***）	平稳（***）	平稳（***）
Dlnsr	平稳（***）	平稳（***）	平稳（***）	平稳（***）
Dpbg	平稳（***）	平稳（***）	平稳（***）	平稳（***）
Dpsy	平稳（***）	平稳（***）	平稳（***）	平稳（***）

注：*、**、***分别代表10%、5%和1%的显著性水平，下同。

从检验结果中可看出，若以四种检验方法均显示平稳作为序列平稳的条件，所有变量中仅有 pbs 即别墅和高档公寓投资比重为零阶单整序列，但其余变量均为一阶单整序列 I（1），可以进行面板数据的协整并建立长期均衡关系。

（三）协整检验和回归分析

对 lnsr、$pbs/pbg/psy$ 进行多变量协整检验，Kao 检验和 JJ 检验结果均显示变量之间存在协整关系，因而可进行回归分析，回归结果见表6-12。

表6-12　西部地区房地产结构对居民消费影响的回归结果

变量	别墅和高档公寓占比	办公楼占比	商业用房占比
lnsr	1.255*** (35.504)	1.319*** (33.686)	1.309*** (38.031)
pbs	-0.0084*** (-2.955)		
pbg		0.0215*** (3.859)	
psy			0.0109*** (5.628)
R-Square	0.907	0.911	0.920

回归结果显示，别墅和高档公寓投资比例的上升对居民人均消费支出具有显著的抑制作用，平均而言别墅和高档公寓投资占比每提升1个百分

点，人均消费支出将减少 0.008%；但办公楼和商业用房投资比例的上升却对人均消费支出具有显著的促进作用，平均而言办公楼投资占比每提升 1 个百分点，人均消费支出将增加 0.022%，商业用房投资占比每提升 1 个百分点，人均消费支出将增加 0.011%，且都通过了 1% 水平上的显著性检验。

因此，对于假设 H_1，接受别墅和高档公寓投资比例上升会对居民消费产生显著的挤出效应，且这种挤出效应大于房价上涨产生的财富效应，但拒绝办公楼和商业用房投资也具有相同影响。办公楼和商业用房投资比例上升可能也会对居民消费产生挤出效应，但这种挤出效应无法抵消比例上升所带来的财富效应，最终人均消费支出呈现增加。

造成这种差异的原因可能是别墅和高档公寓的投资属于住宅投资的一部分，而住宅恰恰是房地产中与人民生活最息息相关的一类产品。别墅和高档公寓投资比例的上升将就意味着中低档住宅投资比例的下降，而能负担起别墅价格的高收入人群毕竟是少数，大部分中低收入群体的需求依然集中于中低档住宅，这就造成中低档住宅供不应求、价格上升，居民购房压力进一步增大。结果是相当一部分居民一方面短期内无法实现房地产消费，另一方面为存钱买房还抑制了其他非房地产消费。虽然房价上升对一部分房地产拥有者来说意味着资产升值，但这些有房者们，尤其是那些不只拥有一套房产的人，本身属于社会中相对富裕的群体，他们的消费水平本身就较高，房价的变化一般不会对他们的消费产生明显的拉动作用，因此财富效应比较有限，最终别墅和高档公寓投资比例对居民消费的影响系数显著为负。

办公楼和商业用房并不直接满足居民的居住需求，与住宅在功能上几乎不存在替代性，办公楼和商业用房比例的上升对住宅价格的影响较为有限，对居民消费的挤出也较为有限。办公楼投资比例的增长从侧面反映出办公人员的增多，商业用房比例的增长体现了我国商业、金融业的快速发展，两者都能在一定程度上反映我国就业结构和产业结构的转型升级。这种转型升级给我国居民带来了更丰富更优质的商品，也提高了我国居民的收入水平，进而刺激消费水平的提升，因此办公楼和商业用房投资比例的上升对居民消费的影响系数显著为正。

随后，进一步比较西部地区和东、中部地区的差异，同样运用面板数据协整检验得到东部和中部地区回归结果（见表 6-13 和表 6-14）。

表 6-13　东部地区房地产结构对居民消费影响的回归结果

变量	别墅和高档公寓占比	办公楼占比	商业用房占比
$\ln sr$	1.211*** (21.525)	1.021*** (20.700)	1.212*** (21.969)
pbs	0.0036 (1.288)		
pbg		0.0572*** (8.765)	
psy			-0.0006 (-0.083)
$R-Square$	0.782	0.856	0.776

表 6-14　中部地区房地产结构对居民消费影响的回归结果

变量	别墅和高档公寓占比	办公楼占比	商业用房占比
$\ln sr$	1.088*** (29.102)	1.076*** (26.306)	1.126*** (28.258)
pbs	0.0089* (1.862)		
pbg		-0.0088 (-0.903)	
psy			0.0088*** (2.453)
$R-Square$	0.894	0.911	0.897

可以看到东部地区别墅和高档公寓投资和办公楼投资比例对人均消费支出的影响均为正，其中办公楼占比的影响系数为 0.0572，且通过了 1% 的显著性检验，别墅和高档公寓占比的影响系数为 0.0036，但不显著。商业用房投资比例对人均消费支出只具有非常微小的抑制作用，系数也没有通过显著性检验。这说明东部地区房地产投资，尤其是办公楼投资比例上升对居民消费的挤出效应相对较小，而财富效应相对较大，这和西部地区是类似的。

中部地区别墅和高档公寓投资比例上升对人均消费支出具有正向影响，且系数通过 10% 的显著性检验，而办公楼投资比例上升起到了微小的抑制作用，这两类房地产的回归结果与西部地区相反。商业用房投资比例上升对人均消费支出具有显著的正向推动作用，平均而言投资比例每提升1个百分点，人均消费支出将增长0.009%，且在1%水平上显著。整体上看中部地区房地产结构对居民消费支出的影响最小，可能是由于中部地区房价波动幅度比东、西部小，居民调整消费支出的敏感度就相对较低。

二 西部地区房地产结构对其他产业投资的影响分析

（一）模型设计和变量选取

近年来，随着产业结构的升级，办公楼和商业用房投资不断增多，逐渐成为房地产投资的新热点，2016年《中国房地产投资回报率调查报告》显示，商铺和写字楼静态租赁回报率分别达到4.0%和4.4%，长期租赁回报率分别达到6.3%和7.3%，显示出远高于住宅的收益率和投资前景。但由于社会资源和资金的有限性，如果办公楼和商业用房的投资过多，房地产业持续过热，就可能造成其他产业资本的不足。这里我们提出以下假设。

H_2：别墅/办公楼/商业用房投资比例的上升会对其他产业投资产生显著的挤出效应。

本部分计量模型与前一部分类似，利用2000~2015年西部地区省际面板数据，解释变量依然是别墅和高档公寓/办公楼/商业用房投资占总投资的比重，被解释变量变为除房地产投资以外的固定资产投资 $k_{i,t}$，除此之外与模型6.1还存在两点差异。

一是由于信贷相关的省际面板数据较少，无法较好引入利率变量作为方程的控制变量，本部分最终采用双变量模型进行回归检验。

二是由于 pbs 为零阶单整序列，pbg 和 psy 为一阶单整序列，而 $\ln k$ 经单位根检验后显示也为一阶单整序列，两个 I（1）序列之间可以建立协整关系，但一个 I（1）序列和一个 I（0）序列无法直接进行回归分析，因此构建方程（6.2）和（6.3），方程（6.2）用于估计办公楼和商业用房投资比例对其他产业投资的影响，方程（6.3）用于估计别墅和高档公寓投资比例对其他产业投资的影响：

$$\ln k_{i,t} = \alpha_1 + \alpha_2 pbg_{i,t}(psy_{i,t}) + \varepsilon_{i,t} \qquad (6.2)$$

$$\ln \frac{k_{i,t}}{k_{i,t-1}} = \alpha_1 + \alpha_2 pbs + \varepsilon_{i,t} \qquad (6.3)$$

其中 $\ln \frac{k_{i,t}}{k_{i,t-1}}$ 可近似代表非房地产投资的增长率，变换后成为 I（0）序列，可与 pbs 进行回归分析。

(二) 回归结果分析

通过 JJ 检验和 Kao 检验得出方程（6.2）中各变量之间存在协整关系，根据 F 检验和 Hausman 检验结果选择混合 OLS 模型或固定效应模型或随机效应模型，最终得到方程（6.2）和（6.3）回归结果如表 6 – 15 所示。

回归结果显示，办公楼和商业用房比例的上升对其他产业投资具有显著的抑制作用。平均而言，办公楼投资比例每上升 1 个百分点，其他产业投资将减少 0.096%，且通过 1% 水平上的显著性检验；商业用房投资比例每上升 1 个百分点，其他产业投资将减少 0.026%，该结果通过 5% 水平上的显著性检验。而根据方程（6.3）回归结果，别墅投资比例的上升对其他产业投资增速也具有减缓作用，但系数并未通过显著性检验。

表 6 – 15　西部地区房地产结构对其他产业投资影响的回归结果

变量	方程（6.2）		方程（6.3）
	办公楼占比	商业用房占比	别墅和高档公寓占比
pbg	-0.096 *** (-3.409)		
psy		-0.026 ** (-2.151)	
pbs			-0.002 (-1.132)
R – Square	0.647	0.631	0.269

由此，接受假设 H_2 中办公楼和商业用房投资比例上升会对其他产业投资产生显著的挤出效应，但拒绝别墅和高档公寓投资比例上升也具有类似影响。办公楼和商业用房近年来投资比重不断增大，有一部分是第三产业发展的结果，但需要注意的是它们的空置率也在不断上升，根据国际标准已处于严重积压状态，因而不能否认这两类房地产存在过度投资的现象，

挤占了本可以流入其他产业的资金，造成了社会资源的浪费。

为进一步比较西部地区与东、中部地区差异，以相同方法得到东、中部回归结果见表 6-16 和表 6-17。

东部地区别墅和高档公寓及办公楼投资比例上升对其他产业投资具有抑制作用，平均而言，办公楼投资比例每上升 1 个百分点，其他产业投资将减少 0.048%，别墅投资比例每上升 1 个百分点，其他产业投资增速将降低 0.002 个百分点，这两个结果均通过了 5% 的显著性检验。但商业用房投资比例上升对其他产业投资具有正向拉动作用，影响系数为 0.160，在 1% 水平上显著，说明东部地区商业房地产对其他产业的关联效应可能大于西部。

中部地区别墅和高档公寓和商业用房投资比例上升对其他产业投资具有抑制作用，其中商业用房的影响系数为 -0.037，且通过了 1% 水平的显著性检验，而别墅和高档公寓投资的系数不显著。办公楼投资比例上升对其他产业投资则具有正向拉动作用，影响系数为 0.062，通过了 5% 水平的显著性检验，说明中部地区办公楼作为其他产业的一个配套设施，可能对其他产业发展产生了更大的促进作用。

表 6-16　东部地区房地产结构对其他产业投资影响的回归结果

变量	方程 (6.2)		方程 (6.3)
	办公楼占比	商业用房占比	别墅和高档公寓占比
pbg	-0.048** (-2.498)		
psy		0.160*** (7.823)	
pbs			-0.002** (-2.363)
$R-Square$	0.391	0.543	0.396

表 6-17　中部地区房地产结构对其他产业投资影响的回归结果

变量	方程 (6.2)		方程 (6.3)
	办公楼占比	商业用房占比	别墅和高档公寓占比
pbg	0.062** (2.606)		

续表

变量	方程（6.2）		方程（6.3）
	办公楼占比	商业用房占比	别墅和高档公寓占比
psy		-0.037 *** (-4.142)	
pbs			-0.002 (-0.628)
R - Square	0.910	0.917	0.565

三 西部地区房地产结构对区域经济增长的影响分析

（一）模型设计和变量选取

前面讨论了房地产结构变化分别对居民消费和其他产业投资产生的影响，本部分则重点研究房地产结构对区域经济增长整体的影响，并对东、中、西三大地区进行对比分析。本书借鉴了黄忠华等采取的研究方法，基于包含房地产投资要素的经济增长模型，建立关于地区经济增长的长期方程。① 为方便观察房地产结构对区域经济的影响，将房地产投资按照产品结构分解为住宅投资、办公楼投资、商业用房投资和其他用房投资以体现房地产投资结构，同时引入房地产空置率变量以体现房地产供求结构。对各个变量分别取对数后，建立计量方程（6.4）。

$$\ln gdp_{i,t} = \alpha_1 + \alpha_2 \ln k_{i,t} + \alpha_3 \ln labor_{i,t} + \alpha_4 \ln zz_{i,t} + \alpha_5 \ln bg_{i,t} + \alpha_6 \ln sy_{i,t} \\ + \alpha_7 \ln qt_{i,t} + \alpha_8 vz_{i,t} + \alpha_9 vb_{i,t} + \alpha_{10} vs_{i,t} + \alpha_{11} vq_{i,t} + \varepsilon_{i,t} \quad (6.4)$$

各变量所代表的经济含义见表6-18。

表6-18　模型6.4各变量的经济含义

变量名	经济含义
gdp	地区生产总值*
k	除房地产投资以外的固定资产投资额*
Labor	人力资本，即劳动力人口×平均受教育年限

---

① 黄忠华、吴次芳、杜雪军：《房地产投资与经济增长——全国及区域层面的面板数据分析》，《财贸经济》2008年第8期。

续表

变量名	经济含义
zz	住宅投资额
bg	办公楼投资额
sy	商业用房投资额
qt	其他用房投资额
vz	住宅空置率
vb	办公楼空置率
vs	商业用房空置率
vq	其他用房空置率

注：*地区生产总值已根据居民消费价格指数进行了调整。
**固定资产投资额已根据固定资产投资价格指数进行了调整，包括各类别房地产投资。

本部分主要利用 2005～2014 年全国 30 个省区市经济增长、房地产业投资及空置情况的相关面板数据进行分析，地区生产总值与投资额的单位均为亿元。各变量描述性统计见表 6-19。

表 6-19 模型 6.4 各变量的描述性统计分析

变量	样本个数	均值	中位数	最大值	最小值	标准差
gdp	300	11246.43	8866.66	51261.48	487.86	9645.42
k	300	5194.85	4035.21	25353.04	271.35	4307.29
$Labor$	300	21750.76	17867.30	59342.12	1966.88	14442.94
zz	300	1070.93	681.53	5630.03	14.96	1101.49
bg	300	58.32	24.26	555.19	0.40	80.01
sy	300	155.78	102.11	849.76	2.67	157.18
qt	300	157.51	104.28	908.10	1.93	162.87
vz	300	9.67	8.06	40.64	1.78	6.02
vb	300	24.05	21.05	127.27	1.63	15.40
vs	300	27.63	26.29	68.54	7.07	12.18
vq	300	21.56	19.48	71.93	3.34	11.10

（二）面板数据的平稳性检验

与本章前两部分采用相同的方法，对方程（6.4）中各变量进行面板单位根检验，结果见表 6-20。

表 6-20　单位根检验

变量	LLC	IPS	ADF	PP
$\ln gdp$	平稳（***）	非平稳	平稳（**）	平稳（***）
$\ln k$	平稳（***）	非平稳	非平稳	非平稳
$\ln Labor$	平稳（***）	非平稳	平稳（*）	平稳（***）
$\ln zz$	平稳（***）	非平稳	非平稳	平稳（***）
$\ln bg$	平稳（***）	非平稳	非平稳	平稳（***）
$\ln sy$	平稳（***）	非平稳	非平稳	平稳（***）
$\ln qt$	平稳（***）	非平稳	平稳（**）	平稳（***）
vz	平稳（***）	非平稳	非平稳	非平稳
vb	平稳（***）	非平稳	平稳（***）	平稳（***）
vs	平稳（***）	非平稳	非平稳	非平稳
vq	平稳（***）	平稳（**）	平稳（***）	平稳（***）
$D\ln gdp$	平稳（***）	平稳（***）	平稳（***）	平稳（***）
$D\ln k$	平稳（***）	平稳（***）	平稳（***）	平稳（***）
$D\ln Labor$	平稳（***）	平稳（***）	平稳（***）	平稳（***）
$D\ln zz$	平稳（***）	平稳（***）	平稳（***）	平稳（***）
$D\ln bg$	平稳（***）	平稳（***）	平稳（***）	平稳（***）
$D\ln sy$	平稳（***）	平稳（***）	平稳（***）	平稳（***）
$D\ln qt$	平稳（***）	平稳（***）	平稳（***）	平稳（***）
Dvz	平稳（***）	平稳（***）	平稳（***）	平稳（***）
Dvb	平稳（***）	平稳（***）	平稳（***）	平稳（***）
Dvs	平稳（***）	平稳（***）	平稳（***）	平稳（***）

从检验结果可看出，若以四种检验方法均显示平稳作为序列平稳的条件，那么所有变量中能拒绝存在单位根假设的只有 vq，但一阶差分后所有变量都能在1%的显著水平上拒绝存在单位根的原假设，即 vq 为零阶单整序列，剩余变量均为一阶单整序列 I（1），因而初步判断可以对变量进行面板数据的协整并建立长期均衡关系。

（三）协整检验和回归分析

通过面板协整检验可以判断变量之间存在协整关系，故可以通过回归模型来检验房地产结构对地区经济增长的影响。根据固定效应模型的 F 检验和 Hausman 检验结果，最终确定建立个体固定效应模型，得到全国及东、中、西部三个地区的回归结果见表 6-21。

回归结果显示，资本和劳动对经济增长具有显著的正向拉动作用，与柯布-道格拉斯生产函数一般形式较为吻合。但由于资本变量中房地产投资被单独剥离出来，因而不能直接判断规模报酬是递增、递减还是不变。

从住宅来看，全国和东、西部地区住宅投资对经济增长均具有显著的正向拉动作用，全国住宅投资平均每增长 1%，GDP 平均将增加 0.16%，而东、西部地区的弹性系数分别为 0.278 和 0.262，均高于全国的弹性系数。由于住宅投资通常占房地产投资的 60% 以上，因而在所有类别的房地产中它对经济增长的影响是最大的，这点通过弹性系数的比较就可以得到印证。但是唯独中部地区和东、西部出现了较大的差异，中部地区住宅投资对经济增长产生了一定的负面影响，弹性系数为 -0.094，并且通过了 10% 水平的显著性检验。这说明近年来中部地区房地产市场发展处于一个相对不景气的状况，相当一部分住宅供给没有相应的需求来消化，无法发挥对经济的拉动作用。目前中部地区的确面临经济增速放缓、经济结构落后等问题，甚至出现了较严重的人口外流现象，由此房地产业出现低迷也在情理之中。

表 6-21　房地产结构对区域经济增长影响的回归结果

变量	全国	东部	中部	西部
$\ln k$	0.316 *** (11.955)	0.233 *** (5.341)	0.471 *** (8.187)	0.254 *** (5.286)
$\ln Labor$	0.646 *** (8.372)	0.955 *** (7.980)	0.776 *** (3.693)	0.485 *** (3.530)
$\ln zz$	0.156 *** (5.536)	0.278 *** (4.400)	-0.094 * (-1.696)	0.262 *** (5.849)
$\ln bg$	0.026 * (1.892)	-0.008 (-0.352)	-0.002 (-0.099)	0.015 (0.648)
$\ln sy$	-0.048 ** (-2.167)	-0.080 * (-1.926)	-0.071 (-1.575)	-0.044 (-1.279)
$\ln qt$	0.053 *** (3.452)	0.018 (0.559)	0.148 *** (4.272)	0.042 ** (2.001)

续表

变量	全国	东部	中部	西部
vz	-0.0047*** (-2.714)	-0.0083*** (-2.960)	0.0001 (0.034)	-0.0022 (-0.632)
vb	-0.0004 (-0.942)	-0.0007 (-0.915)	0.0021*** (2.773)	-0.0016* (-1.7590)
vs	0.0050*** (5.831)	0.0053*** (4.170)	0.0040** (2.152)	0.0045*** (3.036)
vq	-0.0002 (-0.245)	0.0013 (0.918)	-0.0029** (-2.132)	-0.0004 (-0.372)
R-Square	0.995	0.996	0.986	0.995

另外，住宅空置率对地区经济增长也会产生一定的影响。其中东部地区体现为负向的阻碍作用，住宅空置率平均每增加1个百分点，地区GDP将减少0.008%，且该系数通过了1%水平的显著性检验。西部地区住宅空置率同样对经济增长具有负面影响，但影响较为微弱，系数没有通过显著性检验。中部地区住宅空置率对经济增长的影响则微乎其微。根据前面的研究结果，住宅中空置率最高的类别是别墅和高档公寓，而东部是别墅和高档公寓投资比例最高的地区，可见别墅等高档住宅的投资比例应当控制在一个适当的水平，否则很可能拉高住宅整体空置率，以致阻碍区域经济的增长。

从办公楼来看，虽然全国层面办公楼投资对经济增长能够起到正向拉动作用，并且通过了10%水平的显著性检验，但区域视角下三大地区办公楼投资对经济增长的作用都比较微弱，没有通过显著性检验。而在办公楼空置率方面，中部地区和西部地区出现了相反的情况，办公楼空置率平均每增加1个百分点，中部地区GDP将增长0.002%，西部地区GDP则减少0.0016%，两个系数分别通过1%和10%的显著性检验，而东部地区影响不显著。根据前面的结果，西部地区办公楼空置率位列三大地区之首，可见有必要重视该类房地产库存的消化。

商业用房的结果值得关注。回归结果显示，东、中、西部三大地区商业用房投资对区域经济均产生了负面影响，其中东部地区弹性系数为-0.08，且通过了10%的显著性检验，中西部地区弹性系数分别为-0.07和-0.04，但并未通过显著性检验。再看空置率，三大地区商业用房空置率对区域经济均产生了正向影响，且分别通过了1%、5%和1%的显著性检验。以西部为例，商业用房空置率平均每增加1个百分点，地区GDP将增长0.005%。商业用房投资和空置之所以产生了截然相反的影响，可能跟电子商务的发展具有密切的关联。2005年至今正是电商高速发展繁荣的阶段，实体零售业受到了巨大的冲击，与实体店息息相关的商业房地产自然也遭受影响，许多传统商铺经营惨淡，最后迫于租金压力停业，因此，投资商业用房甚至对经济产生了负效应。但是电子商务产生的巨大经济效益极大地拉动了地区经济的增长，虽然传统商铺相对萧条，空置率不断上升，但这部分损失与电商的效益相比并不算大，因而出现了空置率和GDP同时增长的现象。不过，这不代表我们可以放任商业用房的空置率一直升高。如今传统商业应该尽可能向高端高品质转型，增强用户体验，发挥电商所不具备的优势，而商业用房的投资应该更加谨慎，重点消化现有库存，整合现有资源。

从其他用房看，中部地区和西部地区其他用房投资对区域经济增长具有正向拉动作用，弹性系数分别为0.15和0.04，且通过1%和5%的显著性检验。同时中、西部地区其他用房空置对区域经济具有负面影响，只是西部影响较为微弱，没有通过显著性检验。这说明，近年来中、西部地区基础设施的完善程度对区域经济的影响是显著的，而东部地区由于发展起步较早，基础设施和公共资源也较早达到相对完善的程度，因此虽然影响方向和其他两个地区相同，但影响都不显著。

综合以上分析，可以发现东、中、西部三大地区房地产结构对区域经济增长的影响还是有一些差异的，不同地区显示出的问题也应该有针对性地去解决，比如东部地区要适当控制别墅和高档公寓的投资比例，中部地区要通过整体经济的调整来改变房地产市场不景气的现状，西部地区需要更加注意办公楼空置率过高的问题等。

第三节　本章小结

本章对西部地区房地产产品结构和层次结构进行了分析，得出以下结论。

第一，从房地产产品供给结构来看，住宅在整个房地产产品结构中占绝对主体地位，而住宅内部不同档次产品类型之间的比例关系随时间的推移发生了明显的变化。具体而言，别墅的供给比例变化不大，经济适用房的比例急剧降低，普通住宅的比例则逐渐增加。与住宅相比，办公楼和商业营业用房所占比例波动相对较小。另外，住宅投资对地区经济增长具有显著拉动作用，但住宅空置率过高则会抑制地区经济的增长。

第二，从房地产产品需求结构来看，西部地区各类房屋空置率呈现先降后升的趋势，2011年起西部地区房屋空置率超过警戒线10%。在各类产品中，住宅的空置率长期较低，但2013年起超过10%；而办公楼、商业营业用房和其他房地产产品长期处于积压状态，空置率在20%以上，对地区GDP增长产生了一定的抑制作用。总体来看，近年来西部地区商品房积压现象日趋严重，有待采取调控措施消化多余库存。

第三，从房地产市场层次结构来看，西部地区二手房市场欠发达，2010年以来，房屋出租面积持续下降，房屋销售面积与租赁面积之比不断上升。

第四，从房地产投资结构来看，别墅投资占房地产总投资的比重过高，会对地区居民消费支出产生显著的挤出效应。虽然近年来西部地区别墅投资占比基本稳定在3%~5%，这个比例并不算高，但别墅空置率却出现大幅增长，可见与居民可负担的需求量相比，别墅等高档住宅的供给依然偏多，而更符合居民购买需求的中低档住宅供给偏少，这不仅导致居民房地产消费无法实现，还可能抑制居民其他非房地产需求。

第五，办公楼和商业用房投资占比过高，会对地区其他产业投资产生显著的挤出效应。由于这两类房产较高的投资回报率，近年来有相当一部分投资性需求开始转向写字楼和商业用房，但是这两类房地产产品长期维持着较高的空置率，现已超过30%，在库存积压已经十分严重的情况下仍然有大量资金不断涌入这两类房产的开发，这必然会造成社会资源的浪费，尤其不利于其他产业资本的积累。

第七章

西部地区房地产市场与区域经济发展失调的原因分析

第一节 西部地区房地产投资与区域经济发展失调的原因分析

受地理位置、经济和社会发展水平等因素的影响，相对东部沿海发达地区来说，西部地区的房地产投资规模早前并不大，这不仅严重阻碍了房地产业的发展，也在很大程度上影响了西部地区房地产业对国民经济的贡献率。为提高西部地区的经济和社会发展水平，我国政府于2000年提出"西部大开发"的区域发展政策。在西部大开发战略推进下，西部地区的交通、水利、能源、市政等基础设施建设快速发展，经济水平大幅提高，西部地区的房地产开发投资高位大幅反弹。前面的实证研究表明，西部地区房地产投资与西部地区经济发展失调的表现主要是近年来西部地区房地产投资规模过大，投资速度过快，过量的房地产开发投资已给西部地区的经济增长带来了一定的负面影响。西部地区房地产投资出现的问题可以用以下四个方面的原因进行解释。

一 城镇化的推进

城镇化水平能够反映一个国家或地区的经济发展水平，并且与一个国家或地区的经济发展水平呈正相关关系。当一个国家或地区的经济快速发展时，城镇化进程也会随之加快，人口、生产和财富将向大城市和发达地带聚集。城市人口的增加导致房地产需求旺盛，使房地产投资大幅增加。城镇化主要通过以下路径来拉动房地产投资。

首先，城镇化进程势必会对城市所提供的基础设施包括道路、桥梁、供水、供气、供热、公交、燃气、污水、垃圾、园林、绿化等进行配套和完善，当城市拥有充足的、运行良好的和高效的基础设施时，房地产开发项目周边的区位条件也得到了改善，土地价格上涨，房价也随之上涨，房价的上涨进一步刺激房地产投资的增加。

其次，随着城镇化进程的加快，大量农村人口逐渐向城市转移，必将伴随着人口职业的转变、产业结构的转变、土地及地域空间的变化。人口职业的转变让大批低收入居民群体转变为高收入居民群体，城市居民的消费能力提高，他们在购买刚需住宅和改善性住宅时的购买力随之增强，这不仅有利于促进房地产产品类型的多样化，也有利于促进房地产投资的增加和房地产投资水平的提高。产业结构的转变使原来从事传统低效的第一产业的劳动力转向现代高效的第二产业和第三产业，在第二产业和第三产业的发展过程中，需要匹配相应的办公楼和商业营业用房等房地产产品，从而促进了房地产投资的增加。土地是城市空间扩张的核心，一些地方政府在利益的驱动下，在城市扩建中大搞开发区建设，大量郊区土地被占用，用于招商引资和发展经济。在大量农业用地转变成城市建设用地过程中，需要房地产投资来实现土地用途和利用结构的变化。这样，土地用途和利用结构的变化造成的房地产开发规模和开发空间布局的变化，无论是对房地产投资规模还是对房地产投资结构都产生了重要的影响。另外，城镇化的推进让城市的地域空间在不断扩张。据统计，2003~2008年，短短五年的时间内，云南的城区面积增加了213.16平方公里，增长幅度为51.9%；宁夏的城区面积增长了50.84%，净增104.79平方公里。在西部地区，虽然城区地域扩张很难覆盖所有的农村地区，但是由于城市道路的修建与城区面积的扩张是相互促进的，尤其是城郊现代化交通网络的形成，在一定程度上推动了城区与郊区的融合，为郊区剩余劳动力转移到城市提供了便利条件，转移到城区的郊区人口对房地产有较大需求，这也将直接带动房地产投资的增加。

综上，城镇化意味着对城市房地产、工业和商业房地产需求的大量增长。《中国投资发展报告（2013）》指出，截至2030年，中国的城镇化水平将达到70%，城镇人口将在10亿人以上，其中有3亿人由农村移居到城市和城镇。另据统计，1949~2014年，我国城镇化率从10.64%增长到54.77%，增加了44.13个百分点。但值得注意的是，我国各个区域城镇化发展并不均衡。以2014年东、中、西部地区的城镇化率为例，东部地区的城镇化率在60%以上，中部地区在50%左右，而西部地区要更低一些。

从城镇化发展与房地产投资关系的研究来看，龙奋杰和吴公樑用暂住人口的数量与比例来反映城市的集聚效应，发现人口因素对房地产投资有显著的影响。[1] 向为民和李娇实证检验了我国1986~2003年城镇化发展和房地产投资的联系，发现我国城镇化的发展速度慢于房地产投资的增长速度，并且城镇化发展水平和房地产投资规模之间互为因果关系。[2] 高晨红的研究也得到类似结论，指出我国的城镇化发展水平与房地产投资之间是相互因果关系，房地产开发投资促进了城镇化发展，城镇化发展水平的提高也刺激了房地产开发投资的增加，只是这种促进作用存在时滞。[3] 对西部地区而言，城镇化主要从以下两个方面对西部地区房地产投资产生影响。

（一）对房地产投资总量的影响

美国地理学家诺瑟姆研究发现，城镇化进程具有阶段性的特征。从对大部分国家的观察来看，在城镇化的初级阶段，城市人口的增长速度较慢，当城市人口占比超过10%时，城镇化进程开始逐渐加快。当城市人口占比高于30%后，城镇化进程呈加快发展趋势，直至城市人口占比超过70%以后，这一加速发展的势头才得以减缓，这时城镇化进程出现停滞或减速发展的趋势。总的来说，城镇化进程沿时间变化呈现的阶段性特征符合"S"形曲线的规律。[4]

从第三章的分析中可以看到，2000~2015年，西部地区的城镇化发展

---

[1] 龙奋杰、吴公樑：《城市人口对房地产投资的影响研究》，《土木工程学报》2003年第9期。
[2] 向为民、李娇：《城市化水平与房地产投资增长率的关系研究》，《重庆建筑大学学报》2007年第1期。
[3] 高晨红：《城镇化背景下我国房地产投资波动研究》，《河北金融》2013年第11期。
[4] 刘起中、吴娟：《城市化进程与中国城市化战略的反思》，《湖南城市学院学报》2006年第3期。

水平与房地产开发投资规模处于稳定上升的趋势。受地理位置、发展基础、交通及其他配套设施建设等影响，西部地区的房地产市场相对东部地区来说起步较晚，因此，西部地区的房地产开发投资规模明显小于东部地区。2005年以前西部地区的房地产开发投资额比较低，且增速缓慢，直至2005年以后，西部地区的房地产开发投资额才呈现上升状态。与此同时，2005年以来，西部地区的城镇化率平均为30%，当然个别省区市除外。如西藏的城镇化率就一直低于30%；2005~2009年，贵州的城镇化率也不到30%。2005~2015年西部地区的城镇化水平是逐年递增的，从2005年的35.18%上升到2015年的48.25%，按照城镇化进程中"S"形曲线的规律，西部地区城镇化进程已经进入加快发展阶段。城镇化的加快带来了城镇人口的增加、居民生活水平的提高、旧城改造的加快及产业结构的调整，从而促进了对住宅房地产和商业房地产等产品的消费。因此，城镇化的发展是西部地区房地产市场发展的直接和间接推力。

（二）对房地产需求结构的影响

根据《中国流动人口发展报告2016》，1982~2015年我国流动人口从1154万人增加到2.47亿人，预计到2030年，我国流动人口将呈现持续增长态势。从流动人口的区域分布看，2013年，东部地区流动人口数量占全国流动人口总数的75.7%，西部地区则占14.9%；2015年，东部地区和西部地区流动人口占全国流动人口的比重分别为74.7%和16.6%。虽然近年来东部地区流动人口的数量有所减少，西部地区有所增加，但是，流动人口仍然主要集中在东部地区，并且西部地区的流动人口还有继续增长的潜力。这可能与两个方面的原因有关：一方面，近年来东部许多沿海城市土地成本增加，使东部地区的产业逐步向中部和西部地区转移；另一方面，近年来中部地区和西部地区经济的崛起，给人们提供了更多的就业机会，并且这些区域的土地成本较低，也减轻了人们的居住成本负担，从而导致东部沿海城市的流动人口增速下降。据统计，2000~2015年，西部地区人口增长速度最快的省区市是西藏和新疆，其次是重庆和广西。

城镇化进程必然伴随人口在时间和空间上的流动。随着每年进入西部地区的城市人口的增加，对商品房的消费性需求和生产性需求的增长使房地产市场供不应求，从而带动房地产开发投资的增加。同时，城镇化是生活质量、生活方式不断改变和提高的过程。在城镇化的快速发展过程中，房地产市场产生了多种类型的需求，如新增城市居民对住房的刚性需求、原有城市居民对住房的改善性需求、旧城改造中产生的被动性住房需求等，这些不同类型的需求叠加在一起，构成旺盛的房地产需求市场，导致西部地区房地产投资的大幅增加。另外，城镇化进程的加快，不仅会对房地产市场需求的总量产生影响，而且在城镇化不同的发展历程中，受到居民人均可支配收入的影响，房地产市场的需求结构也会受到一定的冲击。表7-1呈现了城镇化进程中居民房地产需求结构特点。

表7-1 城镇化进程中居民房地产需求结构的主要特点

城镇化率	城镇化阶段	人口的流动方向	房地产需求结构特点
≤30%	准备阶段	从农村迁入城市	人均可支配收入较低，以刚需房地产为主，主要是经适房和保障房类
30%~70%	加速阶段	从小城市迁入大城市	人均可支配收入提高，以刚需房地产为主，以改善性房地产为辅，主要是公寓和普通商品房类
≥70%	成熟阶段	从城区迁入郊区	人均可支配收入较高，以改善性需求为主，主要是郊区的公寓、别墅

目前，西部地区的城镇化率为30%~70%，城镇化水平正处在加速发展阶段。在这一阶段，人口的流动方向是从小城市向大城市转移，居民的人均可支配收入逐步提高，房地产市场上主要是刚性需求。当然，对于部分人均可支配收入较高的家庭，对改善性房屋的需求也比较强烈。因此，公寓和性价比较高的普通商品房是人们普遍关注的对象。

二 信贷支持

房地产开发周期长，从建设到销售需要投入大量资金，而房地产开发商仅凭自有资金进行商品房开发是远远不够的。因此，作为资金密集型行业的房地产业，需要银行信贷的大力支持。

目前国家统计局从国内贷款、自筹资金、利用外资、其他资金四个方面统计房地产开发的资金来源。2000年以来，我国房地产开发资金的组成情况见表7-2。

表7-2　2000~2015年我国房地产开发资金的来源结构

单位：%

年份	国内贷款	利用外资	自筹资金	其他资金
2000	23.09	2.81	26.91	44.93
2001	21.99	1.76	28.38	46.49
2002	22.77	1.61	28.09	46.25
2003	23.78	1.29	28.57	45.48
2004	18.40	1.33	30.33	49.11
2005	18.31	1.20	32.72	46.97
2006	19.74	1.47	31.68	45.99
2007	18.72	1.71	31.41	46.86
2008	19.20	1.84	38.65	38.71
2009	19.66	0.83	31.05	47.76
2010	17.22	1.08	36.52	44.25
2011	15.24	0.92	40.85	42.19
2012	15.31	0.42	40.48	43.42
2013	16.11	0.44	38.83	44.24
2014	17.41	0.52	41.33	40.24
2015	16.15	0.24	39.17	44.22

资料来源：根据国家统计局网站2000~2015年相关数据整理，http://data.stats.gov.cn/。

从表7-2提供的数据可以看出，2000~2003年，国内贷款占我国房地产开发资金来源的比重在20%以上，2004~2009年，这一比重接近20%，2009年以后呈下降的趋势。2000~2015年以来，房地产开发企业自筹资金占比整体呈上升趋势。从表7-2的数据来看，虽然我国房地产开发企业国内贷款只占全部房地产开发资金的20%左右，但由于项目建设过程中的资金常常先由施工单位垫付，而垫付的这笔资金也是通过向银行贷款的方式获得，并且它在房地产项目资金投入中的比重为40%左右。同时，在商品房销（预）售过程中，购房者会向房地产开发企业支付定金及预收款，由于这部分资金的数额较大，大部分购房者是通过向银行申请个人房地产贷款获得资金。这样，实际上至少60%的房地产开发资金来源于国内银行贷款，而银行贷款就成为我国房地产开发企业经营发展的主要资金来源。

本书选取已公布数据中2015年西部地区12个省区市房地产开发资金来源截面数据作为研究对象，计算各省份房地产开发资金来源的占比，统计数据见表7-3。

表7-3 2015年西部地区各省份房地产开发资金来源结构

单位：%

	内蒙古	广西	重庆	四川	贵州	云南	西藏	陕西	甘肃	青海	宁夏	新疆
国内贷款	8.15	14.19	20.56	15.07	9.80	18.54	2.73	13.24	16.28	20.20	13.10	10.97
利用外资	0.00	0.07	1.29	0.02	0.04	0.34	0.00	0.22	0.00	0.00	0.00	0.00
企业自筹	70.10	35.21	33.17	43.52	39.96	46.93	65.33	49.91	45.75	42.60	43.90	43.38
其他资金	21.75	50.53	44.96	41.39	50.21	34.19	31.94	36.62	37.96	37.20	43.01	45.65

资料来源：根据国家统计局网站2015年相关数据整理，http://data.stats.gov.cn/。

从表7-3西部地区各省份房地产开发资金来源结构可以看出，投资最主要的来源是其他资金和企业自筹，多数省区市这两项占比总和都超过80%。内蒙古、西藏房地产开发企业自筹资金占比分别达到70.1%和65.33%，明显高于其他省区市，这项比重较高并不能说明当地房地产企业资金实力较强，反而说明当地资金融资环境较差，房地产企业投入的资金回笼较慢，一旦发生市场波动出现资金面问题，房地产企业将面临巨大的风险，可见内蒙古、西藏较高的企业自筹资金占比，降低了当地企业资金流动性，增加了企业运营的风险，其房地产开发企业资金投入与其市场发展不平衡。其他省区市企业自筹资金均占30%~50%，西部地区平均为46.65%。大部分省区市其他资金占比为30%~50%，广西、贵州略微超过50%，西部地区平均为39.62%。国内贷款占比普遍在20%以内，重庆和青海略微超过20%，平均为13.57%。利用外资占比，重庆最高也仅有1.29%，其余省区市不到1%，六个省区为0，其中五个是西北的省区。可见西部地区各省区市房地产开发资金来源中，最主要的来源是企业自筹和其他资金，这两项分别占46.65%和39.62%；国内贷款是辅助融资方式，平均占比为13.57%；对外资的利用较少。

表7-4汇总了西部地区2000~2015年房地产开发企业资金来源占比及其数值的总体情况。从表7-4中不难发现，2003年及以前西部地区国内贷

款占比维持在20%左右，2004年下降到15.64%，这主要是由于2003年以后我国政府相继出台了一系列紧缩的货币政策，使贷款有所减少，2004~2010年相对稳定，2011年略微下降到12.92%，但之后几年又回升到15%左右。利用外资一直较少，占比最高的年份为2008年，也仅有1.81%，2009年受到西方金融危机的冲击，利用外资更少，2015年仅为0.33%。企业自筹资金是一项重要的资金来源，2009年，《国务院关于调整固定资产投资项目资本金比例的通知》规定，普通商品房项目和保障性房地产项目的最低资本金比例为20%，其他的房地产开发项目最低资本金比例为30%。2010年以前，西部地区自筹资金在房地产开发企业资金来源中的比重基本维持在30%以上，相对而言属于正常；2011年开始这一比重上升到40%以上，也相对合理。其他资金是房地产开发企业资金来源中最重要的一项资金来源，除2008年外，占比基本维持在40%以上，大部分年份超过另外三种来源占比。其他类资金来源主要包括购房者按揭银行贷款和房地产开发商间接银行贷款等，因此，其他类资金来源和国内贷款资金来源两项加起来，它们在全部房地产企业开发资金来源中的比重超过了60%。由此可见，西部地区房地产投资对银行金融信贷有较强的依赖性。换言之，我国银行的信贷支持促进了西部地区房地产开发投资规模的扩大。

表7-4 2000~2015年西部地区房地产开发企业资金来源

单位：亿元，%

年份	小计	国内贷款		利用外资		企业自筹		其他资金	
	数值	数值	占比	数值	占比	数值	占比	数值	占比
2000	845	186.4	22.06	10.6	1.25	256.1	30.31	392	46.39
2001	1085.1	221.5	20.41	7.5	0.69	343.8	31.69	512.3	47.21
2002	1374.8	294.4	21.41	9.8	0.71	454.6	33.07	616	44.8
2003	1947.1	418.6	21.5	10.4	0.54	666.6	34.23	850	43.65
2004	2386	373.2	15.64	21	0.88	846.6	35.48	1144	47.95
2005	3131.3	452.4	14.45	37.2	1.19	1233.2	39.38	1408.5	44.98
2006	4299.5	679	15.79	39.9	0.93	1725.5	40.13	1855.1	43.15
2007	6417.3	1019.8	15.89	86.1	1.34	2439.5	38.01	2872	44.75

续表

年份	小计	国内贷款		利用外资		企业自筹		其他资金	
	数值	数值	占比	数值	占比	数值	占比	数值	占比
2008	6942.9	1107.5	15.95	125.6	1.81	3058.3	44.05	2651.5	38.19
2009	10160.5	1592.3	15.67	57.7	0.57	3709.5	36.51	4800.9	47.25
2010	13977.2	2060.2	14.74	135.8	0.97	5195.7	37.17	6585.5	47.12
2011	17681.6	2284.6	12.92	140.6	0.8	7434.9	42.05	7821.5	44.24
2012	19563.7	2567.3	13.12	44.1	0.23	8258.9	42.22	8693.4	44.44
2013	24436.6	3672.6	15.03	96.8	0.4	10124	41.43	10542	43.14
2014	26129.8	3940.6	15.08	172.1	0.66	11400	43.63	10616	40.63
2015	25769	3948.6	15.32	85.3	0.33	11043	42.86	10691	41.49

资料来源：根据国家统计局网站 2000~2015 年相关数据整理，http://data.stats.gov.cn/。

三 东部地区房地产投资资金大量向西部地区转移

由于地理位置、经济等原因，西部地区房地产市场起步较晚，市场整体发展水平落后于东部地区。而东部地区由于长期以来经济水平和居民收入水平都较高，一直是房地产开发投资的重点地区。但是随着房地产市场竞争的加剧，以及西部地区经济水平的提高和国家政策的倾斜，西部地区逐渐成为房地产开发热点区域，并且东部地区的一些房地产开发企业也将资金逐渐向西部地区转移，尤其是西部地区的一些重点城市如重庆、成都、西安等。

东部房地产投资资金大量向西部地区转移的原因主要可归结为如下四个方面。一是西部地区的房价较低。近年来，中国沿海一线城市房价持续飙升，招致政策组合拳频繁出击，"限售""限购""限贷"等较为严厉的地产新政无论是对购房者还是开发商都产生了较大冲击。而中国西部二线城市则成为当前中国房地产的"价值洼地"，相对较低的房地产价格吸引大量投资投机者涌入，旺盛的需求为地产企业提供了新的利润增长点。二是西部地区的房地产需求日趋旺盛。随着西部地区经济的高速发展，居民的人均可支配收入大幅增加，刚性自住需求和改善性房地产需求得到进一步释放。同时，近年来我国批准建设的 13 城市新区，有 8 个在西部，表明城镇化的重心逐步向西部倾斜，西部地区的城镇化水平迅速提高。城镇化必然伴随城市大规模的拆迁、改建、扩建，以及大量基础设施的建设，从而产生大量被动性的房地产需求及对写字楼、商业营业用房等的需求，成为吸引东部地区国内龙头房地产企业和大量外资房地产企业入驻西部地区的一个重要原因。三是西部地区的房地产投资收益率高于东部地区。西部地区各省区市的地方政府鼓励外来投资，推出了许多优惠的扶持政策。同时，西部地区劳动力富余，土地等原材料价格低廉，运营成本较低，使房地产开发投资的收益率大大提高。上海的房地产投资收益率为7%~8%，高出世界平均水平4%~5%。而中、西部城市的房地产收益率高于上海，这是促使房地产资本流向西部的根本原因。① 四是房地产调控政策的影响。近年来中央政府针对过热的房地产市场出台了一系列房地产新政，尤其是针对过热的东部房地产市场还实行了"限购"政策，使非限购城市所在的西部地区受到东部地区房地产投资资金的青睐，大量东部资金进入中部地区和西部地区，其投资目标集中在能源、原材料、制造业和房地产业这些领域。据统计，进入当地的房地产业的资金达50%左右。

四 西部地区房地产市场处于加速发展阶段

与其他金融投资市场不同的是，房地产市场是一个分散的、区域性分割的市场，而非全国统一市场。我国地域辽阔，房地产市场的发展也是极不平衡，区域分割明显。在国家政策的推动下，西部地区的经济近年来快速增长，一些经济指标如地区生产总值、房地产开发投资额等增速甚至超过东部地区。从房地产开发投资的规模来看，东部地区的房地产开发投资额大大高于西部地区，但2010年以后，受房地产新政的影响，我国的房地产市场格局发生了明显变化，中西部地区房地产市场崛起。西部地区的一些城市房地产市场投资和成交活跃，量价齐升。如成都、重庆等城市房地产需求无论是绝对规模还是相对增幅都很大。银川和乌鲁木齐等虽然房地产投资的绝对规模较小，但未来增长较快。整体上看，与东部地区房地产市场逐步进入相对平稳期形成鲜明对比的是，以乌鲁木齐、重庆和成都为代表的西部城市尚处于房地产市场的快速发展期，尤其是在新型城镇化进程加速推进的背景下，未来对房地产需求的增长将会加快。

---

① 《房地产资本西征》，《财经时报》2005年05月29日，http://finance.sina.com.cn。

第二节 西部地区近年来房地产价格
上涨的原因分析

一 需求旺盛

首先,城镇化进程的加速和城镇人口的增长导致房地产增量需求增加。计划经济时代下,我国的户籍管理制度非常严格,人口的流动受到限制,农村户籍的人口不能向城市转移,一个地区的人口也很难向另一个地区转移,这一时期人口的变化主要来源于人口自然增长。随着城镇化进程的推进,无论是区域之间还是城乡之间的人口都可以自由流动,流动人口的增加不仅对房地产开发投资的规模产生了影响,也对房地产开发投资结构产生了重要的影响。从我国在全国范围内展开的人口普查情况来看,1990年我国城镇人口的比重是26.15%,到2010年这一数值上升到50.27%,我国非农业户口占比从"五普"时期的24.73%上升到"六普"时期的29.14%。其中,东部、中部和西部地区的城镇化率和非农业户口占比存在较大的区域差异。"六普"时期,东部地区的城镇化率最高,中部次之,西部最小,分别为58.36%、45.85%和40.45%;从非农业户口占比来看,东部地区为30.69%,高于中部的29.17%和西部的25.88%(见表7-5),可以看出人口流动更倾向于向东部集中。

表7-5 "五普"和"六普"时期城镇化率与非农业户口占比

单位:%

指标	全国		东部		中部		西部	
	五普	六普	五普	六普	五普	六普	五普	六普
城镇化率	36.92	50.27	44.95	58.36	33.13	45.85	27.71	40.45
非农业户口占比	24.73	29.14	27.27	30.69	25.13	29.17	19.35	25.88

资料来源:根据《中国2000年人口普查资料》和《中国2010年人口普查资料》的数据资料计算。

2000年,西部地区城镇化率为28.17%,2014年为47%。近年来,我国的区域增长格局发生了巨大的变化,东部地区从工业经济逐步向服务经济转变,而中西部地区还处在工业化中期阶段,其经济增长速度逐渐超过东部地区的增长速度。2017年国务院正式批复的《西部大开发"十三五"规划》在对西部地区 GDP 的分析中指出，2016年前三季度，我国 GDP 为 529971 亿元，同比增长 6.7%。西部 12 个省区市 GDP 增速均高于全国平均水平（6.7%）。其中增速超过 10% 的省区市分别是重庆、贵州和西藏，而 GDP 最高的是四川，其次是陕西和重庆。此外，"一带一路"建设及京津冀协同发展、长江经济带等新兴区域发展战略，将东、中、西部发展的相对差距逐渐缩小，并为中、西部地区带来了经济集聚，人口流动的趋势随着经济格局的变化也发生了变化，越来越多人口向中、西部地区涌入，可见未来西部地区城市人口增长的潜力是非常巨大的。当西部地区的城市人口增加时，新增城市人口的房地产安置需求、旧城改造中因房屋拆迁产生的房地产需求将会十分旺盛。

其次，我国经济的高速增长，使居民收入大幅增加，消费结构转型升级，人们对房地产的改善性需求随之增加。收入是房价上涨中一个非常重要的影响因素。范允奇和王艺明的研究发现，收入因素对西部地区房价有非常显著的影响，而在东部地区则不显著，① 这从侧面反映出西部地区的房价与收入具有十分紧密的联系。据世界银行报告，当人均 GDP 达到 300 美元时，一国住宅产业进入起步阶段；当人均 GDP 为 1300 美元时，住宅产业进入快速增长阶段；当人均 GDP 为 1500 美元时，住宅产业增长速度就达到最高值；当人均 GDP 为 8000 美元时，住宅产业才进入平稳阶段。借鉴其他国家的历史经验，当一国人均 GDP 在 1000 美元以上时，消费结构进入升级阶段，这一阶段居民的消费水平和生活质量得以提高。西部地区 2004 年人均 GDP 是 8566 元，房地产消费升级开始启动，到 2006 年，人均 GDP 达到 11802 元（见表 7-6），房地产消费进入快速增长期，居民的房地产消费表现为阶梯式发展状态，即进入"以旧换新、以小换大"的发展阶段。

表 7-6 2002~2016 年东、中、西部地区人均 GDP 及增长率

单位：元，%

地区/指标	2002	2003	2004	2005	2006	2007	2008	2009	2010	2011	2012	2013
东部	16975	19478	22917	26632	30285	35247	40385	43138	49836	57283	61998	66765

---

① 范允奇、王艺明：《中国房价影响因素的区域差异与时序变化研究》，《贵州财经大学学报》2014 年第 1 期。

续表

地区/指标	2002	2003	2004	2005	2006	2007	2008	2009	2010	2011	2012	2013
中部	7195	8184	9846	11496	13285	16049	19287	21001	25521	30897	34237	37065
西部	6229	7147	8566	10019	11802	14314	17641	19352	23482	28783	32426	35626
全国	9450	10600	12400	14259	16602	20337	23912	25963	30567	36018	39544	43320
东部增长率	–	14.74	17.66	16.21	13.72	16.38	14.58	6.82	15.53	14.94	8.23	7.69
中部增长率	–	13.75	20.30	16.76	15.57	20.80	20.18	8.88	21.52	21.07	10.81	8.26
西部增长率	–	14.72	19.86	16.96	17.79	21.28	23.25	9.70	21.34	22.57	12.66	9.87
全国增长率	–	12.17	16.98	14.99	16.43	22.50	17.58	8.58	17.73	17.83	9.79	9.55

资料来源：根据国家统计局网站 2002~2016 年相关数据整理，http://data.stats.gov.cn/。

最后，投资投机性需求增加。当经济基本面因素如收入、成本等的变化相对稳定时，西部地区部分省区市房价上涨过快的一个主要原因就是投资性需求和投机性需求较为旺盛。2000~2016 年，西部地区人均可支配收入呈稳步上升趋势，增长幅度均保持在 10% 左右，同时，西部各省区市城镇人口规模庞大，如 2016 年重庆市城镇人口数量为 1908.45 万人，成都市的辖区人口总数为 1591.8 万人，西安市为 883.21 万人。在居民收入水平稳步增长和城市人口规模庞大的支撑下，居民的房地产需求得到极大的释放，强劲的购房需求成为支撑房价持续高速上涨的重要原因。购房需求通常包括基本的刚性需求和投资投机性需求，在房价高涨并且不断攀升的情况下，商品房的投资品属性被进一步放大。对西部地区的购房者而言，目前市场上投资渠道并不多，相较其他的投资品而言，商品房的投资回报率较高。另外考虑到未来城市土地供应数量越来越少，房价会因地价的上涨而进一步上涨，还有许多城市重启或强化房地产限购限贷政策来强化市场预期，以及部分居民出于对未来通货膨胀的恐惧而做出的避险行为，都使房地产市场上的投资投机性需求进一步增加，表现为收入较高或收入有较快增长、手头资金充裕的居民通过购买多套房产或商铺等房地产产品来实现资产保值增值的投资或投机目的。

另外，虽然近年来西部地区的房价上涨速度较快，但是与东部沿海地区一线城市的房价相比，西部各省区市的房价水平仍然较低，属于"价格洼地"，房价的上涨空间还很大。尤其是西部大开发后，西部地区无论是经济水平还是基础设施和投资环境都得到改善，一些发展较快和发展较好的城市如重庆、成都、西安等成为外地投资、投机客甚至一些专业"炒房团"关注和选择的投资区域，写字楼、商业用房、中高端住宅等成为他们的投资目标，这样本地需求与外地需求的双重叠加冲击着西部地区房地产市场，导致市场供求失衡，推动了房价的上涨。

二 供求偏紧

供求均衡决定房价水平，商品房供需的不平衡是房价上涨的根本原因。从已有的研究来看，张东和杨易指出，中国土地供给和房地产存量供给与房地产价格呈现正相关关系，但房地产增量供给与房地产价格呈现负相关关系。[①] 赵奉军和高波认为空间相关是影响我国房价的一个重要原因。[②] 类似的，王鹤也对我国房价在空间上的相关性进行了论证，并进一步发现，东部地区的房价受空间因素的影响；中部地区的房价不仅由空间因素决定，也受供给和需求因素的影响；而在西部地区，房价主要由供给和需求等因素决定。[③]

除保障房外，房地产市场上商品房的供给方主要是房地产开发企业。由于经济利益的驱动，开发企业追求高利润的目标是永恒的。因此，无论是在西部地区还是在我国的其他区域，房地产市场上商品房供给的现状是面向中低收入阶层的普通商品住宅供应不足，高档项目供应却相对较多。

另外，我国政府出台一系列房地产新政严格控制土地和信贷，也对房地产市场商品房的供给带来了较大冲击。2004年3月，国土资源部和监察部联合下发《关于继续开展经营性土地使用权招标拍卖挂牌出让情况执法监察工作的通知》，要求各省区市必须在2004年8月31日之前，将协议出让经营性土地使用权的历史遗留问题处理完毕，自此结束了土地协议出让的时代。随后，2006年《国务院关于加强土地调控有关问题的通知》发布，我国土地价格提高近50%，土地价格的上涨增加了房地产开发企业的建设成本，一些房地产开发企业利用土地调控政策的变化，抛出"地荒论"，造

[①] 张东、杨易：《中国房地产市场供给对房价影响的实证分析》，《统计与决策》2014年第12期。

[②] 赵奉军、高波：《寻找中国房价的领头羊——基于20个大城市数据的实证分析》，《房地产市场》2011年第1期。

[③] 王鹤：《基于空间计量的房地产价格影响因素分析》，《经济评论》2012年第1期。

成市场恐慌，恶意抬高房价。在经营性土地实行招拍挂、公开出让后，一些房地产企业开始"圈地"，不仅使土地价格持续走高，还造成房地产企业资金链的日益脆弱。在此背景下，中央政府从房地产资金源头入手收紧信贷闸门，增加了房地产开发企业的资本金压力，使房地产开发商拿地日趋谨慎，这必然会对商品房的供给产生影响。

从前面对需求的分析来看，西部地区的商品房消费需求持续增长。因此，在供需总量和供需结构双重矛盾下，在一定程度上会造成紧张的供求关系。

三 地价上涨

土地是房地产项目开发中一项最主要的成本，也是不确定性最大的一个因素。土地成本因地域差异而有很大不同，二、三线城市的土地成本远低于一线城市的土地成本。但是，土地价格对二、三线城市房价波动的影响却明显大于一线城市。这是因为在二、三线城市，土地市场交易收入是当地政府财政收入的主要来源。现在的土地市场交易包括招标、挂牌、公开拍卖三种方式，其中最常用的方式是公开拍卖，这种方式在房地产市场竞争激烈的情况下，使土地价格被抬高，并且土地价格的上涨幅度很难被有效地控制在合理范围内，一味追高获得的土地增加了房地产开发企业的用地成本，从而在一定程度上推高了房价。而在一线城市，土地市场交易更加规范，逐渐改进了土地交易方式，土地拍卖不再是"价高者得"。如2010年上海"莘庄地块"采取招标形式，在这一出让形式中，报价因素仅占最后评标结果的30%；北京市暂停热点地区高价土地进入市场交易，并提出建立合理的土地价格范围，在土地竞买条件中增加配建保障性房、承担公益性设施建设等要求，不能单纯地仅以"价高者得"来拍卖土地。另外，一类城市许多经济基础雄厚的房地产企业也会囤积大量地块，从而降低了土地成本，这在一定程度上削弱了土地价格对房价的影响。

在关于土地价格与房价关系的研究中，国内学者梁云芳和高铁梅从供给与需求两个方面讨论了房价波动的影响机制，指出供给因素中的土地价格对我国房价有十分显著的正向影响。[①] 邵挺和袁志刚指出我国土地供应

---

① 梁云芳、高铁梅：《我国商品住宅销售价格波动成因的实证分析》，《管理世界》2006年第8期。

量、公共品供给水平与房价存在正向关系。① 潘爱民和韩正龙研究发现，经济适用房、地价与住宅价格之间存在长期的均衡关系，且地价对住宅价格的正向影响存在区域差异。总体来看，多数研究发现我国土地价格的上涨促进了房地产价格的上涨。②

近年来，西部地区的土地出让价格受下列三方面因素影响出现了大幅上涨。

一是受政策导向、产业转移和经济发展等多种因素的综合影响，西部地区对各类用地产生了强烈需求，造成地价快速上涨。自"西部大开发"战略实施以来，西部地区的经济发展水平、居民收入水平、基础设施和生态环境建设以及工业化和城镇化进程等各方面都得到了快速发展。随着西部地区工业化进程的加快，西部地区逐渐承接了东部地区的一些产业。并且结合自身的特点和优势，西部地区也在积极发展能源及化工、重要矿产开发及加工、特色农牧业及加工和旅游业等特色优势产业。在承接东部地区的产业转移和实现产业集聚、产业结构升级的过程中，工业用地、基础设施用地、住宅用地的需求量非常大，但受建设用地的规模约束，供不应求导致的供求矛盾造成土地价格快速上涨，尤其是城市住宅用地价格。在西部地区的城镇化进程中，在房地产市场上多种类型需求叠加的冲击下，居民的消费需求日益旺盛，从而拉动房价快速提升，上涨的房价又加剧了土地市场的动荡，土地成交进一步火热，推动土地成交价格上扬，形成土地和商品房的联动上涨。

二是招拍挂制度设计的不完善、房地产供给的垄断、旺盛的土地需求使土地出让价格快速上涨。我国国有土地使用权出让管理制度——土地招拍挂制度，就是通过招标、拍卖、挂牌和协议等出让方式将国有用地向社会公开出让。虽然招拍挂制度可以避免腐败行为的产生、提高土地开发效率、更加合理地体现土地使用价值，并有利于土地的合理利用和整体规划，以及土地市场的公平竞争，但是土地招拍挂制度的评价标准过于单一，只

---

① 邵挺、袁志刚:《土地供应量、地方公共品供给与住宅价格水平——基于 Tiebout 效应的一项扩展研究》,《南开经济研究》2010 年第 3 期。
② 潘爱民、韩正龙:《经济适用房、土地价格与住宅价格——基于我国 29 个省级面板数据的实证研究》,《财贸经济》2012 年第 2 期。

有招标出让可以从"价高者得"和"综合条件最佳者得"两个原则中选择其一,而挂牌和拍卖都以"价高者得"为唯一原则。目前西部地区房地产市场的繁荣让房地产企业对未来具有良好的预期,面对越来越高的土地出让价格他们的心理承受能力也越来越强,因此,土地招拍挂制度也促使地价不断攀升。另外,我国地方政府对城市土地具有绝对的垄断权,意味着房地产企业只能通过招拍挂的方式向政府支付高额的地价才能获得土地,而土地拍卖归地方政府所有。在西部地区,相较其他地区而言,地方政府对"土地财政"的依赖更为强烈,成为推动土地价格上涨的一个重要诱因。上涨的土地价格增加了房地产企业的开发成本,从而引起房地产价格的上涨。王松涛和刘洪玉的研究指出,土地出让方式制度的改革降低了房地产供给弹性,是近年来房价攀升的一个重要原因。[①] 邵新建等认为地方政府如果坚持以土地收益最大化为目标,则其理性的选择便是降低土地供给数量、推高土地价格,经过开发商"预期成本效应"的市场传导会拉高房价。[②] 张辽的研究发现土地市场化对中西部地区的房价具有显著的正向放大效应。[③]

三是土地市场发育自身引致的地价上涨。土地的供应方式与土地成交价格都与土地市场的发育有直接关系。谭术魁和李雅楠将土地市场发育的程度用土地市场化水平来反映,对我国东、中、西部地区土地市场发育的区域差异以及这种差异对房价的影响进行了研究。[④] 结果发现,要实现土地资源配置的效率最大化,必须经由土地市场化的价格机制对土地市场的供求关系进行调节,由此获得合理的土地价格。土地出让方式的市场化让房地产企业的建设成本增加,在一定程度上会促进房价上涨,但土地市场化水平的提高有利于完善市场机制,通过公开公平的竞争方式提升土地的利用效率,盘活闲置土地,从而抑制房价的不合理攀升。进一步的实证研究发现,2003~2011年,与东部和中部地区相比,西部地区土地市场发育水

[①] 王松涛、刘洪玉:《土地供应政策对住房供给与住房价格的影响研究》,《土木工程学报》2009年10期。

[②] 邵新建、巫和懋、江萍、薛熠、王勇:《中国城市房价的"坚硬泡沫"——基于垄断性土地市场的研究》,《金融研究》2012年12期。

[③] 张辽:《土地市场化改革平抑了房价波动吗——来自中国的经验证据》,《经济学家》2015年第12期。

[④] 谭术魁、李雅楠:《基于Panel Data模型的中国土地市场发育区域差异及其对房价的影响》,《中国土地科学》2013年第2期。

平的波动相对平稳,并逐渐与东部和中部地区分化。西部地区土地市场发育水平对房价的影响为正向影响,表明西部地区土地市场发育水平能够促进房价的上涨。

四 地方政府行为

地方政府对房地产高度重视背后的动机主要有两点。一是政治晋升激励。长期以来,我国将 GDP 增长和税收作为政府政绩考核的主要标准。因此,房地产对经济增长的贡献成为地方政府政绩和政治晋升的动力。房地产投资的增加可以在短期内提高某一地区的经济发展水平,帮助官员获得晋升的机会。二是财税激励。分税制后地方事权与财权不对等所带来的压力,以及地方政府作为中央政府或上级政府代理机构的压力,促使地方政府介入房地产市场,并客观推动了房价的不合理上涨。① 地方政府作为土地所有权的完全垄断者和土地一级市场的唯一供给者,受益于土地财政,成为房价上涨的最大受益者。地方政府对"土地财政"的过分依赖,促使其不断抬高土地出让价格,追求土地收入最大化成为地方政府一个重要的行为特征。2010～2011 年,全国土地出让金总收入为 2.7 万亿元和 3 万亿元。② 鞠方等的研究表明,土地出让收入和地方财政支出对西部地区房价存在较显著的正向推动作用。在西部地区基础设施不断完善后,公共服务与产品供给逐渐增加并且丰富起来,土地出让收入对房价的影响作用逐渐加强。③ 潘金霞选择土地供应量与房地产税赋作为地方政府行为的观测变量,实证考察了土地供给量、房地产税赋和房价的关系。发现政府行为确实影响了房价,但在各个区域的表现则存在差异。在西部地区,房地产税税赋对房价有显著影响;在东部地区,土地供给量推动了房价的上涨;而在中部地区,房价的上涨受土地供给量和房地产税税赋的共同影响。④

---

① 张岑遥:《城市房地产价格中的地方政府因素:成因、机制和效应》,《中央财经大学学报》2005 年第 10 期。
② 王举、吕春梅、戴双兴:《土地财政与房地产业发展》,《地方财政研究》2008 年第 10 期。
③ 鞠方、林辉叶、周建军:《土地出让收入、地方财政支出对我国房价影响的区域差异性研究》,《财经理论与实践》2013 年第 1 期。
④ 潘金霞:《是土地供应量与房地产税赋提高了房价吗》,《南方经济》2013 年第 11 期。

五 开发商的炒作和价格垄断

为抑制上涨的房价,中央政府频繁出台了一系列宏观调控政策,包括收紧土地和收紧信贷等方面的政策,一些房地产开发企业利用这些调控政策,抛出"地荒论"和"紧缩论",在舆论炒作下引发民众恐慌争相抢购商品房。在销售时,不少楼盘项目存在虚假宣传、捂盘惜售、暗中加价收费、捆绑搭售,以及制造开盘即售罄等"销售奇迹",误导市场出现非理性行为,抬升房价上涨预期。

房价预期对全国各个区域的房地产价格都有较大的影响。当房价上涨时,出于对未来房价会继续上涨的担心,加上"买涨不买跌"的消费心理,消费者往往会盲目跟风、追涨杀跌,加入购房大军,从而进一步推高房价。

六 保障性房地产供应不足

为解决中低收入和最低收入的人群的住房问题,政府需要向他们提供保障性住房。保障性住房一般由定向安置房、政策性租赁住房、经济适用住房、廉租住房等构成。在建设过程中,往往需要政府降低地价,实行优惠的税收政策,免收各种行政事业性收费和政府性基金。因此,这种类型的住房与房价完全由市场形成的商品房有很大的区别。为获取更多的收益,不少地方政府更热衷商品房的开发建设,而冷落房地产市场上的保障性住房需求,导致保障房建设不足。从本章对西部地区房地产结构的分析中可以发现,经济适用房的比例从2000年起急剧降低。2000年经济适用房占西部地区住宅产品的比例为27%,2010年这一占比则下降到3%。经济适用房和廉租房供给的不足,将市场上部分中低收入家庭推向购买商品房的大军,由此催生的被动性住房需求也推动了西部地区房价的上涨。

第三节 西部地区房地产结构与区域经济发展失调的原因分析

从本书关于西部地区房地产结构与区域经济发展协调关系的实证研究中不难发现,二者发展失调主要表现在两个方面。一方面,2012年以来,西部地区商品房空置率超警戒线，尤其是办公楼、商业营业用房和其他房地产产品积压严重，对地区 GDP 增长产生了一定的抑制作用。另一方面，别墅等高档住宅的供给依然偏多，而更符合居民购买需求的中低档住宅供给则偏少。办公楼和商业用房投资占比过高，会对地区其他产业投资产生显著的挤出效应。由于这两类房产具有较高的投资回报率，近年来有相当一部分投资性需求开始转向写字楼和商业营业用房，但是这两类房产长期维持着较高的空置率，已超过30%，在库存积压已经十分严重的情况下仍然有大量资金不断涌入这两类房产的开发，这必然会造成社会资源的浪费，尤其不利于其他产业资本的积累。本节就这两个方面的问题对其原因进行分析，认为西部地区商品房空置率上升的原因主要有以下四个方面。

一 高房价与低收入并存

房地产商品是一种价格昂贵的商品。通常，房地产开发成本由土地费、建筑安装工程费、前期工程费、市政公共设施费、贷款利息、税费和其他费用构成。在我国房地产开发成本的构成中，有20%～50%的成本是土地费用，前期工程费不足10%，建筑安装工程费占全部成本的40%左右，市政公共设施费一般为10%～20%，税费为15%～25%，其他费用占比一般低于10%，贷款利息则与开发项目的大小和融资额度多少有关。国际上地价税费一般在20%左右，甚至有的不超过10%，但近年来，随着西部地区土地价格的进一步上涨，以及各种商品房屋税费的分摊和转移，西部地区商品房屋价格也随之逐年上涨。2000年，西部地区商品房屋造价为2145元/平方米，2014年商品房屋单位建筑面积造价就提高到3775元，是2000年的1.75倍。2000年西部地区商品房的平均销售价格为1328.08元/平方米，2014年西部地区商品房的平均销售价格为4910.25元/平方米，2000～2014年西部地区商品房的平均销售价格年均增长9.1%（按现价计算）。

在西部地区房价不断攀升的情形下，居民的收入水平对商品房消费起着决定性作用。当收入较低时，以购买刚需房地产为主，主要是经济适用房和保障房类；当收入提高时，以刚需房地产为主，以改善性房地产为辅，主要是公寓和普通商品房类；当收入较高时，以改善性需求为主，主要会购买郊区的公寓、别墅或写字楼等。目前我国居民的收入除了可支配收入这一显性收入外,还有许多其他渠道(第二职业获得的收入、灰色收入、个人持有的有价证券变现等)获得的隐性收入,居民通常利用自己的可支配收入、隐性收入、亲属援助或变卖手中的二手房套现来购买商品房,从而提高自身的购买能力。虽然居民还可以通过银行贷款或国家优惠政策进行房地产消费,但是一般居民在购买价值数百万元的商品房时仍然会有一定难度。西部大开发战略实施以来,西部地区城镇居民收入水平大幅提高。统计资料显示,西部地区城镇居民家庭人均可支配收入从2000年的5557.9元增至2014年的27188.6元,年均增速为11.16%。尽管西部地区城镇居民家庭的人均可支配收入增长率高于商品房平均销售价格的增长率,但是一些城市居民收入的绝对水平仍然较低,用于房地产的购房消费在总收入中的占比仍然较低。如从2002~2015年西部地区各城市房价收入比均值中可以看到,西安、昆明、成都、南宁和兰州房价收入比均值分别为5.49、5.51、5.82、5.91和6.02,远远超过部分发达国家的家庭年收入与住宅售价比(见表7-7)。

表7-7 部分发达国家家庭年收入与住宅售价比

	美国	加拿大	英国	澳大利亚	瑞典
家庭年收入与住宅售价之比	1:2.8	1:4.8	1:3.7	1:4	1:1.8

资料来源:何清涟《现代化的陷阱》,今日中国出版社,1998。

在这种过高的房价与较低的城镇居民家庭收入并存的情形下,西部地区的一些城市往往会出现这样一种情形,就是居民因收入太低而无力购买商品房,市场的潜在需求难以转化成有效需求,最终导致商品房大量积压和空置。

二 商品房供给规模过剩和供给结构不合理

从本书对西部地区房地产房屋竣工面积的分析中可以看到,2000~2014年西部地区房屋竣工面积从33692.41万平方米增至56765.08万平方米,15年的时间增加了23072.67万平方米,并且西部地区房屋竣工面积与东部地区房屋竣工面积的差距在大幅缩小。2015年6月,《21世纪经济报道》援引某房地产报告称,在对2014年我国35个城市商品住宅库存建筑面积与销售面积的比值进行计算和排名后,兰州位居第一,排在前十名的西部地区的城市有昆明、兰州、乌鲁木齐和银川。显然,整个西北地区房地产市场的供给大于需求,库存现象尤为突出。其他一些报告也指出,西部地区许多城市的库存消化压力较大。如昆明 2014 年商品住宅的销售面积为 630.07 万平方米,但还有约 822 万平方米的库存需要消化;2015 年 5 月底西安市商品房库存量为 3400 万平方米,预计需要两年才可销售完。[①] 另外,西部地区一些城市由于原有的优势产业发展不容乐观,新的产业集聚尚未形成,缺乏完善的资源配置,再加上三、四线城市人口大量向一线城市涌入,导致西部地区部分城市的房地产需求变弱,库存消化压力大。从数量上说,西部地区房地产供给远远大于房地产需求,导致商品房大量空置。

2014 年以来,中国房地产市场已经告别了绝对的短缺。国家统计局的数据显示,2016 年全国居民人均房地产建筑面积为 40.8 平方米,城镇居民人均房地产建筑面积为 36.6 平方米,农村居民人均房地产建筑面积为 45.8 平方米。其中,城镇、农村居民人均房地产建筑面积比 2012 年分别增长了 11.1% 和 23.3%。虽然这组数据备受争议和质疑,但近年来北京、上海、广州、深圳二手房的交易量远远超过新房购买数量现象,也可以证明"中国的房地产已告别极度短缺"的结论,目前房地产市场的主要矛盾是不均衡而非短缺,房地产结构是未来值得关注的一个重点,这种情况也同样出现在西部地区。

从区域结构上看,与发育较为成熟的西南地区房地产市场形成鲜明对比的是,西北地区的房地产市场发展相对滞后。从产品结构上看,西部大开发战略实施以来,在国家优惠政策的扶持下,西部良好的经济发展环境为众多产业的发展提供了难得的机遇。充裕的劳动力、低廉的劳动成本和原材料价格、较高的投资回报、较大的商业辐射区域,以及西部消费者日益增长的消费能力,对东部一线城市的诸多企业和跨国企业产生了强大的吸引力。同时,多数西部地区政府鼓励外资投资,对入驻企业给予优厚的财政扶持奖励政策,大力吸引企业入驻。2013 年 9 月,习近平主席在哈萨

---

① 《西部多地房地产投资下降 西安消化库存需两年》,2015 年 6 月 18 日,http://wuxi.leju.com/news/2015-06-18/07136017076370524660109.shtml。

克斯坦纳扎尔巴耶夫大学演讲时提出建设"丝绸之路经济带"的理念,使外资"西进"提速,目前西部地区已成为承接国际产业转移的新热点地区。作为西部地区经济发展的"核心",西安、成都、重庆等城市近年迎来外资"西进"潮,戴尔落户成都,IBM、三星、宜家集团、罗克韦尔自动化公司落户西安,美国联邦快递落户重庆。随着越来越多国内企业和外资企业进驻西部地区开拓业务,他们对写字楼和商业营业用房需求增长。旺盛的市场需求不仅推动办公楼的租赁价格持续上升,也成为房地产开发商大力投资写字楼和商业营业用房的驱动力因素。另外,在东部一线城市房价飙升,频繁招致政策组合拳以及市场竞争日趋激烈的情形下,加上西部地区将成为未来城镇化发展的加速重点区域,因此,西部成为东部一线城市大型房地产企业"瞄准"的新兴区域。东部沿海地产热点逐渐向西部转移,东部房地产投资资金也随之大量向西部地区转移。房地产企业受利润的驱使,会加大写字楼、商业营业用房和高档住宅等赢利项目的投资。因此,近年来西部地区房地产开发投资得以迅猛增长。房地产投资过热最直接的后果就是西部地区房地产供给量过剩和商品房空置率大幅提高。

相比非住宅空置率的大幅提高,西部地区住宅空置率相对较小,但2014年西部地区住宅的空置率也超过了10%,达到13.84%。根本原因在于西部地区城镇居民中低收入家庭真正能够购买的商品房仍然存在供应不足和供给结构不合理的问题。经济适用房和廉租房供应严重不足,中低价位和中小户型的普通商品住宅供应不多,别墅等高档住宅的供给偏多,部分地区房地产建设规模偏大等,让西部地区越来越多的中低收入家庭购买力降低甚至买不起房。住宅产品定位不准确、住宅档次与居民实际需求不相匹配就成为居民的潜在需求难以转化为有效需求的障碍,造成房地产产品的结构过剩,进而导致产品积压、大量空置。

三 商品房区位较差

随着西部地区经济和房地产市场的快速发展,购房者对商品房的区位要求也越来越高、越来越多样化。房地产的不可移动性使其具有很强的区位性。通常,影响房地产区位的主要因素包括交通条件、商服繁荣度、配套设施完善度、城市环境与风景优劣度等。当城市居住小区在住宅户型、房屋质量、小区环境等各方面相差不大，价格也趋向平均利润时，良好的社区环境、小区周围的教育设施、娱乐设施、医疗保健设施以及公共绿地、空气质量、交通状况等就会成为居民的关注热点和小区的卖点。目前西部地区空置的商品住宅，大部分处于较差的区位上。如公共服务设施和市政设施还未能配套，房屋位置较偏僻，小区周边还没有落实学校、幼儿园、文娱设施、购物店、医院等；市内交通网络尚不完整，公共交通还不能方便地满足居民的要求，小区周边还没有大型的购物场所；一些房地产开发项目供水、供电、供气的问题也没有得到很好的解决。另外，消费者对教育、医疗和娱乐设施的关注度也非常高，如果周边缺乏配套完善的教育设施或没有知名的学校，也会增加商品房的销售难度，从而导致商品住宅空置的增加。

四　商品房的投资投机性需求不断增长

由于商品房具有消费和投资的双重属性，当房价不断上涨时，面对较高的通货膨胀率和萧条的股市行情，在西部地区居民收入逐年增加情况下，受东部一线沿海城市居民投资示范效应的影响，越来越多居民选择投资商品房，或购买住宅，或购买写字楼、商业用房。同时，购买商品房获得的高收益也让投机性需求更加强烈。旺盛的投资需求和投机需求进一步推高了房价，形成"高收益—高需求—高价格—更高需求—更高价格"的螺旋上升机制，成为推动西部地区房地产市场商品房空置率上升的一个重要原因。由于投机性购房者只是想在较短时间内获取暴利，等到房价飙升后卖出购买的房地产产品，因此他们并不是最终的消费者，投机活动不但没有消化空置的商品房，反而会导致更加严重的商品房积压。西部地区房地产产品结构失衡的原因主要有以下三个方面。

（一）西部地区房地产供应体系不完善

一套完善的房地产供应体系应包括供应来源、供应主体、供应对象、供应机制和供应的方式方法。1998年实施房改以后，房地产实物分配被全面停止，取而代之的是房地产分配货币化，这一做法的目的在于建立以经济适用房为主，包含商品房、集资建房和合作建房、廉租房等形式在内的多层次的城镇房地产供应体系。我国房地产保障体系和供应体系的发展大致经历了以下四个阶段：1998~2003年以经济适用房地产为主阶段；2003~2007年以普通商品房地产为主、以保障性房地产为辅阶段；2007~2010年普通商品房地产、保障性房地产并重阶段；2011年至今多层次房地产供应体系基本形成阶段。目前，西部地区的房地产市场发展的现实情况是房地产供应体系并不完善，尚未完全建立以经济适用房为主的房地产供应体系，现有的房地产供应体系以商品房为主。尽管长期以来，经济适用房和廉租房政策的实施取得了一些成效，但是一些问题仍然不容忽视。如经济适用房存在供应面积过大、配套设施供应不齐、销售对象错位和销售价格过高等问题，廉租房存在保障覆盖面狭窄、廉租房房源不足等问题。此外，购房能力不足的中等收入和低收入家庭也被推向商品房市场，而在监管不力的情况下，中低价位、普通商品房地产的供应量不大，房地产企业更偏重于开发高利润高回报的高价位、大户型房地产。据统计，一些地区110平方米以上大户型房地产超过70%，80平方米以下中小户型房地产不到10%，大面积房地产占比过高。这种不合理的供应结构与西部地区中低收入居民家庭的购买意愿和购买力明显错位，由此导致的房地产供应的结构性矛盾，扭曲了房地产需求，同时抬高商品房平均价格。

（二）国内外商业企业涌入西部地区，促进非住宅类房地产商品的开发

西部大开发战略实施后取得了诸多成效，开放的市场和良好的经济环境吸引了来自国内企业和国外企业的大量外来投资。并且中央政府和地方政府相继出台了一系列扶持政策，如财税、金融、产业、土地、生态支持等优惠政策，这些优惠政策的实施，加快了西部地区承接国内外产业转移的步伐，大批有实力的国内外企业纷纷落户西部地区，投资建厂。随着"长江经济带""一带一路"建设的推进，中国西部地区巨大的发展潜力开始受到越来越多外商的关注。同时，针对外商投资的利好政策也相继出台，如2001年国家外经贸部为鼓励外商投资西部，出台了六项新政策和新措施；2004年商务部、国土资源部、建设部三部委联手制定新政，国家级开发区酝酿转型；2017年国家发改委和商务部发布了《中西部地区外商投资优势产业目录》等，引导外资转移到中西部地区。事实表明，近年来西部地区外商投资也越来越活跃。如中新（重庆）战略性互联互通示范项目第二批25个重点项目成功签约，内容涵盖交通物流、金融服务、信息通信、航空

产业等六大类，投资总金额达到 65.8 亿美元。① 2016 年，重庆市对外贸易经济委员会的统计数据显示，重庆市实际利用外资已连续五年突破 100 亿美元，世界 500 强落户重庆的企业数量超过 260 家。除此以外，四川、广西、云南等西部省区市也吸引了大量外商投资。西门子、宝洁、丰田等外资企业在西部纷纷设立了代理机构，一些外资银行还设立了营业性的分支机构。国内外企业大量涌入西部地区，它们对办公楼、商业营业用房等非住宅类房地产商品的需求非常迫切。因此，近年来西部地区房地产产品开发中，非住宅房地产商品如办公楼、商业营业用房投资的比重偏高。

（三）西部地区房地产供求机制不敏感

房地产市场的供求机制表现为当房地产供不应求时，价格上升，房地产商的利润增加，房地产投资增加；当房地产供过于求时，价格下降，房地产商的利润减少，房地产投资减少。西部地区房地产市场发育起步较晚，房地产市场供求机制的敏感性较差，房地产价格和供求关系的内在联系并不能得到很好的反映，因而房地产市场供求关系的变动不能引起房地产价格相应的变动。在西部地区的房地产市场上，虽然大多数居民家庭对普通住宅的需求非常旺盛，但出于对利润的追逐，以及在现行"限购"政策的影响下，房地产开发商一方面要追求利润最大化，另一方面要规避住宅地产风险，因此，房地产开发商偏重于对商业地产的投资，如投资高级写字楼、豪华宾馆等。在商品住宅项目产品的投资开发上，房地产开发商盲目追求高档次、高价位的住宅开发，如高级别墅、度假村，而对低价位的普通住宅的开发兴趣不大，导致有效供给不足，出现了结构性的供过于求的非均衡问题。

---

① 《外商投资西部热情持续增加》，凤凰网，2016 年 5 月 29 日，http://finance.ifeng.com/a/20160529/14437374_0.shtml。

第八章

促进西部地区房地产市场与区域经济协调发展的政策建议

本书从西部地区的实际情况出发，通过理论分析和实证研究探讨了西部地区房地产市场与区域经济发展的现状以及二者的协调关系。为促进西部地区房地产市场与区域经济能在发展过程中保持协调，应在充分认识西部地区房地产市场发展阶段、发展水平、发展规模与区域经济发展之间的关系的基础上，从区域经济层面及房地产市场层面同时着手，正确处理和平衡好西部地区房地产市场与区域经济之间的发展关系。在结合前面研究结论的基础上，本章主要就如何促进西部地区房地产市场与区域经济协调发展关系提出相应的政策建议。

第一节 保持房地产投资适度增长

根据前述研究和数据分析可以看到，西部地区房地产投资显著促进了西部地区经济增长，根据回归结果，当期房地产开发投资每增加1%，能促进西部地区的经济增长约0.2%。同时，2012年以后，西部地区一些省区市出现投资偏冷现象，而大部分省区市出现投资微热或过热现象。西部地区应认真贯彻落实国家、省、市有关促进房地产业稳定健康发展的一系列措施，切实解决发展中存在的问题。具体的建议有以下三个方面。

（一）大力改善西部地区的房地产投资环境

投资环境由硬环境和软环境共同构成。房地产投资的硬环境是基础设施环境，涵盖的内容主要有投资地域的交通、能源、通信、给排水和排污等。西部地区的基础性设施建设如交通、通信等不仅远远落后于东部地区，也滞后于西部地区城市经济的发展。因此，首先要对西部地区城市做出合理的整体布局，然后在西部地区各中心城市及各地（县）级城市和城镇大力发展铁路、公路、航空、管道运输及信息网络系统，完善房地产投资的硬环境。除此以外，还要改善房地产投资的软环境，继续加快推进西部地区的城市化进程。城市化进程的加快不仅有助于增加居民对住宅的需求量，也有助于完善、提高城市的基础设施水平，给西部地区房地产市场的发展带来契机。但现实情况是，西部地区的城市化水平与东部地区和中部地区相比都非常低，并且西部地区各省区市的城市化水平发展也极不均衡。其中，中小城市和小城镇的城市化水平尚未得到充分的发展，而其他大部分地区还处于城市化发展的起步阶段。城市化水平的落后不仅导致西部地区经济发展水平的滞后，也制约了西部地区房地产市场的快速发展。因此，当前我国西部地区应在拥有大型交通设施如机场、铁路、内河航运枢纽和高速公路等的地区集中进行投资，以便尽快形成发展轴；集中力量，打破平均发展观念，优先和大力加快发展部分大城市，通过提高部分大城市的功能和实力，形成增长极，从而带动其他城市的发展。另外，小城镇也需要得到重点发展，通过城市群的逐步形成，进而带动整个西部地区的全面发展。

（二）适时调整房地产投资政策，合理引导投资方向

例如，通过税收、利率和财政投资政策来引导房地产投资结构的变化。对房地产投资偏冷的西部地区房地产企业给予一定期限的税收减免优惠；规定中小户型、廉租房、经济适用房的供给比例，加大对这部分房地产建设的土地供应计划；对经济适用房实施低税率，刺激房地产企业投资，对别墅、高尔夫球场等高档房地产实施高税率，抑制房地产企业投机；由于房地产投资的主要资金来源是银行贷款，可考虑在中央及西部地区各省区市规定范围内对投资开发不同产品的房地产企业实行差别贷款利率，引导社会投资，调节投资差异。

（三）适度调控房地产投资速度

西部地区房地产投资在拉动西部地区经济增长、改善居民居住条件等方面起到积极作用，但也要警惕过度投资可能会给西部地区的经济发展造成负面影响。对于房地产投资过快的部分地区，政府应对其投资速度进行调控，避免房地产投资过热导致的其与区域经济发展速度脱节的情况发生，同时要注意避免对其实施较为严厉的限制措施来抑制房地产投资的增速，因为这也会对西部地区的经济发展造成不利的影响。

第二节　优化房地产市场结构

从前面的研究可以看到，西部地区的房地产供应结构凸显以下几个问题。一是经济适用房投资严重不足。西部地区房地产投资各类产品的结构显示，2000~2010年经济适用房的投资比重在5%左右；2010年住宅投资的比重达到65%，但经济适用房投资的比重只有2%，很显然，经济适用房投资偏少，很难使房地产市场上中低收入人群的房地产需求得到满足，经济适用房比重的下降使中低收入人群的住房问题加剧，可能导致社会矛盾继续深化。二是近年来西部地区各类房屋空置率总体呈现上升趋势，别墅、办公楼和商业用房积压现象尤为严重。三是二手房市场欠发达。2010年以来，房地产出租面积持续下降，销售面积与租赁面积之比不断上升。针对以上三个问题，本书提出三条建议。

（一）加强保障房建设力度，完善房地产供应体系

首先，政府应理清工作思路，既要充分尊重市场经济规律，做到"不错位、不缺位、不越位"，又要高度关注买房有困难和根本买不起房的居民的居住困难问题，切实保障居民居有其所、安居乐业。其次，政府要重点关注房地产市场结构，尤其是供给结构，对于不同收入水平的居民购房需求要有多层次的供给相适配，控制廉租房、限价商品房、经济适用房和中低价位、中小套型普通商品房地产的结构比例、建设规模，严格控制普通商品房地产的套型结构。对于政策性保障房，其规划与建设由市政府统一规划，市、区政府相关部门统一组织建设，政策性房地产建设资金由市、区两级政府专项提供；采取多渠道扩大公共租赁房地产的来源。对于中低价位的商品房，要根据各个地区的经济发展水平和居民收入水平，制定出中低价位的商品房的标准，国土资源部门要严格控制大户型、低密度高档

住宅的土地投入量，加大对中小户型、中低价位商品房的土地供应。另外，地方政府与金融机构、税务部门密切配合，对于符合标准的房地产企业或项目，要在信贷、税收上予以支持，从融资、审批、建设到流通等方面给予开发企业支持，从而引导中低价位商品房成为市场主流。

（二）抑制投资投机性购房需求

由于房地产具有消费品和投资品的混合特性，如何区分消费需求和投机需求一直是管理上的难题。另外，即便是自住性的消费需求，也可细分为高端需求、中端需求和低端需求三个层次。目前，我们对待这三种需求的原则是约束高端需求、大力支持中端需求、严格保障低端需求，如何针对三种不同的需求设计相应的宏观调控政策，是我们不得不面对的一个挑战性难题。此外，投资性或投机性购房比例增加，不仅使得房价上涨，而且使房屋的空置率也越来越高。要对这两类需求进行合理地调节，建议如下。

1. 保护自住需求，不伤及他们的利益

在房地产供给方面，应从多个渠道增加房地产的供给，商品房销售给高收入阶层，经济适用房的租售对象为中低收入阶层，廉租房提供给特别困难的家庭。通过搞好廉租房建设，让最低收入水平、低收入水平和中等偏低收入水平的市场需求主体能够租得起房；通过适当建设经济适用房和"两限房"，设定招标土地上建设的经济适用房的房地产结构和户型面积，严格限制容积率等调节房地产结构措施的实施来满足中等及中等偏上收入水平的居民的购房需求，一方面避免他们追高购买商品房而导致进一步推动房价上涨，另一方面避免他们对房地产市场产生较为悲观的预期，使刚性需求骤减。

在需求方面，将"差别化的信贷政策"和"差别化的税收政策"作为长效化的调控机制。其一，商品房严格实行购房实名制，不同数量的购房执行不同的房贷政策，根据市场情况，将首套普通商品房和二套、三套及以上商品房的首付比例与贷款利率进行区别对待，支持自住型购房需求，以满足其基本的生活居住需求。同时，通过差别化信贷调控以增加二套特别是三套及以上贷款的成本，对房价上涨过快、投机盛行、房地产市场过热的区域，购买第三套及以上房屋的贷款暂停，甚至可以采取限购措施，对不能提供相关证明的非本地居民暂停贷款。这样不仅可以有效限制同一家庭购买多套房地产，也有助于抑制本地和外地购房者的投机炒作，从而让有真实需求的自住性购房者的房地产消费需求得到满足。当然，可以依据宏观经济形势适当调整差别化信贷政策的首付比例和按揭利率。其二，开征房屋保有环节的房产税。以往收取的房地产税主要是针对房屋流转过程，而房屋持有过程中的保有税被忽略了。通过征收房产税，购房者的持有成本增加，可以在一定程度上对投资性需求和投机性需求进行束缚。已有一些研究表明，从房产税对投资性需求的影响方向来看，房产税率和投资性需求呈反向关系，提高房产税可以发挥一定的抑制投资性需求的功效。因此，应综合考虑征税过程的完善性和合理性，加大房屋保有税的比重，并且注意实行差别化的税收比例，目前以下观点值得借鉴。（1）根据拥有套数的不同采取区别对待，如首套不征税，二套多征税，三套重征税。（2）构建居民财产持有税征收制度，对面积超过一定标准的房屋超出部分征税。（3）房产税应根据居民持有的房产的档次来区别征收，高档次的房屋征收高税，中等档次的房屋征收低税，低档次的房屋可以免税。对于出租的房屋，应当以租金为计税依据。（4）房产税的税率应根据不同地区的情况与区域税负水平而有所区别。

2. 分流引导投资需求

在我国居民投资渠道狭窄，缺乏有效的通胀防御性工具的情况下，一些高收入群体有大量闲置资金却投资无门，而房地产相对乐观的投资收益前景将派生较多的投资需求，部分购房者甚至未能意识到房地产投资的长期性和不动性，将房地产投资与证券投资等同，采取短线投机、频繁交易的投资手段，这将严重危害我国房地产市场和金融市场安全。因此，政府一方面应通过鼓励技术创新和加快制度变革来增大企业的利润空间，从而引导民间资金向实体产业转移。同时，政府还应牵头形成更为多样的投资渠道，如推出MBS、REITs等房地产金融创新产品，通过扩展投资渠道来分流资本，转移投资投机焦点，缓解房地产市场投资需求压力，控制这部分投资对市场走势和房价的影响力，从而促使房地产价格回归合理区间。另一方面，政府应将征税的主要对象从交易税转移到保有税的征收，尤其是通过对多套房屋征收保有税，让空置房的持有成本大幅度增加，从而降低购买者的投机欲望。政府还应加强对投资者的教育，大力宣传国家房地产市场的方针、政策和房地产市场的相关知识，增强他们的风险意识，提升他们捕捉市场信息的能力，开展投资技能的培训，帮助他们树立理性投资的观念，抑制市场上的非理性心理和行为。

3. 要严厉打击投机需求

房地产市场投机并非有害无益，理想的房地产市场内应当包含一部分投机专家，他们掌握投机的技能，有能力对房价做出理性的预估，以引导房地产价格对市场信息做出正确的反映。然而，现实当中许多不具有相应技能的普通人为了赚钱而加入投机，这就可能导致房价脱离正常的市场信息，房价波动反映的不是理性的市场变化，而是大规模投机者非理性的炒作行为。这种情况下，极有可能产生泡沫经济。因此，对投机需求应进行严厉的打击。

首先，依靠房地产市场制度对投机心理和投机行为进行调节和控制。购房者的有限理性和心理因素形成了市场的心理基础。政府应当通过相关制度和环境的改善，减少购房者非理性行为滋生的土壤，引导和稳定购房者的心理预期。一方面，通过加强和完善房地产市场制度，提高购房者的认知能力，可以减少购房者行为上的盲目性和盲从性。另一方面，通过规范房地产市场的交易行为，解决房地产市场的信息不对称问题。同时，杜绝信息披露中的欺诈行为，并通过法律法规对欺诈行为进行严惩；严格审核房地产抵押贷款的申请条件，加强风险管理。

其次，政府应完善对房地产投机行为的干预方式和手段。一方面，继续运用税收、交易资格、行政禁令等手段来限制房地产投机活动。（1）按已有房屋数量征收房产税，并增加房屋转让的成本和难度，通过税收增加炒房投机的成本，增加囤积房屋的成本，打击炒房者投机心理。（2）提高房屋的持有成本，降低投机收益率。建立居民财产持有税征收制度，对超过一定标准的房屋面积征收财产持有税；限制期房在竣工交房之前的转让行为，减少短期炒房行为等；强化金融风险管理，运用市场手段增加投机者获取贷款的难度和成本，如提高贷款利率、提高商品房保有税、提高首付比例等，严密监控炒作资金的流向，平抑过度的房价波动，避免炒作信息误导普通购房者。另一方面，政府除了对过度投机行为进行直接限制，还应当通过多种渠道方式来全面了解房地产投机者的投机心理，控制和改变房地产投机形成的环境和条件；通过采用参与性的改变方式，如教育、宣传、引导等，使房地产投机者对自己的投机心理和投机行为有正确的认识，分析自身的性格、偏好、风险态度、行为习惯等个性因素，让他们尽量克服认知错误，养成良好的个性心理，从而减少非理性的投机行为。当然，在这个过程中，政府还应努力将投机者引导到需要发展的投资市场中，才能从根本上减少房地产投机行为的产生。

（三）推进二手房市场和租赁市场的发展

长期以来，西部地区因市场管理力度不足、缺乏有效的投诉维权途径、缺少安全的交易过程监管，中介服务市场秩序比较混乱，消费者权益很难得到充分的保障，使房地产二级市场较为落后。因此，应加强和规范二手房市场和房屋租赁市场的建设和管理，形成比较完善的二级市场。通过立法手段，依法对房地产中介市场进行清理整顿，严格中介机构资质审批，同时加强对从业人员的素质培训，培育一批实力强、信誉好、规范化的中介企业，从而降低二级市场的交易风险，提高市场的活跃度。对于房屋租赁市场的管理，一方面，应建立房地产租赁市场管理体系，大力发展西部地区房屋二级市场，培育成熟的二手房产业；另一方面，可以降低租赁税率以激活租赁市场。另外，政府还可以以低价收购一批空置房，将它们变换成小户型住房，再出租给低收入家庭，这不仅可以很好地消化市场上存在的大量空置房，还可以节省大量建设资金。

第三节　保持适度房价收入比

西部地区的房价收入比总体来看是比较合理的，但仍然不能忽视部分地区尤其是中心城市出现了房价过高和房价上涨过快的现象。要稳定西部地区的房价，具体有以下八个方面的建议。

（一）保持宏观调控政策的稳定性

2003年4月，中国人民银行出台了《关于进一步加强房地产信贷业务管理的通知》，该通知被认为是本轮房地产市场开始宏观调控的标志。该通知对开发商贷款、建设企业流动资金贷款、个人房地产贷款以及土地储备贷款等做出了调整。2003年以后，中央政府启动了土地、金融、行政和税收四种手段对房地产市场进行调控，推出了一系列宏观调控政策。

2003年以来我国房地产市场的宏观调控政策呈现出如下特征：2003~2007年蓬勃发展阶段的控制政策；2008年复苏阶段的鼓励政策；2009~2013年过热阶段控的控制政策；2014~2016年低迷阶段的鼓励政策；2017年至今新一轮的紧缩性政策。具体而言，在2003~2007年房地产市场蓬勃发展的阶段，出台了三个方面的控制政策。一是严格控制房地产信贷和严格控制土地供给，旨在提高开发商的项目自有资金比例和规范土地出让市场；二是打击供给环节和消费环节的炒作行为，通过提高房地产投资成本、降低房地产投资收益，来抑制房地产价格的上涨；三是处理房地产市场热点地区的区域性矛盾和房地产市场的结构性矛盾，以全面综合治理房地产市场。在2008年房地产市场的复苏阶段，为应对美国次贷危机带来的经济衰退，实施了大幅度放松房地产信贷和税收的宽松政策，并积极鼓励居民购房，希望通过繁荣房地产市场的发展来拉动经济增长。在2009~2013年房地产市场发展过热的阶段，为抑制上涨较快的房价，政府出台多项措施打压房价，并推进保障性房地产的建设。2014年以来，针对低迷的房地产市场，政府又开始放松信贷，实施鼓励性的政策。

从房地产市场宏观调控的全过程来看，调控手段比较多样化，包括信贷政策、土地政策、利率手段、税收手段及行政手段等。调控措施众多，前期调控对象主要为开发商，调控手段主要为提高开发门槛，后期调控对象转移到购房者和地方政府，如提高个人购房贷款利率和首付比例，抑制投机性需求，通过土地市场调控稳定房地产价格。调控的目的也在发生变化，从最初的为刺激商品房需求提出鼓励房地产市场发展，到后来为遏制房地产投资、控制房价大幅上涨而提出稳定房价，再到重新回到鼓励房地产市场发展，继而又是新一轮的控制房地产投资性需求和抑制房价过快上涨。政策关注的重点可以概括为早期调价格、中期调结构、后期调供给。中央政府的调控目标希望兼顾防范金融风险、控制土地供应、稳定房价，既要保障民生，又要兼顾经济增长。调控政策方向的频繁变化让市场交易者变得无所适从，容易产生困惑和盲目，难以形成稳定的预期。事实上，市场主体的预期是一把双刃剑，科学合理的预期有助于宏观政策效果的发挥；反之，不合理、不稳定的预期将在一定程度上冲抵宏观调控政策效果，并且市场主体的心理预期在传导过程中会由于外部信息的接受失真、信息过度夸大或缩小而产生偏差，从而对房价的波动产生巨大影响。

政府应当认识到房地产市场上的购房者是"有限理性"的，他们的购房行为不完全依赖市场信息，也依赖自身的心理特征，购房行为带有很大的随机性、非常规性，因此政府在制定相关政策时应当注意政策可能会对购房者心理预期的影响，避免出现大起大落。如果政策的频繁变动令市场难以形成理性、稳定的预期，极有可能催生一批依赖政策动向进行投机的炒房者，令调控政策陷入"动态不一致"的陷阱。因此，政府出台的宏观调控政策应保持一段时间上的相对稳定性，调整时以微调为主，建立购房者和房地产企业对政府政策长期稳定性的信任，防止由于政策的调整导致房地产市场价格扭曲，出现巨大波动。

（二）建立和健全房地产市场的信息披露机制

信息不完全是造成市场主体出现正反馈交易行为从而导致房价异常波动的一个重要原因。目前我国房地产市场信息不对称主要表现在以下三个方面。（1）土地信息的不对称。由于土地市场地域性特征非常明显，土地的供应信息很少有全国性的推广，大多只在当地发布，信息不对称导致买卖双方的交易效率较为低下。另外，由于影响土地价格的因素众多，很难对土地进行准确估价，这给土地的炒作带来了机会。土地价格作为房地产价格的重要组成之一，地价的上涨有助于推高房价。（2）房地产开发成本的信息不对称。虽然现在地价成本公开，但是大量成本属于开发商可以控制隐瞒的部分，难以详细地公开。（3）房地产交易的信息不对称。开发商本身处于强势地位，对于开发成本信息和房地产质量信息都有翔实的了解评估，对于城市规划、政策决策等信息也有或明或暗的信息渠道。因此，开发商掌握着市场主导权，所有的信息几乎都在开发商手中，因此，开发商能够通过隐瞒真实价格、误导性宣传、囤积土地、提供不公正信息等方式诱导购房者的消费行为，导致房地产价格出现扭曲，损害消费者的权益。

与房地产市场中的政府和开发商两个市场参与主体相比，购房者处于信息弱势地位，对于房地产市场走向信息的掌握不完全，难以正确评价和估计未来的房价走势，一旦购房者不能获取正确的信息，或者购房者获得的是开发商恶意散播炒作的信息，消费者就极易受到影响，产生心理偏差，进而导致有限理性行为，这是房价波动的重要原因之一。因此，政府有必要建立良好的信息公示平台，完善信息披露制度，降低信息获取成本，打击恶意散布谣言者，规范开发商信用行为，从而减少房地产投资和消费领域的"噪声交易"和"羊群行为"。房地产市场信息披露主要应当关注以下方面的内容。

（1）增强房地产信息市场的建设，改进市场环境。政府应考虑设计一种权威的信息披露工具，建立一套清晰的指标体系，由公共权威部门定期发布和传播具有普遍公信力的数据，并对这些数据做出客观的解释性分析，有效影响市场消费者的深层心理结构，进而减少信息不充分、不对称导致的自住者和投资者的非理性行为，引导房地产价格向合理的方向发展。

（2）政府部门应定期公布城市土地的供应计划和城市规划的内容与实现步骤，及时公布房地产市场上的房屋供给与需求的状况、开发商竞拍土地的成本状况、商品房价格的走势情况等信息，提高市场的透明度，让购房者能够充分洞悉房地产市场的发展趋势，理性消费和投资，避免房地产价格出现大起大落的剧烈波动。

（3）重点关注大中城市的房价异常波动，建立完善一套科学精确的体系，对房价异常波动进行监控预警，对重大事项进行及时披露，减弱市场上信息不对称的程度，防止一些炒房者通过散布错误信息炒作房价。

（三）加强对媒体的监管工作

购房者对市场的判断往往来自媒体的新闻报道，媒体也就成为"羊群效应"最好的煽动者。由于媒体能够方便、快捷地获取大量信息，如果媒体导向把握不好，很容易混淆视听，误导购房者盲目炒作，影响房地产市场的稳定发展。如今媒体不仅本身被市场化，它还是房地产市场各种力量发出声音、表达利益的最直接和最有效的手段。通过媒体的宣传和造势，一个错误的观点就可能转变成政府决策的参考依据。此外，房地产投资决策不同于普通的决策，房地产投资数额巨大，投资周期较长，投资者在做出投资决策前有对于市场信息的需求。这样，房地产市场上的很多交易者通过报纸、广播、杂志、电视和网络等渠道获取信息来做出自己的决策。

大多数购房者因缺乏专业技能和知识而无从判断与选择正确的信息，极易受到误导。例如，很多媒体选择报道各地房地产商品的最高价，这就误导购房者房价正在快速上涨，上涨趋势会持续，无意中促成了非理性的投资行为，从而也加剧了房地产市场价格的波动。

因此，政府有责任对新闻媒体的报道和社会舆论进行引导，打击严重违背事实的臆造新闻和恶意散布谣言者，对有影响力的主流媒体更要确保它们报道正确的信息，防止"羊群效应"等市场跟风行为。同时，相关部门也应及时发布相关信息和指导意见，通过多层次的手段引导社会舆论。

（四）帮助购房者应建立正确的消费观念

目前，我国房地产消费中存在三种误区。

一是"一步到位"误区。受传统观念的影响，我国购房者在选购房地产时盲目求大、求全。根据2007年对256个地级市大样本家庭调查数据发现，在国家统计局定义的七个收入阶层中，收入最低群体的每户家庭房地产的平均建筑面积为67.8平方米，而收入最高群体的每户家庭房地产的平均建筑面积为107.3平方米（见表8-1）。通过国际对比发现，我国收入最低群体的房地产使用面积，超出新加坡中低收入群体的房地产消费量——每个家庭单元拥有45平方米的实用建筑面积。

表8-1　按收入群体分列的户主自用自有房地产的比例

单位：%，平方米

收入群体	户主自用型自有房地产比例	每户家庭住宅的平均建筑面积
最低的10%	72.9	67.8
第二组10%	77.6	72.2
第三组20%	80.5	77.5
第四组20%	83.5	83.6
第五组20%	86.0	89.6
第六组10%	86.2	96.3
最高的10%	87.4	107.3
全国平均	82.3	84.5

资料来源：满燕云主编《中国的房地产改革及成效》，经济管理出版社，2012。

二是"宁买勿租"误区。同样受传统"居者有其屋"的观念影响，很多购房者对"租房为家"在心理上接受程度不高，尚未形成通过租房解决房地产问题的观念。他们认为"有家"就是要拥有属于自己产权的房子，而有了自己的房子，就像有了根一样，心里踏实。房子除了居住的功能外，更是一种心灵的寄托和一种安全感。在这种消费心理和消费习惯下，人们是能买就买，买不起的借钱也要买。即使在房价高涨的情况下，宁可减少或者放弃其他商品的消费也要坚持购买属于自己的房地产。另外，国内租赁市场操作欠发达和欠规范，租赁客户的居住利益得不到有效保障。加之我国购房者在房地产市场上的有明显的超前消费意识及过度消费的倾向，按揭贷款购房十分常见，就给房价上涨带来了源源不断的动力，房价上涨的预期又加剧了"租房不如购房""迟买不如早买"的消费预期，使新房价格与租赁市场价格更加背离，这又进一步推动购房者将购房视为投资，超前选购当期力所不能及的商品房产品。一些有条件的购房者更是将房地产大小、豪华程度视为自己的"脸面"，选购商品房一味追求大、豪华。甚至在购房条件不充足时，依然坚持购买房地产而不愿意先租房。基于2007年大样本家庭调查数据，2007年中国自用型自有房地产率达82.3%，并且自用型自有房地产率与家庭收入高度相关。其中，自用型自有房地产率在最低收入群体中的比例为72.9%，在最高收入群体中的比例为87.4%，最低收入群体与最高收入群体相比较，自用型自有房地产率低14.5个百分点。中等收入群体的自用型自有房地产率为83.5%，较国家平均水平高出1.2个百分点。

三是"从众消费"误区。房地产市场中其他消费者的行为很容易被观察到，也很容易被模仿，一些购房者在选购房地产时并未客观判断自身需求水平，而是受到"从众心理"的影响，出于满足攀比心理需要，或是片面追求房地产商品带来的虚假高身份与高地位评价，或是受周围购房者的消费模式的影响，盲目模仿他们的购房消费方式，进行非理性消费，如追涨抢房、见势存房、跟风炒房。

消费上的误区和房地产按揭贷款促使一部分购房者，尤其是刚进入工作的年轻购房者不客观的判断自身对贷款的承受能力，还贷数额超出总收入。根据新浪网一项调查，有91.1%的人购房用了按揭。这群按揭族中，有31.75%的人月供占其收入的50%以上。目前中国的普通购房者中，已经有超过1/3的贷款购房者成为"房奴",他们的生活质量较购房前有不同程度的下降。不仅如此,过高的贷款压力也使金融机构承受了较高的风险。鉴于此,各级政府应通过舆论导向、政策宣传给予消费者正常的消费引导,提倡科学消费、适度消费、绿色消费的房地产消费方式,提高购房者的消费风险意识,消除其盲目追涨杀跌的跟风需求,使房地产消费趋向理性。同时,针对不同类别的购房者,本书也给出如下三条建议。

对自住性购房者而言,应从思想上认识到,在市场经济条件下,房屋实际上就是一种商品,选择拥有或者放弃是一种动态行为,在人生的不同阶段,由于收入、人口、家庭负担等条件不同,并不是每个人都一定要拥有一套房地产或大面积的房地产。例如,在考虑购买房地产时,要买跟自身收入水平相符的房地产,固定支出收入比不要超过50%,最好控制在30%以内,收入增长预期比较好的,也尽量控制在40%左右,要为利率上升、就业变动等留些余地。

其次,自住性购房者应依照自身需求进行合理选择,建立理性的买房观。在选择购房或租房时,应该明确自己的生活需求,从家庭成员情况、日常生活工作需要、家庭休闲娱乐等实际情况出发来确定拟购买的房地产产品。对收入水平不高的购房者来说,要根据自身收入水平制定购房决策,认识到房地产的阶段性,初次购房应定位于过渡性买房,确定自己能承受的价格范围,先满足刚性需求再满足弹性需求,切勿追求一步到位。可以暂时选择租赁房地产,实在想购买房地产时,若预期收入不足以购买高价房产则可以选择购买低价房产、购买总价合理的小户型房地产或二手房等。对家庭收入较高,具备较强的购买能力,以改善性置业为目的的购房者来说,他们的需求并不仅限于基础的居住,他们在购房时更关注居住面积、户型结构、朝向、房屋的私密性及社区环境,力求让自己住得宽松、舒适。

最后,投资性购房者应改变"只选高档房、只挑大户型房、只看城市中心"的观念,优先考虑房屋的区位特质及区域未来发展规划,对于有发展潜力、未来有可能成为黄金地段的区域进行投资,投资前要充分调研,了解当地的人员结构、产业布局、交通规划等信息。

(五)加强购房专业知识能力的学习,增强风险意识

购房者应加强业务知识能力的学习,包括经济学常识、房地产基础知识及相关法律知识的学习。房地产业属资金密集型产业，开发商除了通过商品房预售获得资金外，还会向银行抵押土地使用权来获得贷款，因此购房者应首先了解房地产抵押的有关知识，了解成本与房价的关系，学会如何防范开发商的抵押贷款行为。在掌握了一定的经济学常识后，购房者会认识到房产具有保值、增值功能，即使购置自用房地产，也应有投资眼光，考虑未来房产增值的因素，包括房屋的地理位置、周边基础设施配套、城市发展规划的力度和预期，交通是否便捷，配套的教育、医疗等是否完善，物业管理质量，周围自然环境，以及房地产设计建筑水平、内在价值等方面。房地产市场投资应当是一种周期较长、风险较小、回报率较高的稳定性投资。可是在我国房地产市场中，很多投资者将房地产投资与证券等同，进行短线投机、频繁交易获取价差。这样的炒作模式在加大投资者自身风险的同时造成了市场异动和金融市场不稳定。因此，对投资性购房者来说，应建立正确的、符合客观现实的房地产投资观念和理财观念，积极学习理财知识，除了考虑房屋未来增值预期有多少，还要看该房产所属地的出租率和租金情况。因为租金和出租率也是不动产短期收益的衡量指标之一。最后，购房者还要了解关于解决商品房纠纷的一些法律知识。

投资性购房者还应当充分意识到房地产市场存在的各种潜在风险。通常，房地产市场中会存在以下风险。①政策性风险。中国的房地产市场频繁受到来自中央政府和地方政府宏观调控的影响，是一个典型的政策市场，政府频繁出台的金融政策、信贷政策、税收政策等对房地产持有者和交易成本会有较大影响。②市场风险。市场风险主要分为租金收益风险、利率风险和其他投资的替代效应。一是租金收益风险，我国房屋出租收益与投资价格严重背离，房屋出租具有风险。二是利率风险，利率变化对房地产投资收益率有重要影响。三是其他投资的替代效应。目前金融市场产品不断丰富，许多新的投资工具具有比房地产更好的投资属性。③流动性风险。高价位的商品房面临变现的困难，当房地产价格下跌时，大量低收入群体面临债务刚性约束与收入流短缺的矛盾，购买了多套房屋的购房者可能面临因资金链断裂而被迫贱价抛售的风险。因此，购房者应保持清醒的头脑，密切关注经济基本面的相关信息，正确判断房价的未来走势，避免市场大起大落可能给自己造成的损失，以及避免由此导致的认知偏差和非理性行为。

（六）打破开发商寡头垄断格局

由于房地产市场具有区域性的特点，某个区域的房地产企业大多只与本区域的房地产企业或相邻区域的房地产企业发生竞争。即便如此，它们也各有自己的垄断区域。另外，由于房地产产品千差万别，房地产市场的进入壁垒较高，因此，我国房地产市场结构具有区域性寡头垄断的特征。其中，东部地区房地产市场垄断程度较中西部地区高，并且多数地区房地产市场的垄断程度在不断提高，由此导致房地产价格调节机制的作用受限。

相对房地产市场的需求方而言，开发商在房地产市场定价中处于绝对优势地位，是决定房价水平的主导者。这是因为房地产具有唯一性、不动性等特点，每一宗房地产产品的配套条件都不尽相同且不可移动，购房者只能对房地产商品的成品进行选择，开发商是某一宗房地产商品的唯一提供者，具有垄断地位，信息上也占据优势，这就决定了购房者无法进行讨价还价，定价权由开发商掌握。另外，在购房者群体中，持币待购的自住性购房者希望房价下跌，但已购房地产的自住性购房者和投资性、投机性购房者希望房价上涨，购房者群体之间就无法达成一致意见，因而也无法形成与开发商讨价还价的能力。这样，房地产价格的变化对开发商定价最为敏感。因此，政府在调控房价时要充分利用市场竞争机制，打破开发商对信息的垄断，促进区域内开发商之间的良性竞争，购房者能够接触到更多的楼盘信息以供选择。

总而言之，要促进房地产市场与区域经济的协调，就要打破开发商的垄断地位，从源头的土地市场开始限制最高土地限价，实现多政府部门在房屋销售上的无缝衔接，降低交易成本。政府调控政策要具有连续性和稳定性，调控信息要及时披露，促进房地产市场的良性竞争。

（七）完善土地招拍挂出让制度

2002年我国政府出台了《招标拍卖挂牌出让国有土地使用权规定》，该规定指出，我国各类经营性用地都必须通过招标、拍卖或者挂牌的方式出让。2004年开始，传统的土地协议出让方式退出市场。土地招拍挂制度将市场机制引入土地出让市场，使土地市场更加符合市场规律，在很大程度上有利于减少土地出让过程中的寻租行为。从现实情况来看，一些资金雄厚的企业通过抬高地价方式获得土地使用权，为自己储备土地。而各地方政府出于利益的考虑，土地出让往往以大宗土地交易为主，交易金额巨大，这就无形中提高了土地市场准入门槛，将中小型企业挡在了市场以外，最终导致一个城区往往只有一个或者少数的几个开发商。由于不同城区的房地产之间的替代性较差，这势必增强开发商在这一地区的垄断地位。因此政府应当从土地市场着手，改变以前单纯价高者得土地的拍卖方式，从多个方面对投标的开发商进行考察，并适当制定土地溢价上限，避免土地市场预期失灵。

在坚持现有土地招拍挂出让制度的前提下，在出让土地时，要避免过大的地块整体出让造成隐性的市场准入门槛，即便是较大的地块，也应当采用"熟地"的方式进行，并将"熟地"切分为多个小项目，分开进行出让；或者可以将整块的土地分批次出让，并且规定之前中标的开发商在完成开发建设前不能参与下一批次的投标，这样就可以避免个别企业形成区域内的垄断，也能推动开发商加速土地开发，提高土地利用效率，在一定程度上缓解房地产企业竞争不足的现状。

（八）严厉打击囤地和捂盘惜售行为

国家统计局公布的数据及其他公开资料显示，我国土地库存问题较为严重，土地利用效率不高，2000~2009年，全国房地产开发商共得到了33亿平方米的出让土地，但实际仅有21亿平方米的土地完成开发，不足总量的70%，这意味着还有12亿平方米土地被开发商囤积起来。

土地作为一种稀缺资产，具有保值和增值作用，从长远来看有很好的增长预期。一旦土地升值，房价也会随之飙升，并且囤积和炒卖土地比正常的开发房地产周期短、利润高。因此，很多开发商为坐享土地升值后带来的利润增长，以及为抬高房价牟取暴利，故意将购置的土地长期闲置不开发，或过意拖延开发周期，采用分期开发变相捂盘等方式来达到储备土地的目的。通常，宽松的信贷政策会助长开发商囤积土地和捂盘惜售的行为。在获得充裕的资金支持下，房地产市场上不断上涨的房价让房地产开发企业产生了强烈的囤积土地的冲动。房地产开发企业大规模囤地和大量捂盘惜售的行为，人为地导致了房源紧缺，并且人为减少了房地产供应量，使整个房地产市场呈现"供不应求"的假象与房价上涨的局面。在这种市场氛围的影响下，自住性购房者会因担心房价的继续上涨而将购买决策提前，盲目抢购房地产；投资性购房者会因套利空间巨大而向投机性购房者转化；投机性购房者的群体投机行为会引发"追涨杀跌"的正反馈交易现象，极易形成"羊群效应"，从而威胁房地产市场的健康发展。

虽然政府部门自 2010 年以来已相继出台了相关政策来严惩房地产开发企业的不规范行为，但仍存在开发商囤地、捂盘惜售的状况，政府部门必须加强对开发商囤地、捂盘惜售行为的处罚力度，清查开发商囤地、捂盘惜售的行为，对不同开发阶段的房地产项目实行不同的税率；充分发挥金融市场对房地产市场的影响，通过贷款利率等方式影响房地产市场，对自住性购房者提供支持；从政策税收方面抑制投机，增加投机的成本与风险，引导理性投资。

参考文献

〔美〕埃德加·M. 胡佛：《区域经济学导论》，王翼龙译，商务印书馆，1990。
包宗华：《关于房价收入比的再研究》，《城市开发》2003 年第 1 期。
卜凡中：《我们房地产这些年》，浙江大学出版社，2010。
蔡穗声、王幼松：《中国房地产市场地区差异分析——长江三角洲与珠江三角洲比较研究》，《中国房地产》2004 年第 5 期。
曹振良：《房地产经济学通论》，北京大学出版社，2003。
车延杰：《吉林省城镇居民住宅购买能力实证研究》，《当代经济研究》2001 年第 5 期。
陈浮、王良健：《中国房地产市场化区域差异与发展战略研究》，《财经理论与实践》2000 年第 3 期。
陈基纯、陈忠暖：《中国房地产业与区域经济耦合协调度研究》，《商业研究》2011 年第 4 期。
陈俊华、文书洋、黄万钧：《中国西部地区城市房地产投资环境评价体系研究：攀枝花例证》，《软科学》2012 年第 7 期。
陈浪南、王鹤：《我国房地产价格区域互动的实证研究》，《统计研究》2012 年第 7 期。
陈淑云、付振奇：《房地产投资对不同规模城市经济增长的影响——基于全国 70 个大中城市的数据分析》，《江汉论坛》2012 年第 11 期。
陈雪松：《房地产业与区域经济发展的关系分析》，博士学位论文，暨南大学，2009。
陈洋：《国内外住宅空置问题研究综述》，《财经政法资讯》2015 年第 2 期。

程必定：《区域和区域经济学的研究对象》，《财贸研究》1989年第3期。

程大涛：《我国房地产价格上涨驱动机理分析》，《财贸经济》2010年第8期。

丛颖：《房地产市场周期与宏观经济周期关系的实证研究》，《东北财经大学学报》2014年第3期。

崔光灿：《房地产价格与宏观经济互动关系实证研究——基于我国31个省份面板数据分析》，《经济理论与经济管理》2009年第1期。

邓仕敏：《试论我国房地产业的区域特性》，《市场论坛》2004年第8期。

丁烈云：《房地产周期波动成因分析》，《华中科技大学学报》（社会科学版）2003年第2期。

丁祖昱：《中国房价收入比的城市分异研究》，《华东师范大学学报》（哲学社会科学版）2013年第3期。

杜凤霞、杨占昌、陈立文：《房地产市场区域性特征探索》，《企业经济》2013年第2期。

范超、王雪琪：《我国35个大中城市房价—持久收入比研究》，《统计研究》2016年第8期。

范允奇、王艺明：《中国房价影响因素的区域差异与时序变化研究》，《贵州财经大学学报》2014年第1期。

方梅：《房地产市场与城市经济协调发展研究》，博士学位论文，华中科技大学，2006。

冯科：《中国房地产投资波动对经济周期的影响研究》，《北京工商大学学报》（社会科学版）2016年第5期。

高晨红：《城镇化背景下我国房地产投资波动研究》，《河北金融》2013年第11期。

耿晓媛、谢昌浩：《我国房地产投资与国民经济关系研究——基于我国31个省市平行数据的分析》，《云南财贸学院学报》（社会科学版）2006年第6期。

郭敏、万金金：《应用面板数据对我国城镇居民住房消费地区差异的研究》，《当代经理人》2006年第1期。

韩正龙、王洪卫：《区域差异、城镇化与房地产价格——来自中国房地产市场的证据》,《经济问题探索》2014年第2期。

郝增军:《不同地区房地产销售与经济增长的关系研究——基于全国35个大中城市面板数据》,《工程经济》2014年第10期。

何国钊、曹振良、李晟:《中国房地产周期研究》,《经济研究》1996年第12期。

何清涟:《现代化的陷阱》,今日中国出版社,1998。

胡晓菲、曹泽:《中国房地产业与国民经济发展耦合协调性研究》,《安徽建筑大学学报》2016年第3期。

黄忠华、吴次芳、杜雪君:《房地产投资与经济增长——全国及区域层面的面板数据分析》,《财贸经济》2008年第8期。

黄忠华、吴次芳、杜雪君:《中国房价、利率与宏观经济互动实证研究》,《中国土地科学》2008年第7期。

贾生华、李航:《房地产调控政策真的有效吗?——调控政策对预期与房价关系的调节效应研究》,《华东经济管理》2013年第11期。

金通、倪焱:《房地产泡沫化对消费与投资的挤出效应》,《浙江经济》2003年第21期。

鞠方、林辉叶、周建军:《土地出让收入、地方财政支出对我国房价影响的区域差异性研究》,《财经理论与实践》2013年第1期。

孔凡文、刘宁、娄春媛子:《房地产业与相关产业关联度分析》,《沈阳建筑大学学报》(自然科学版)2005年第3期。

孔行、黄玲、于渤:《区域房地产业与区域经济发展的长期动态协调关系研究》,《中央财经大学学报》2009年第3期。

况伟大:《房地产投资、房地产信贷与中国经济增长》,《经济理论与经济管理》2011年第1期。

况伟大:《房地产相关产业与中国经济增长》,《经济学动态》2010年第2期。

况伟大:《房地产业关联效应研究》,《中国城市经济》2006年第5期。

况伟大:《房价与地价关系研究:模型及中国数据检验》,《财贸经济》2005年第11期。

况伟大:《预期、投机与中国城市房价波动》,《经济研究》2010年第9期。

李春吉、孟晓宏:《中国房地产市场结构和价格影响因素的实证分析》,《产业经济研究》2005年第6期。

李楠、吴武清、陈敏:《中国房地产投资与国民经济关系结构变点研究》,《数理统计与管理》2012年第6期。

李祥发、冯宗宪:《房地产周期、固定资产投资周期与经济周期的关联性——基于货币政策视角下的分析》,《经济理论与经济管理》2014年第4期。

李艳双:《房地产业与国民经济协调发展研究》,博士学位论文,天津大学,2004。

李勇辉、陈勇强:《我国房地产业的区域差异分析及对策建议》,《改革与开放》2006年第11期。

李玉杰、王庆石:《房地产业对相关产业带动效应的国际比较研究》,《世界经济与政治论坛》2010年第6期。

李庄容、陈烈:《广州市房地产业发育程度实证研究》,《经济地理》2005年第6期。

梁桂:《中国不动产经济波动与周期的实证研究》,《经济研究》1996年第7期。

梁若冰、汤韵:《地方公共品供给中的Tiebout模型:基于中国城市房价的经验研究》,《世界经济》2008年第10期。

梁云芳、高铁梅:《我国商品住宅销售价格波动成因的实证分析》,《管理世界》2006年第8期。

梁云芳、高铁梅、贺书评:《房地产市场与国民经济协调发展的实证研究》,《中国社会科学》2006年第3期。

林德全:《区域经济规划的理论与实用方法》,《数量经济、技术经济资料》(1986年专辑)1986年第1期。

林斗明:《房地产区域研究》,《国土经济》1996年第3期。

刘晨晖:《房地产业与东北经济发展的双向协调关系研究》,《东北财经大学学报》2015年第6期。

刘海猛、石培基、潘竟虎、曹智、谢作轮:《中国城镇房价收入比时空演变的多尺度分析》,《地理科学》2015年第10期。

刘红:《中国城市房地产投资的动态经济效应》,《经济与管理研究》2006

年第 3 期。

刘洪玉:《房地产市场周期运动规律分析》,《中国房地产》1998 年第 8 期。

刘洪玉、张红:《房地产业与社会经济》,清华大学出版社,2006。

刘琳、刘长滨、张明杰:《房地产市场的自然空置率研究》,《城市开发》2002 年第 2 期。

刘起中、吴娟:《城市化进程与中国城市化战略的反思》,《湖南城市学院学报》2006 年第 3 期。

刘生龙、胡鞍钢:《基础设施的外部性在中国的检验:1988~2007》,《经济研究》2010 年第 3 期。

刘镇:《论生产力布局中的计划经济与市场调节问题》,《当代财经》1991 年第 5 期。

龙奋杰、吴公樑:《城市人口对房地产投资的影响研究》,《土木工程学报》2003 年第 9 期。

卢高文:《上海市房价收入比研究》,硕士学位论文,复旦大学,2008。

吕江林:《我国城市房地产市场泡沫水平的度量》,《经济研究》2010 年第 6 期。

吕涛:《房地产投资在地方经济发展中的影响研究——基于东部 10 个省市的经验分析》,《经济问题》2012 年第 10 期。

罗国银:《房地产投资对地区经济增长的贡献差异——基于面板数据的分析》,《求索》2010 年第 9 期。

骆祚炎:《基于流动性的城镇居民住房资产财富效应分析——兼论房地产市场的平稳发展》,《当代经济科学》2007 年第 4 期。

满燕云:《中国的房地产改革及成效》,经济管理出版社,2012。

孟庆斌、荣晨:《宏观经济因素对房地产价格的长短期影响》,《统计研究》2014 年第 6 期。

孟延春、汤苍松:《中国房地产业的关联测算及宏观经济效应分析——基于中国 2002~2007 年投入产出表》,《中国人口·资源与环境》2013 年第 1 期。

潘爱民、韩正龙:《经济适用房、土地价格与住宅走势价格走势——基于我国 29 个省级面板数据的实证研究》,《财贸经济》2012 年第 2 期。

潘金霞：《是土地供应量与房地产税赋提高了房价吗》，《南方经济》2013年第11期。

皮舜、武康平：《房地产市场发展和经济增长间的因果关系——对我国的实证分析》，《管理评论》2004年第3期。

曲波、谢经荣、王玮：《中国房地产周期波动的评介与探析》，《中国房地产金融》2003年第2期。

邵全权：《保险业结构、区域差异与经济增长》，《经济学》（季刊）2012年第1期。

邵挺、袁志刚：《土地供应量、地方公共品供给与住宅价格水平——基于Tiebout效应的一项扩展研究》，《南开经济研究》2010年第3期。

沈久沄：《对房价收入比科学涵义的再探讨》，《中央财经大学学报》2006年第6期。

沈悦、刘洪玉：《中国房地产开发投资与GDP的互动关系》，《清华大学学报》（自然科学版）2004年第9期。

沈悦、刘洪玉：《住宅价格与经济基本面：1995—2002年中国14城市的实证研究》，《经济研究》2004年第6期。

施继元等：《房奴、房价及其治理——国际经验和中国道路》，上海财经大学出版社，2011。

司武飞、周浩：《对房价收入比指标的修正》，《统计教育》2007年第8期。

宋勃、高波：《房价与地价关系的因果检验：1998～2006》，《当代经济科学》2007年第1期。

孙东雪、宋荣荣：《基于模糊聚类分析的房地产市场区域划分——以八大经济区域为研究对象》，《当代经济》2014年第20期。

孙宏志：《"房价收入比"及衍生概念的解读》，《城市开发》2001年第8期。

台玉红：《房地产空置率对住宅价格的影响分析》，《经济问题》2009年第8期。

谭刚：《房地产周期波动：理论、实证与政策分析》，经济管理出版社，2001。

谭刚：《深圳房地产周期波动研究》，《建筑经济》2001年第8期。

谭峻、赵妍：《房价收入比的实证研究——基于北京和全国整体数据的分析》,《中国土地科学》2012年第9期。

谭术魁、李雅楠:《基于Panel Data模型的中国土地市场发育区域差异及其对房价的影响》,《中国土地科学》2013年第2期。

唐志军、徐会军、巴曙松:《中国房地产市场波动对宏观经济波动的影响研究》,《统计研究》2010年第2期。

田成诗、李辉:《中国房地产市场风险评价:基于房价与宏观经济协整的分析》,《预测》2008年第4期。

王成成、王晓辉:《宏观经济对房地产价格的影响——基于中国省际的动态面板数据》,《经济管理》2011年第9期。

王飞、黄满盈:《房地产业对经济发展促进作用的实证分析》,《经济学动态》2005年第7期。

王国军、刘水杏:《房地产业对相关产业的带动效应研究》,《经济研究》2004年第8期。

王鹤:《基于空间计量的房地产价格影响因素分析》,《经济评论》2012年第1期。

王举、吕春梅、戴双兴:《土地财政与房地产业发展》,《地方财政研究》2008年第10期。

王利蕊:《中国房地产投资对国民经济包容性增长的实证研究》,《经济问题》2013年第8期。

王勉、唐啸峰:《我国房地产投资波动与经济周期的相关性》,《四川大学学报》(哲学社会科学版)2000年第3期。

王骐骥:《论房地产拉动经济增长的原由、问题及启动的近期方略》,《经济评论》2000年第5期。

王庆芳:《我国房地产价格、经济增长与信贷扩张研究——基于房地产双重资产属性的分析》,《现代财经》(天津财经大学学报)2015年第1期。

王世联:《中国城镇房地产保障制度思想变迁研究(1949~2005)》,博士学位论文,复旦大学,2006。

王太翌:《关于调整房地产价格与投资的理性思考》,《市场论坛》2015年第11期。

王薇:《房地产市场供求结构研究》,硕士学位论文,西安建筑科技大学，2007。

王小广：《把房地产作为支柱产业是错误的》，《新财经》2006年第6期。

王重润、崔寅生：《房地产投资挤出效应及其对经济增长的影响》，《现代财经》2012年第9期。

魏润卿：《现阶段我国房地产业支柱产业地位的考究》，《学术探索》2008年第2期。

魏玮、王洪卫：《房地产价格对货币政策动态响应的区域异质性——基于省际面板数据的实证分析》，《财经研究》2010年第6期。

邬文康：《我国区域房地产业发展规律研究》，博士学位论文，吉林大学，2005。

吴海英：《房地产投资增速对钢铁投资和总投资增速的影响》，《世界经济》2007年第3期。

吴嵩：《中国房地产投资与经济增长的计量分析》，《技术经济与管理研究》2010年第1期。

武康平、胡谍：《房地产价格在宏观经济中的加速器作用研究》，《中国管理科学》2011年第1期。

夏程波、曹智辉、庄媛媛：《中美房地产周期波动特征的比较研究》，《统计与决策》2012年第7期。

向为民：《中国房地产业的支柱产业地位的量化分析》，《统计与决策》2008年第19期。

向为民、李娇：《城市化水平与房地产投资增长率的关系研究》，《重庆建筑大学学报》2007年第1期。

向为民、李娇：《居民收入、心理预期及其商品房价格波动》，《改革》2012年第6期。

谢经荣：《房地产经济学》，中国人民大学出版社，2002。

谢平主编《中国投资发展报告（2015）》，社会科学文献出版社，2015。

辛园园、杨子江：《35个大中城市住宅市场差异研究》，《特区经济》2011年第10期。

薛敬孝：《试论建筑周期》，《南开学报》1987年第5期。

杨波、杨亚西：《房地产业与区域发展的协调度评价》，《华东经济管理》

2011 年第 10 期。

杨朝军、廖士光、孙洁：《房地产业与国民经济协调发展的国际经验及启示》，《统计研究》2006 年第 9 期。

杨春亮、杨朔：《房地产经济区域差异研究新视角》，《科技经济市场》2009 年第 6 期。

杨婷、南灵：《我国房地产投资对国民经济增长的影响研究》，《西安财经学院学报》2010 年第 2 期。

叶剑平、谢经荣：《房地产业与社会经济协调发展研究》，中国人民大学出版社，2005。

易成栋：《中国房地产业的地区差异——基于第一次经济普查数据的实证研究》，《经济地理》2007 年第 6 期。

袁博、刘园：《中国房地产价格波动的宏观经济要素研究——基于可变参数状态空间模型的动态研究》，《中央财经大学学报》2014 年第 4 期。

原鹏飞、魏巍贤：《房地产价格波动的宏观经济及部门经济影响——基于可计算一般均衡模型的定量分析》，《数量经济技术经济研究》2010 年第 5 期。

岳朝龙、孙翠平：《我国房地产投资与 GDP 关系的协整分析》，《统计教育》2006 年第 8 期。

曾嵘、魏一鸣、范英、李之杰、徐伟宣：《人口、资源、环境与经济协调发展系统分析》，《系统工程理论与实践》2000 年第 12 期。

张岑遥：《城市房地产价格中的地方政府因素：成因、机制和效应》，《中央财经大学学报》2005 年第 10 期。

张存涛：《中国房地产财富效应——基于 1987~2005 年数据的实证分析》，《世界经济情况》2007 年第 11 期。

张东、杨易：《中国房地产市场供给对房价影响的实证分析》，《统计与决策》2014 年第 6 期。

张二勋：《我国房地产业发展的区域差异分析》，《中国土地》1995 年第 4 期。

张红：《房地产经济学》，清华大学出版社，2005。

张红、马进军、孔沛：《基于动态计量经济学模型的房地产周期研究》，《清华大学学报》（自然科学版）2007 年第 12 期。

张红、翁少群：《基于均衡价格形成机制的住宅价格变化特征研究》，《土木工程学报》2007 年第 8 期。

张辽：《土地市场化改革平抑了房价波动吗——来自中国的经验证据》，《经济学家》2015 年第 12 期。

张琳、陈美亚：《中国房地产业与经济增长关系研究》，《南京工业大学学报》（社会科学版）2002 年第 3 期。

张清勇：《房价收入比的起源、算法与应用：基于文献的讨论》，《财贸经济》2011 年第 12 期。

张清勇：《中国城镇居民的房地产支付能力：1991—2005》，《财贸经济》2007 年第 4 期。

张清勇、年猛：《中国房地产业关联度高、带动力强吗——兼论房地产业的定位》，《财贸经济》2012 年第 10 期。

张涛：《房地产业的区域特性及其政策研究》，《河海大学学报》（哲学社会科学版）2001 年第 1 期。

张晓晶、孙涛：《中国房地产周期与金融稳定》，《经济研究》2006 年第 1 期。

张永岳：《中国房地产业与国民经济的互动效应及其协调发展》，《华东师范大学学报》（哲学社会科学版）2008 年第 6 期。

张勇、包婷婷：《基于系统聚类分析的房地产市场区域划分——以安徽省为例》，《池州学院学报》2013 年第 2 期。

赵奉军、高波：《寻找中国房价的领头羊——基于 20 个大城市数据的实证分析》，《房地产市场》2011 年第 1 期。

赵俊民：《全国视角下的陕西省经济增长因素研究》，博士学位论文，西北大学，2009。

赵龙节、闫永涛：《中美房地产业投入产出比较分析》，《经济社会体制比较》2007 年第 2 期。

赵昕东：《中国房地产价格波动与宏观经济——基于 SVAR 模型的研究》，《经济评论》2010 年第 1 期。

郑大川、尹晓波：《对中国房地产区域分类的探索——基于聚类分析的实证研究》,《华东经济管理》2008年第2期。

周京奎、吴晓燕:《房地产市场对区域经济增长的动态影响机制研究——以京津冀都市圈为例》,《财贸经济》2009年第2期。

周晓蓉:《中国西部地区房地产业结构调整研究》,硕士学位论文,四川大学,2003。

朱建君、贺亮:《房价收入比的计算及应用研究——基于江苏省的实证分析》,《建筑经济》2008年第4期。

朱仁友、丁如曦:《2002年～2010年中国西部地区房价收入比分析》,《价格月刊》2012年第7期。

朱仁友、韦江江:《西部地区房价租金比的动态变化及对策建议》,《价格月刊》2013年第7期。

祝运海:《房地产开发投资与经济增长的动态关系研究——基于ECM的实证分析》,《经济问题》2011年第5期。

A. F. Burns, "Long Cycles in Residential Construction," *Economic Essays in Honor of Wesley Clair Mitchell* (NY: Columbia University Press, 1935).

A. Rabinowitz, *The Real Estate Gamble*, New York: Amacom-A Division of American Management Association, 1980.

A. Smith, R. Hess, Y. G. Liang, "Point of View Clustering the US Real Estate Markets," *Real Estate Portfolio Management* 11 (2005).

C. Jackson, M. White, "Challenging Traditional Real Estate Classification for Investment Diversification," *Real Estate Portfolio Managent* 3 (2005).

C. William, D. Denise, "Housing Problem and Housing Policy," *Journal of Social Policy* 26 (1998).

Danny Ben-Shahar, "Theoretical and Empirical Analysis of the Multi-period Pricing Pattern in the Real Estate Market," *Housing Economics* 11 (2002).

D. A. Turin, "The Construction Industry: Its Economic Significance and its Role in Development," (2nd ed.), London: University College Environment Research Group, 1973.

D. DiPasquale, and W. C. Wheaton, *Urban Economics and Real Estate Markets.* (N. J.: Prentice Hall, 1996).

E. Joseph, "Housing Finance and Urban Infrastructure Finance," *Urban Studies* 34 (1997).

E. Mills, "Has the United States over Invested in Housing?" *Real Estate Economics* 15 (1987).

E. N. Coulson, Myeong-Soo Kim, "Residential Investment, Non-residential Investment and GDP," *Real Estate Economics* 28 (2000).

G. R. Brown, "Duration and Risk," *Journal of Real Estate Research* 20 (2000).

G. R. Mueller, "Refining Economic Diversification Strategies for Real Estate Portfolios," *Real Estate Research* 8 (1993).

G. T. Brown, "Real Estate Cycles After the Valuation Perspective," *Appraisal Journal* 52 (1984).

I. Begg, "Cities and Competitiveness," *Urban Studies* 36 (1999).

J. C. Weicher, "The Affordability of New Homes," *Real Estate Economics* 5 (1977).

J. Hekman, "Rental Price Adjustment and Investment in the Office Market," *Journal of the American Real Estate and Urban Economics Association* 13 (1985).

J. M. Abraham, and P. H. Hendershott, "Bubbles in Metropolitan Housing," *Journal of Housing Research* 7 (1996).

J. M. Clapp, C. Giaccotto, "The Influence of Economic Variables on Local House Price Dynamics," *Journal of Urban Economics* 36 (1994).

J. M. Poterba, "House Price Dynamics: The Role of Tax Policy and Demography," *Brookings Papers on Economic Activity* 2 (1991).

J. Quigley, "Real Estate Prices and Economic Cycles," *International Real Estate Review* 2 (1999).

J. R. Follain, E. Jimencz, "Estimating the Demand for Housing Characteristics: A Survey and Critique," *Regional Science and Urban Economics* 15 (1985).

J. Wells, "The Role of Construction in Economic Growth and Development," *Habitat International* 9 (1985).

J. W. Howenstine, "Appraising the Role of Housing in Economic Development," *International Labor Review* 75 (1957).

Kim Kyung-Hwan, "Housing and the Korean Economy," *Journal of Housing Economics* 13 (2000).

K. Case, J. Quigley, R. Shiller, "Comparing Wealth Effects: The Stock Market Versus the Housing Market," National Bureau of Economic Research, Working Paper 2001, no. 8606, November.

K. E. Case, E. L. Glaeser, J. A. Parker, "Real Estate and the Macroeconomy," *Brookings Papers on Economic Activity* 2 (2000).

K. E. Case, R. J. Shiller, "Forecasting Prices and Excess Returns in the Housing Market," *Areuea Journal* 18 (1990).

K. F. Long, S. Treepongkaruna, "Asset Market Linkages: Evidence from Financial, Commodity and Real Estate Assets," *Journal of Banking & Finance* 35 (2011).

Liu, Yun, Zheng, "The Interaction between Housing Investment and Economic Growth in China," *International Real Estate Review* 5 (2002).

L. Grebler, L. Burns, "Construction Cycles in the United States since World War II," *Journal of the American Real Estate and Urban Economics Association* 10 (1982).

M. Arellano, O. Bover, "Another Look at the Instrumental Variable Estimation of Error-components Models," *Journal of Economics* 68 (1995).

M. Ball, T. Morrison, "Housing Investment Fluctuations: An International Comparison," *Housing Theory & Society* 17 (2000).

M. Jensen, "Housing-income Ratios," in W. Vliet van. (ed.) *The Encyclopedia of Housing* (Thousand Oaks: Sage, 1998).

M. J. Potepan, "Explaining Intermetropolitan Variation in Housing Prices, Rents and Land Prices," *Real Estate Economic* 24 (2003).

Richard Green, "Follow the Leader: How Changes in Residential and Non-Residential Investment Predict Changes in GDP," *Real Estate Economics* 25 (1997).

R. Barras, D. Ferguson, "Dynamic Modeling of the Building Cycle: Empirical Results," *Environment & Planning* A 19 (1987).

R. Blundell, S. Bond, "Initial Conditions and Moment Restrictions in Dynamic Panel-data Models," *Journal of Economics* 87 (1998).

R. Braid, M. Spatial, "Growth and Redevelopment with Perfect Foresight and Durable Housing," *Journal of Urban Economics* 49 (2001).

R. Harris, G. Arku, "Housing and Economic Development: The Evolution of an Idea since 1945," *Habitat International* 30 (2006).

R. Kaiser, "The Long Cycle in Real Estate," *Journal of Real Estate Research* 14 (1997).

R. Wigren, M. Wilhelmsson, "Construction Investments and Economic Growth in Western Europe," *Policy Model* 29 (2007).

S. Angel, and Mayo Kasean, "Urban Housing Sector Performance," in T. McGee and I. Robinson (eds.), *The Mega-Urban Regions of Southeast AsIa*. (Vancouver: UBC Press, 1996).

S. Bond, A. Hoeffler, J. Temple, "GMM Estimation of Empirical Growth Models," 2001, CEPR Discussion Paper (No. 3048).

W. C. Wheaton, "The Cyclical Behavior of the National Office Market," *Real Estate Economics* 15 (2010).

W. Miles, K. Wang, "Housing Investment and the US Economy: How Has the Relationship Changed?" *Journal of Real Estate Research* 31 (2009).

Y. Wen, "Residential Investment and Economic Growth," *Annals of Economics and Finance* 2 (2001).

后　记

本书得到了国家社科基金青年项目"西部地区房地产市场与区域经济协调发展研究"（批准号：12CJY030）、中央高校基本科研业务费专项项目"宏观调控背景下中国土地供应政策影响房价的理论探索与实证研究"（批准号：2018CDJSK01XK10）和重庆大学公共管理学院创新能力提升专项项目"土地政策对重庆市住宅价格的影响研究"（批准号：2018CDXYGG0054）的资助，特此感谢。

课题研究过程中，课题组成员尽心、尽力、尽责地完成了预定的研究任务。本书各章的分工如下：第一章和第二章孔煜，第三章孔煜、孙怡，第四章孔煜、孙怡、朱文玉，第五章孔煜、吴锦曦，第六章孔煜、王承皓，第七章和第八章孔煜。我的研究生徐鼎、赵佳越参与了书稿中图表的绘制和书稿的校正工作，感谢上述小组成员。虽然我们对本书的初稿进行了多次修改和校正，但书中难免有缺点和错误之处，一些内容和观点仍然可能存在不完善之处，期待广大读者特别是同行专家的批评指正。

感谢南京大学高波教授对我的教益和研究思路的启迪；感谢重庆大学冉光和教授对本书初稿提出的很多中肯的建设性意见；感谢贵州大学洪名勇教授、王秀峰教授、李锦宏教授、靳永翥教授以及贵州财经大学夏刚教授对本书部分章节提出的宝贵建议。2013~2014年我作为访问学者驻留在康涅狄格大学房地产研究中心，感谢该研究中心提供的研究设施，以及Glascock教授和Ran Lu-Andrews博士后对书稿中的部分章节提出的宝贵意见。

本书在撰写过程中，参阅、借鉴和引用了国内外经济学者和同行专家学者的大量研究成果，向他们表示最诚挚的谢意。

在本书的出版过程中，社会科学文献出版社的编辑们为本书的出版付出了大量心血，他们尽职尽责和高效率的工作作风为本书的顺利出版提供了强有力的支持。在此，谨向所有支持、关心和帮助我的领导、同事和朋友一并致谢！

图书在版编目(CIP)数据

房地产市场与区域经济协调发展:以西部地区为例/孔煜著. -- 北京:社会科学文献出版社,2020.4
ISBN 978-7-5201-6116-9

Ⅰ.①房… Ⅱ.①孔… Ⅲ.①房地产市场-关系-区域经济发展-研究-中国 Ⅳ.①F127②F299.233.5

中国版本图书馆 CIP 数据核字(2020)第 026168 号

房地产市场与区域经济协调发展:以西部地区为例

著　　者 / 孔　煜

出 版 人 / 谢寿光
组稿编辑 / 陈凤玲
责任编辑 / 关少华
文稿编辑 / 李惠惠

出　　版 / 社会科学文献出版社·经济与管理分社 (010) 59367226
　　　　　　地址:北京市北三环中路甲 29 号院华龙大厦　邮编:100029
　　　　　　网址:www.ssap.com.cn

发　　行 / 市场营销中心 (010) 59367081　59367083
印　　装 / 三河市尚艺印装有限公司

规　　格 / 开本:787mm×1092mm　1/16
　　　　　　印张:15　字数:240千字

版　　次 / 2020 年 4 月第 1 版　2020 年 4 月第 1 次印刷
书　　号 / ISBN 978-7-5201-6116-9
定　　价 / 98.00 元

本书如有印装质量问题,请与读者服务中心 (010-59367028) 联系

▲ 版权所有 翻印必究